◆

빛의 전사들

빛의 전사들

LIGHT WARRIORS

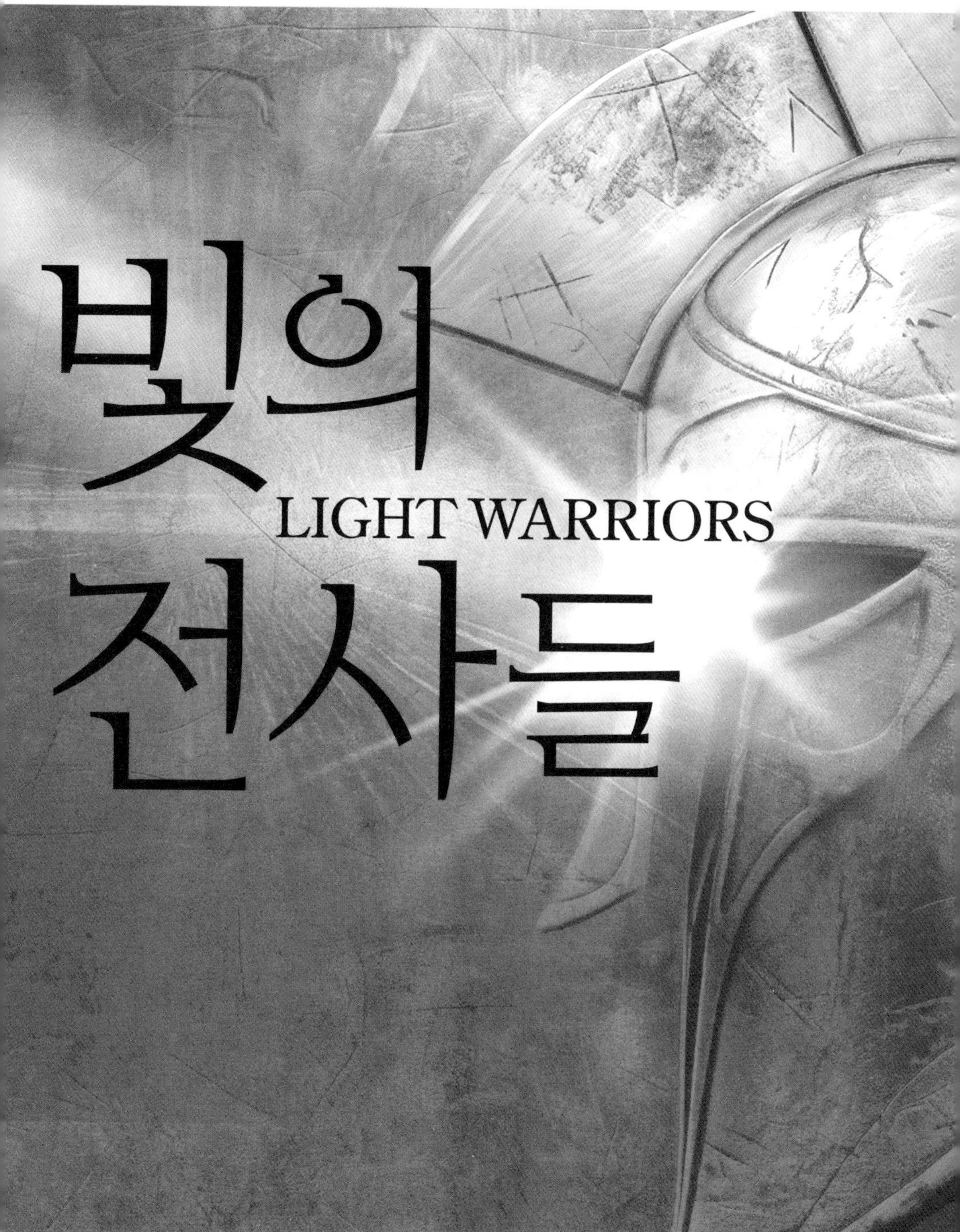

조슈아 밀즈 지음 | 조슈아 김 옮김

순전한 나드

◆ 추천사

　　조슈아 밀즈의 《빛의 전사들》은 이 땅을 빛으로 가득 채울 수 있는 하나님의 영광의 임재와 능력에 관한 특별한 계시이다. 조슈아는 독자들을 초자연적인 깨달음의 차원으로 데리고 들어가며 "어둠이 땅을 덮을 것이며 캄캄함이 만민을 가리"(사 60:2)는 지금 이 시대에 믿는 자들이 빛의 전사들로서 행할 수 있도록 무장시킨다. 성령의 인도를 받는 그의 깊은 통찰력은 독자들이 일상생활 속에서 어떻게 하나님의 영광을 풀어놓아 상황을 변화시키고 하나님 나라를 확장시킬 수 있는지 이해할 수 있게 돕는다. 영광에 대한 더 높은 차원의 이해를 갈망하고, 충만한 영광 가운데 담대함과 영적 권세로 행하기를 원하는 모든 이들에게 이 책을 강력히 추천한다.

패트리샤 킹(Patricia King)
패트리샤 킹 미니스트리(Patricia King Ministries)의 설립자

이 책은 단순한 영적 전쟁의 지침서를 넘어 우리의 삶에서 천국의 빛을 이해하고 잠금 해제하여 무기로 삼을 수 있게 해주는 열쇠이다. 빛을 밝힐 준비가 되었는가?

대런 스토트(Darren Stott)
워싱턴 시애틀 에덴 처치(Eden Church) 담임목사, 르네상스 사역 연합(Renaissance Coalition) 대표, "빛을 만들라"(Making Light of It) 프로그램 진행자
《초자연적 그리스도인》(순전한나드 역간) 저자

이 책은 효과적인 영적 전쟁을 마스터하여 승리의 삶을 살아가고자 하는 이들에게 매우 중요한 지침서이다. 이 책에 깊이 잠기면서 변화되어 원수를 무장 해제시키고 하나님의 뜻과 그분이 맡기신 사명을 성취할 준비를 하라. 조슈아 밀즈는 우리에게 천국의 전략들을 제공하여 어둠에 가려진 이 세상 속에서 하나님의 영광스러운 빛을 비

출 수 있게 해줄 것이다. 말씀에 대한 깊이와 예언적 통찰력을 바탕으로, 그는 우리가 밝게 빛나는 하나님의 영광의 능력을 사용하여 어떻게 어둠의 사슬을 부수고 하나님의 나라를 확장시킬 수 있는지 가르쳐 준다. 조슈아 밀즈의 계시는 단순한 가르침이 아니다. 이것은 어두운 이때에 빛의 전사들로 일어나라고 우리를 부르는 나팔소리이다. 이 부르심을 받아들이고, 그리스도의 빛으로 승리의 길을 밝히며 나아가라!

아담 F. 톰슨(Adam F. Thompson)
보이스 오브 파이어 미니스트리(Voice of Fire Ministries)
《초자연적인 삶》,《말씀으로 꿈을 해석하는 법》(순전한나드 역간) 저자
www.voiceoffireministries.org

이 책을 읽을 때, 예수님의 빛이 어둠을 이긴다는 믿음이 내 안에서 더욱 커졌다! 특히 우리가 매일 입을 수 있는 빛의 전신 갑주에 대한 가르침이 정말 좋았다. 조슈아, 하나님의 영광의 빛에 대한 가르침을 나눠준 것에 감사드립니다!

가이우스 로렌스 박사(Dr. Gaius Lawrence)
일본 오사카 국제 찬양의 교회(Church of Praise International) 담임목사
킹덤 커넥션 인터내셔널 네트워크(KCI Network) 대표 겸 설립자

"빛이 있으라"(창 1:3)! 이것은 성경에 기록된 하나님의 첫 번째 말씀이다. 하나님은 이 빛을 발하시어 피조물들이 그 형상대로 빚어지

게 하셨다. 오늘날 우리에게는 하나님의 신성한 빛에 대한 새로운 계시가 절실히 필요한데, 조슈아 밀즈가 이 책을 통해 바로 그 일을 이루어냈다. 능력과 권세, 하나님의 뜻에 관한 풍성한 은혜의 샘이 담겨 있는 이 책의 계시는 우리를 하나님이 창조하신 승리의 빛으로 각성시켜 빛의 전사라는 진정한 모습으로 살아가게 할 것이다.

데이비드 얀시(David Yancey)
《영광의 겉옷》(Mantles of Glory) 저자, 캘리포니아 프레스노,
인터내셔널 글로리 컬쳐 미니스트리(Glory Culture International)

목차 ◆

4_ 추천사

10_ 감사의 말

13_ 서문

16_ 서론 : 영적 전쟁의 승리

1장 그리스도의 빛 안에 거하기 ⋯⋯⋯⋯⋯⋯⋯⋯⋯ 22

2장 빛의 전사되기 ⋯⋯⋯⋯⋯⋯⋯⋯⋯⋯⋯⋯⋯⋯ 44

3장 빛으로 행하기 ⋯⋯⋯⋯⋯⋯⋯⋯⋯⋯⋯⋯⋯⋯ 72

4장 기쁨의 빛 받아들이기 ⋯⋯⋯⋯⋯⋯⋯⋯⋯⋯⋯ 108

5장 치유의 빛 풀어놓기 ⋯⋯⋯⋯⋯⋯⋯⋯⋯⋯⋯⋯ 142

6장 천사를 활성화하여 마귀를 무장 해제시키기 ⋯⋯ 178

7장 빛의 병거로 행하기 ⋯⋯⋯⋯⋯⋯⋯⋯⋯⋯⋯⋯ 216

8장 빛 안에서 올라가기 ⋯⋯⋯⋯⋯⋯⋯⋯⋯⋯⋯⋯ 242

9장 빛의 경로로 들어가기 ⋯⋯⋯⋯⋯⋯⋯⋯⋯⋯⋯ 264

10장 찬양의 빛으로 분위기 바꾸기 ⋯⋯⋯⋯⋯⋯⋯⋯ 288

11장 영광의 빛을 활성화하라 ⋯⋯⋯⋯⋯⋯⋯⋯⋯⋯ 328

◆ 감사의 말

　이 책은 궁극적으로 제가 주님께 받은 놀랍고도 초자연적인 환상의 결과물이지만, 각 장에 담긴 계시는 하나님이 주신 영감과 철저한 연구, (믿음을 행동으로 옮기며 겪은) 시행착오들, 그리고 지혜로운 분들이 제 영에 조명해 준 말들을 주의 깊게 경청하는 과정을 통해 수년간 축적된 것입니다. 여기서 반드시 언급해야 할 기름부음 받은 목소리들 중에는 패트리샤 킹, 르네 브랜슨(Renee Branson), 조앤 맥패터(JoAnn McFatter)가 있습니다. 이들은 하나님의 강력한 빛에 관한 성경적이고 실제적인 진리들을 개척자적으로 연구함으로써 제가 더욱 깊이 파고들 수 있는 든든한 통로, 발판이 되어 주었습니다.

　아내인 자넷(Janet)과 세 자녀 링컨(Lincoln), 리버티(Liberty), 레거시(Legacy)는 제가 쓴 모든 책들에 대해 계속해서 최고의 지지자와 조언자가 되어 주었고 이번 책도 예외는 아니었습니다. 이 메시지가 책이 되어 전 세계에 전파될 수 있도록 인내하며 영향력을 발휘해 주고 기꺼이 희생해 준 것에 감사합니다.

이 책의 서문을 써준 케이티 수자(Katie Souza)에게 감사드립니다. 당신은 오랫동안 빛에 대한 영광스러운 계시의 사역을 해 왔고, 이것은 저의 메시지일 뿐만 아니라 당신의 메시지이기도 합니다.

이 메시지에 담긴 탁월함과 영광의 영에 헌신해 준 충실한 편집자 해럴드 맥도걸(Harold Mcdougal)과 로이스 푸글리시(Lois Puglisi)에게 감사를 표합니다. 여러분의 성경적인 통찰력, 편집 작업, 그리고 창의적인 조언 덕분에 이 책은 독자들이 더욱 쉽게 접근할 수 있도록 향상되었습니다. 책의 삽화와 도표 작업에 재능을 발휘해 준 리버티 밀즈(Liberty Mills), 마일스 밀햄(Myles Milham), 빅토리아 밀햄(Victoria Milham), 존 만두코스(Mandoukos)에게 감사드립니다. 또한 "능력의 손길"로 도와주신 칼리 목(Kali Mock), 알리시아 스피왁(Alicia Spiewak), 레자 밀햄(Leza Milham), 조셉 코스타(Joseph Costa)에게도 감사드립니다. 케이티 브라운(Katie Brown)의 전문적인 사진 촬영에 감사드립니다!

책의 삽화와 도표를 제작해 준 프리베일 크리에이티브(Prevail Creative)의 켄 베일(Ken Vail)과 이 책의 표지와 전체적인 디자인을 맡아준 휘태커 하우스의 아트 디렉터 베키 스피어(Becky Speer)에게 감사드립니다.

크리스틴 휘태커(Christine Whitaker)와 휘태커 하우스(Whitaker House)의 모든 임직원분들, 오늘날 주님이 주시는 말씀을 출판하려는 여러분의 신뢰와 의지에 다시 한번 감사드립니다. 이 중요한 영광의 사역에 함께할 수 있어 늘 기쁩니다.

매달 이 사역을 지원하기 위해 시간과 기도, 재정으로 희생하고 헌신해 주신 "기적의 일꾼(Miracle Worker)" 파트너분들께도 감사의 말씀을 전합니다. 여러분들의 지지와 후원 덕분에 또 한 권의 책이 집필되었으며, 이를 통해 수많은 삶이 변화될 것입니다. 읽을 만한 가치가 있는 책 한 권을 기록하는 과정에는 언제나 많은 사람들의 기여가 있습니다. 여기에 언급되어야 할 이름들이 훨씬 더 많다는 것을 잘 알고 있습니다만, 여러분은 자신이 누구이고 제 삶과 이 메시지에 어떤 영향력을 끼쳤는지 잘 알고 계실 것입니다. 이 메시지가 세상에 나올 수 있도록 하나님이 연결해 주신 인연들에 진심으로 감사드립니다.

빛의 전사들에 관한 이 거룩한 계시를 통해 하나님께 더 큰 영광이 돌아가고 그분의 백성들에게 더 큰 능력이 부어지기를 기도합니다.

서문 ◆

조슈아 밀즈가 예수 그리스도의 빛에 관한 책을 쓰고 있다고 말했을 때, 매우 기뻤습니다. 먼저 저는 조슈아와 그의 아내 자넷을 12년 넘게 알고 지내며 그들의 진실함과 겸손함을 직접 목격해 왔습니다. 그들의 삶과 사역 위에 머무르는 하나님의 강력한 능력과 영광을 보았습니다. 우리는 수많은 집회와 TV 프로그램에서 함께 사역해 왔는데, 단 한 번도 주님의 임재가 나타나지 않은 적이 없었습니다.

조슈아의 새 책이 기대되는 또 하나의 이유는 안타깝게도 수세기 동안 교회가 그리스도의 빛에 대해 무지한 경우가 많았고 오늘날도 마찬가지이기 때문입니다. 이 책은 오래전부터 우리에게 필요한 책이었습니다. 하나님의 빛이 지닌 놀라운 능력에 대한 우리의 이해는 너무도 부족합니다. 주님은 15년 전에 그리스도의 빛에 관한 선구적인 계시를 제 안에 주셨습니다. 우리는 예수님이 말씀하신 바를 깨달아야 합니다. "너희에게 아직 빛이 있을 동안에 빛을 믿으라[빛을 신뢰하고, 붙들고, 의지하라] 그리하면 빛의 아들이 되리라[하나님을 따르는 자들로서 빛으로 충만해지리라]"(요 12:36, 확대역).

미네소타에 사는 한 남자가 이상한 청각 장애로 고통받고 있었습니다. 숨을 들이쉴 때에는 귀에서 문이 쾅 닫히는 소리가 들렸고, 반대로 숨을 내쉴 때는 열리는 소리가 들렸습니다. 문제가 너무 심각해서 소리만으로는 상대방의 말을 분명히 알아듣기 어려워지자 그는 대화 중에 상대방 입 모양을 읽는 데 매우 능숙해졌습니다. 하지만 그가 우리 집회에 참석했다가 예수님의 빛의 치유의 능력에 대한 말씀을 듣던 중 증상이 완전히 치유되었습니다. 그가 강단에 올라 간증을 할 때, 나는 숨을 들이쉬고 내쉬면서 청력을 테스트해 보라고 요청했습니다. 그는 그렇게 하면서 울기 시작했고 "증상이 사라졌다"고 외쳤습니다.

그리스도는 세상의 빛이시며, 그분의 빛은 생명을 가져옵니다. 조슈아가 여기에서 밝히려는 내용은 마지막 장을 덮은 후에도 결코 소홀히 하거나 잊어서는 안 될 것입니다. 이 책에 담긴 깨달음을 받아들이면, "공의로운 해"(말 4:2)가 치유의 날개와 빛의 광선을 지니고 떠오를 때 생명을 주는 능력으로 충만하게 될 것입니다.

이 책에 담긴 풍성한 가르침과 성경 구절들을 소리 내어 읽을 것을 권합니다. 시편 119편 130절(확대역)은 다음과 같습니다. "주의 말씀을 열면 빛이 비치어 우둔한 사람들을 깨닫게 [분별하고 이해할 수 있게] 하나이다." 조슈아를 따라 함으로써 우리 안에 있는 그리스도의 빛이 우리 목소리를 통해 풀어지게 될 것입니다. 빛이 우리의 길을 비추고 있기에 우리의 선포가 이 땅 위에 굳게 세워지게 될 것입니다.

또한 이 책을 따라 읽으면서 스스로에게 안수할 것을 권면합니다. 성경에 "그가 번갯불을 손바닥 안에 넣으시고 그가 번갯불을 명령하사 과녁을 치시도다"(욥 36:32)라고 말씀하고 있기 때문입니다. 하나님의 능력이 우리를 통해 흘러가면, 그분의 번개가 목표물을 쳐서 질병, 결핍, 고통의 어둠과 우리의 삶에 있는 악한 영들의 압제를 몰아낼 것입니다.

이 책에는 이 계시를 실제적으로 행할 수 있도록 돕는 활성화 방안들이 포함되어 있습니다. 우리가 하나님의 조명하심 가운데 이 계시를 읽고 그것에 참여할 때, 그분의 치유와 구원의 능력으로 충만해져서 변화될 것을 믿습니다.

"일어나라 빛을 발하라 이는 네 빛이 이르렀음이라!"(사 60:1) 생명을 주시는 하나님의 빛을 경험하고 만날 준비를 하십시오!

케이티 수자
케이티 수자 미니스트리(Katie Souza Ministries)
《상처받은 영혼 치유하기》(Healing the Wounded Soul) 저자

♦ 서론

영적 전쟁의 승리

그의 광명이 햇빛 같고 광선이 그의 손에서 나오니 그의 권능이 그 속에 감추어졌도다
_합 3:4

얼마 전 어느 밤에, 묵직한 하나님의 영광의 임재가 침실을 가득 채우더니 천국의 환상 속으로 들어 올려졌다. 환상 가운데 하나님의 강한 오른손이 나를 향해 뻗어 오는 모습이 보였다. 그분의 손에서는 크고 강력한 빛의 기둥들이 뿜어져 나오고 있었고 하늘에서는 천상의 광선들이 쏟아지고 있었다. 하나님의 손에서 흘러나오며 발산되는 에너지가 나를 직접적으로 진동시키는 것이 느껴졌다. 손을 들어 그분의 능력에 나를 내어드리는 순간, 하늘의 찬란한 빛의 흐름이 나를 통해 흐를 뿐만 아니라 내 손에서도 뿜어져 나오는 모습이 보였다. 그 위대한 하늘의 광선이 나에게서 뿜어져 나오면서 주변의 어둠을 비추었고, 그 빛의 광채는 영적 기류를 바꾸어 놓았다.

그날 경험한 환상으로 이 책이 탄생하게 되었다. 이것은 단순한

꿈이 아니라 초자연적인 계시였다. 나는 꿈을 많이 꾸는 사람이 아니기에 영적 의미들로 가득한 꿈은 분명하게 기억한다. 오랫동안 하나님의 영광의 빛에 대해 가르쳐 왔지만, 그날의 환상은 폭발적인 계시에 불을 붙일 만큼 풍성한 기름을 나에게 부어주었다.

이 특별한 성령님의 꿈을 꾸었을 때, 나는 이미 다른 책의 원고 작업에 몰두해 있었다. 그날의 환상은 나에게 엄청나게 큰 영감을 주었다. 따라서 바로 다음 날 휘태커 하우스의 크리스틴 휘태커에게 연락하여 방향을 조금 바꾸어 초자연적으로 큰 영감을 준 이 빛에 관한 책을 먼저 써야겠다고 말했다. 그들은 망설임 없이 내 뜻에 동의해 주었고, 그로 인해 이 책이 지금 우리 손에 들려 있게 된 것이다!

이처럼 나를 이끈 이 여정은 예상치 못한 것이었다. 나는 우리의 마음이 하나님께 열려 있을 때, 그분이 우리를 인도하시는 방식을 매우 좋아한다. 완전하신 하나님의 영광이 어떻게 불완전한 사람들을 통해 흘러나올 수 있는지는 여전히 미스터리이지만, 중요한 것은 그렇게 하시는 분이 바로 하나님이라는 사실이다. 예수 그리스도는 우리 안에 있는 "영광의 소망"(골 1:27)이시며, 동시에 초자연적인 빛의 근원이시다.

영적인 디딤돌

나는 이전에 휘태커 하우스에서 출간한 《기름부으심의 기적》

(The Miracle of the Oil)[1]이라는 책에서 하나님의 기름부으심의 능력을 받는 데 도움이 될 진리를 전했다. 이 책을 읽고 각 장에 담긴 임파테이션을 받았기를 바란다. 아직 읽어 보지 않았다면, 다음의 영적 여정으로 이 책을 읽어도 좋을 것이다. 우리에게는 영적 돌파 등 다른 많은 영역을 위해 기름이 필요하다. 하지만 기름부음의 가장 중요한 혜택 중 하나는 우리가 하나님의 영광의 빛 안으로 들어갈 수 있다는 점이다.

믿음의 차원에서 시작하여 기름부음을 거쳐 영광의 영역으로 나아가는 영적인 진보와 발전이 있다. 믿음은 우리의 기초, 기름부음은 우리의 통로, 영광은 우리의 궁극적인 목적지 역할을 한다. 이것은 성령님이 우리에게 제공해 주신 디딤돌로, 하나님의 영광에 다가갈 때 그것이 그분의 살아 있는 빛의 차원이라는 것을 이해해야만 한다. 이 차원은 앞으로 이 책에서 많이 다루게 될 것인데, 인간이 이해할 수 없을 정도로 경외심을 불러일으키는 영역이다. 기름부음이 없으면 영적인 빛도 없지만, 하나님의 기름이 있으면 우리 자신뿐만 아니라 다른 사람들에게도 나눠줄 수 있을 만큼 충분한 빛을 가질 수 있게 된다.

새로운 시대와 새로운 전략

빛은 하나님의 영광이 드러난 모습 중 하나이며, 성령님은 이 마지막 때에 우리가 영적 전쟁에서 승리할 수 있도록 천국의 빛의 능력을 받는 방법을 가르쳐 주고 계신다. 이것은 과거에 우리가 전쟁을 치러 온 방식은 아니지만, 새로운 시대에는 새로운 영적 전략이 필요하다. 하나님은 우리가 영적 전쟁에 관한 그분의 원래 계획을 회복하기 바라신다. 그분의 강력한 빛을 발할 수 있도록 더 높은 계시와 더 좋은 승리의 도구들을 제공해 주고 계신다. 빛이 비치면 어두움은 반드시 물러간다. 우리는 새로운 영적 전투의 벼랑 끝에 서면서 우리의 승리를 보장하기 위해 하나님이 직접 선물로 주신 전례 없는 전략들로 무장하게 될 것이다. 그분은 우리가 전투에서 승리할 수 있도록 새로운 전략을 주고 계신다!

성경 전반에서 우리는 하나님의 영광스러운 빛에 대한 구절들을 찾아볼 수 있다. 그분과의 동행에 대한 더 깊은 이해를 풀어놓고, 효과적인 영적 전쟁에 통달하며, 영적인 분위기를 바꾸고, 질병을 다스리며, 치유 사역을 성공적으로 수행하고, 하나님의 천사들과 동역하며, 적의 임무를 무력화시키면서 동시에 그리스도의 재림 전에 수많은 이들을 하나님 나라로 인도하는 마지막 때 그분의 계획을 성취하기 위해 성령 안에서 초자연적으로 전진해 나아가는 열쇠를 제공하는 구절들이다. 이 책에서는 하나님의 영광의 빛에 대한 이 모든 측면을 살펴볼 것이다. 영광의 빛 안에서 우리는 승리의 삶을 사는 데 필요한 모든 것을 얻을 수 있다. 이 책에 담긴 계시를 통해 우리는 빛을 풀어놓아 사로잡힌 자들이 어둠의 사슬에서 해방되도록 도울 것이다.

마음을 열고 두 손을 들어 하나님의 이러한 전략들을 받아들일 준비가 되었는가? 나는 이 책의 내용을 하늘의 선물로 믿는다. 이제 이것을 당신에게 전한다. 지금이 바로 우리가 빛의 전사로서 일어나 빛을 발할 때이다!

1장
그리스도의 **빛** 안에 거하기

그가 빛 가운데 계신 것같이 우리도 빛 가운데 행하면 우리가 서로 사귐이 있고
그 아들 예수의 피가 우리를 모든 죄에서 깨끗하게 하실 것이요 _요일 1:7

1장

영광의 영역은 하나님의 빛의 차원이다. 그리고 그분의 영광과 관련된 것은 무엇이든 빛으로 찬란하다.

시편은 하나님을 영광의 빛으로 묘사한다.

> 주께서 옷을 입음같이 빛을 입으시며… (시 104:2)

에스겔 선지자는 허리 위로는 "(단쇠 같이) 호박색으로 빛이 나고", 허리 아래는 불 같은 모습으로 나타나신 주님의 환상을 보았다.

> 내가 보니 불 같은 형상이 있더라 그 허리 아래의 모양은 불 같고 허리 위에는 광채가 나서 단쇠 같은데 (겔 8:2)

사도 요한은 계시적 환상 가운데 자신이 본 예수님의 얼굴을 묘사하며 "그분의 눈은 타오르는 불과 같고"(계 1:14, 한글킹제임스)라는 표현을 사용했다.

그는 또 다음과 같이 기록했다.

하나님은 빛이시라 그에게는 어둠이 조금도 없으시다는 것이니라 (요일 1:5)

최근 몇 년 동안 교회 지도자들과 성도들이 놓치고 있는 중요한 것들 중 하나가 빛의 하나님에 대한 하늘의 비전이다. 주님과 그분의 영광에 대한 참되고 진정한 비전 말이다. 교회 건축, 개척, 지교회 확장, 하나님을 위해 지역 취하기, 더 많은 나라에 복음 전하기, 더 많은 성경 배포 등 우리에게는 많은 비전이 있다. 물론 모두 좋은 것이며, 그 핵심에는 주님의 마음이 담겨 있다. 하지만 우리에게 진정으로 필요한 비전은 영적 지도자들이 하나님의 열정적인 불, 곧 예수님의 순수한 영광을 경험하는 것이다.

빛의 전사들은 더 높은 하나님의 영광의 차원에서 살아가는 자들이다. 우리는 주님을 만나고 그분의 빛에 감화되어 이전과는 완전히 달라져야 한다. 에스겔이나 요한, 그리고 성경의 다른 인물들도 모두 이러한 계시를 받았으며, 성령님도 우리 모두가 이와 같은 계시를 받기 원하실 것이다. 하나님은 빛이시다. 그렇기에 그분과 관련된 모든 것들도 빛을 발한다.

빛은 영광의 차원에서 흘러나오는 가장 주된 표현이다. 우리가 영광 안으로 들어가고 그 영광이 우리 안에 들어올 때, 우리의 영은 혼과 육신 안으로 흘러 들어오는 신성한 진리의 조명을 받게 된다. 다가오는 날들에는 하나님의 백성들을 향한 그분의 영광이 더욱 강렬해져서 이 빛이 매우 실제적인 방식으로 더욱 분명히 드러나게 될 것이다. 시편 기자는 "주의 얼굴을 주의 종에게 비추시고"(시 31:16), "만군의 하나님 여호와여 우리를 돌이켜 주시고 주의 얼굴의 광채를 우리에게 비추소서"(시 80:19)라고 기도했다. 오늘날 모든 빛의 전사들의 마음속에도 이와 동일한 외침이 있다. 하나님이 빛이시기에 우리는 빛 가운데 걸으면서도 그 빛을 보고, 느끼고, 그 음성을 듣기를 원하는 것이다. 나는 우리가 빛의 자녀라는 증거로서 가시적인 하나님의 빛이 우리의 얼굴에 비추고, 우리의 온몸을 통해 흘러가는 날이 올 것이라고 믿는다.

인간은 하나님의 형상대로 지어졌다(창 1:26~27). 따라서 아담과 하와가 본래 하나님의 빛을 입고 있었기에 에덴동산에서 자신들의 '벌거벗음'을 부끄러워하지 않았을 것이다. 그들은 벌거벗은 것이 아니라 옷을 입고 있었는데, 지금까지 본 가장 훌륭한 옷, 곧 하나님의 영광의 빛을 입고 있었다! 하나님은 우리 안에 영광의 빛을 회복하시고 우리를 통해 그 빛을 비추기 원하신다.

이 영광스러운 빛의 현현, 곧 나타남은 이 땅 위에 쏟아부어지고 있는 더 큰 영광과 함께 드러나게 될 것이다. 우리는 이미 예배 드릴 때 대기 중에 나타나는 쉐키나 영광의 황금빛 입자들을 통해 그 증거를 어느 정도 보기 시작했다. 하지만 하나님의 빛을 발하는 것에 관해서는 이제 막 걸음마를 시작했다고 믿는다.

    내가 가르치던 학생 중 앨라배마 버밍햄에서 온 신디가 자신의 결혼식 사진을 보다가 겪은 놀라운 경험을 들려주었다. 여러 사진 중 유독 하나가 눈에 띄었는데, 그 특별한 사진 속에서 그녀는 우아한 드레스를 입고 신랑과 함께 성찬을 하고 있었다. 그런데 밝고 투명한 영광의 안개가 두 사람을 감싸며 그 순간을 천상의 빛으로 물들이고 있었다. 보정되지 않은 것이 분명했고, 나머지 사진들과 왜 그렇게 다른지 물리적으로 설명할 수도 없었다. 그 사진은 마치 두 사람의 연합에 하나님의 임재와 축복이 깃들어 있음을 보여주는 천국의 표식 같았다. 그 순간에 포착된 초자연적인 광채는 그들의 결혼 생활을 인도할 하늘의 은총을 상징하는 것으로, 그들의 삶 속에서 활발하게 역사하시는 하나님의 손길을 가시적으로 선명하게 상기시켜 주었다.

    아내인 자넷이 어린 시절에 자신의 어머니이자 부흥사였던 패트리샤 베차드(Patricia Bechard) 목사님 주변에서 일어나던 놀라운 현상들에 대해 들려주었다. 어린 나이에도 자넷은 주변을 비추는 하나님의 영광의 빛을 알 수 있었다. 자넷의 어머니는 성령의 은사로 사역했기에 특히 그것을 받아들이지 않는 교회들에서 핍박을 받는 경우가 많았지만, 흔들림 없는 권세를 가지고 사역하셨다. 자넷은 어머니가 설교할 때면 빛나는 아우라가 그녀를 감싸던 것을 생생하게 기억하고 있었다. 하나님의 영광이 눈에 보이게 나타나 어머니를 에워쌌던 것이다. 이 밝은 빛은 그녀의 사역에 함께하시는 하나님의 임재의 증거였으며, 그녀에게 있었던 영적인 권능과 은총을 드러내 주는 것이었다.

한번은 헝가리 부다페스트에서 사역하던 중, 집회에 참석한 어떤 여성이 자기 발이 (신발 안에서) 밝게 빛나는 것을 발견하고는 흥분한 적이 있다. 그것은 모두가 볼 수 있는 아주 기이한 현상이었다. 이 일은 나에게 "아름답도다 좋은 소식을 전하는 자들의 발이여!"라는 로마서 10장 15절 말씀을 상기시켜 주었다.

내가 사역할 때 사람들이 "당신 주변에 빛이 보여요"라는 말을 많이 한다. 태국 방콕에서 설교를 하고 있을 때에는 누군가 내 머리 바로 뒤에 밝은 구체가 빛나는 사진을 찍어 보내주기도 했다. 또 한번은 대만 타이베이 근교에서 사역하고 있는데 우리가 모여 있던 강당 한가운데에 밝은 빛의 기둥이 나타난 적도 있다. 그 빛을 보고 찬양 인도자들이 다가갔고, 많은 이들이 안에 팔을 넣어보았다. 그러자 바로 그 순간 강렬한 천사의 활동이 느껴졌다.

지금은 이러한 빛의 나타남이 일상이 되어 더 이상 놀라지 않는다. 처음 몇 번은 사람들이 내 주변에서 빛을 보았다고 했을 때 '와, 저 사람은 영의 차원을 볼 수 있는 특별한 은사를 가졌구나'라고 생각했다. 하지만 지금은 이 빛이 내 삶에 깃든 쉐키나 영광의 임파테이션이라는 것을 깨달았다. 성령님 안에서 행할 때 나는 빛의 왕국을 드러내고 있는 것이다. 빛의 전사로서 하나님의 영광스러운 빛이 나를 통해 드러나는 것이다.

사람들은 또한 내 삶을 둘러싸고 있는 빛의 천사들을 볼 수 있으며, 나의 영에서 발산되는 치유의 빛을 인식하고, 나와 동행하시는 따뜻한 하나님의 빛을 느낄 수 있는데, 종종 그것을 부드러운 평강이라고 묘사한다. 그들은 나에게 "당신 곁에 있으면 기분이 훨씬 좋아져요" 같은 말들을 하곤 한다. 이러한 현상은 사실 나의 능력과는 전혀 상관이 없다. 이것은 세상의 빛이신 예수님이 나를 통해 빛을 내시는 것이다. 나는 그저 그분의 그릇이며 통로에 불과하다. 전구가 전기 없이는 빛을 발하지 못하는 것처럼 나 역시 영광의 왕의 도구일 뿐이다. 나는 "그분의 빛"으로 빛나는 것이다. 예수님은 다음과 같이 말씀하셨다.

> 예수께서 또 말씀하여 이르시되 나는 세상의 빛이니 나를 따르는 자는 어둠에 다니지 아니하고 생명의 빛을 얻으리라 (요 8:12)

예수님은 또한 자신의 말씀을 듣고 따르는 자들에 대하여 다음과 같이 말씀하셨다.

> 너희는 세상의 빛이라 산 위에 있는 동네가 숨겨지지 못할 것이요 사람이 등불을 켜서 말 아래에 두지 아니하고 등경 위에 두나니 이러므로 집 안 모든 사람에게 비치느니라 이같이 너희 빛이 사람 앞에 비치게 하여 그들로 너희 착한 행실을 보고 하늘에 계신 너희 아버지께 영광을 돌리게 하라 (마 5:14~16)

최근에 한 청년이 내가 "빛나는 영광의 사람"이라는 감동을 받았다고 말해 주었다. 나는 믿는 성도들인 우리 모두에게 이 말이 적용된다고 생각한다. 우리 모두는 가는 곳마다 그리스도의 빛을 발하는 빛의 전사로 부름 받았다.

빛의 나타남

하나님의 빛은 그분의 능력과 영광을 다양한 형태로 나타낸다.

하나님의 빛은 그분의 임재와 보호를 가져다준다

이스라엘 백성이 애굽의 노예생활에서 해방된 후 광야를 여행할 때, 하나님은 자신을 빛으로 드러내시어 영광의 기둥으로 그들을 인도하셨다.

> 여호와께서 그들 앞에서 가시며 낮에는 구름 기둥으로 그들의 길을 인도하시고 밤에는 불기둥을 그들에게 비추사 낮이나 밤이나 진행하게 하시니 낮에는 구름 기둥, 밤에는 불기둥이 백성 앞에서 떠나지 아니하니라 (출 13:21~22)

빛이신 하나님은 그분의 백성들의 초자연적인 보호자가 되셨다. 이 빛은 이스라엘 백성들이 애굽을 빠져나올 때 그들을 추격하던 애굽인들로부터 그들을 분리시켜 주셨다(출 14:19~20).

이스라엘 백성들이 광야에서 그들의 여정을 인도하던 기둥 속에서 하나님의 빛을 본 것처럼, 오늘날 우리도 하나님의 구름 속에서 그분의 빛을 보고 경험할 수 있다. 사람들은 종종 하나님의 나타나심을 처음 경험할 때 빛과 관련된 표현들로 그것을 설명하고는 한다. 예를 들어 어떤 사람들은 "제가 아주 밝은 환상을 보았어요"라고 말한다. 또 다른 사람들은 "너무 따뜻하고 위로가 되는 느낌을 받았어요"라고 말하기도 한다. 또 어떤 사람들은 전기가 흐르는 느낌이나 다른 차원에서 임하는 에너지를 느낄 수도 있다. 이 모든 것들은 하나님의 임재와 보호를 나타내는 영광스러운 빛의 표징이다.

하나님의 빛은 순결함을 가져다준다

태초에 세상이 창조될 때, "하나님이 빛과 어둠을 나누셨다"(창 1:4). 그리고 이러한 구분은 상징적으로 뿐만 아니라 물리적으로도 성경 속에서 반복해서 나타난다. 예를 들어 모세 시대에 애굽에 재앙이 내렸을 때, 고센 땅(예언적 모습)에 대비되는 애굽의 모형과 그림자가 있었다. 애굽 땅의 대부분은 칠흑같이 어두워졌다. 그로 인해 사흘 동안 애굽 사람들은 아무것도 할 수 없었다. 너무나도 어두워서 바로 앞의 손도 보이지 않을 정도였다. 하지만 같은 기간에 고센에 있던 하나님의 자녀들에게는 빛이 있었고, 그들의 활동은 아무런 지장을 받지 않았다(출 10:21~23).

하나님은 우리의 삶 속에서도 빛과 어둠이 분리되게 하셨다. 최근에는 전 세계 그리스도의 몸 된 교회들을 다루셔서 그 속의 어두움을 드러내시고 그분의 깨달음과 치유, 그리고 회복의 빛을 가져오고 계신다. 빛이 비치는 곳은 어디든 모든 것이 드러나게 된다. 처음에는 이것이 힘들고 불편한 과정처럼 느껴질 수도 있지만, 또한 좋은 일이기도 하다. 너무 오랫동안 교회 안에는 하나님으로부터 온 것도 아니고 그분을 나타내지도 않는 것들, 따라서 처음부터 그 자리에 있어서는 안 되는 것들이 존재해 왔다. 빛과 어두움에 공통점이 있겠는가? 사도 바울은 "의와 불법이 어찌 함께하며 빛과 어둠이 어찌 사귀며"라고 말했다(고후 6:14). 하나님은 지금 신성한 분리를 가져오고 계신다. 거룩한 것과 속된 것을 혼합해서는 안 된다. 그렇게 하면 모든 것을 망치게 된다.

친구이자 거룩히 구별된 예배 인도자인 캐서린 멀린스(Catherine Mullins)는 전임으로 사역하는 사람들, 특히 예배 인도자들에게 고하는 글을 자신의 SNS에 올렸다. 나는 그녀의 말에 전적으로 동의한다.

노래만 잘하고 구별된 삶을 살지 않으면서 하나님 나라를 위해 어떤 영향력을 가질 수 있을 것이라고 기대하지 마십시오. 하나님은 우리가 무대 위에서 무엇을 하는지 신경 쓰지 않으십니다. 대신 그분은 우리가 어떤 영화를 보는지, 어떤 옷을 입는지, 어떤 말을 하는지, 어떤 책을 읽는지, 어떤 웹사이트를 보는지, 어떤 대화를 하는지, 어떤 음식을 먹는지, 우리에게 동의하지 않는

사람들을 어떻게 대하는지, 어떤 생각들을 하는지, 이 모든 것들을 신경 쓰십니다.[2]

말씀에 의하면, 하나님은 영적인 리더들에게 더 높은 기준을 요구하신다.

감독은 하나님의 청지기로서 책망할 것이 없고 제 고집대로 하지 아니하며 급히 분내지 아니하며 술을 즐기지 아니하며 구타하지 아니하며 더러운 이득을 탐하지 아니하며 (딛 1:7)

여기서 강조점은 '종교적'이거나 율법주의적인 것이 아니라 성경적인 것이다. 바울 또한 자신의 시대에 이러한 문제들을 다루어야 했다(딤 3:1~15). 오늘날과 같이 뒤틀린 사회에서는 얼마나 더 이러한 문제들을 다뤄야 하겠는가? 마음속으로 다음 질문을 깊이 생각해 보기 바란다. "빛과 어두움에 공통점이 있겠는가?" 정직한 답은 결코 있을 수 없다는 것이다. 이 둘은 완전 반대된다. 리더들에게 더 높은 기준이 적용되는 이유는 그리스도께서 기름부어 세우신 참된 리더들은 자신을 따르는 사람들을 더 높은 삶과 거룩함의 본보기로 이끌 수 있어야 하기 때문이다. 영적 리더십은 영광스러운 소명이며, 천국의 빛과 영광의 차원으로 올라오라는 부르심이다. 성령님은 우리를 어둠이 아닌 빛 가운데 행하라고 부르고 계신다. 빛의 전사들로서 우리는 이 부르심에 헌신해야 한다.

하나님의 빛은 능력을 가져다준다

여러 가지 측면에서 이스라엘 백성들이 낮에는 영광의 구름 기둥으로, 밤에는 불기둥으로 나타나신 주님을 목격한 구약 이야기는 사도행전 2장에 기록된 오순절 사건의 예표였다.

> 오순절 날이 이미 이르매 그들이 다 같이 한곳에 모였더니 홀연히 하늘로부터 급하고 강한 바람 같은 소리가 있어 그들이 앉은 온 집에 가득하며 마치 불의 혀처럼 갈라지는 것들이 그들에게 보여 각 사람 위에 하나씩 임하여 있더니 (행 2:1~3)

하나님은 초대교회 신자들에게 바람과 불이 되어 임하셨다. 거대한 산불을 직접 보거나 그 소리를 들어본 적이 있는가? 산불은 맹렬하게 타오르는 소리를 낸다! 아주 큰 소리를 내며 쉽게 꺼지지 않는다. 친구이며 동료 사역자인 데이빗 얀시는 캘리포니아 비살리아에서 오랫동안 실제 소방관으로 일하고 있다. 그는 나에게 대형 산불이 났을 때의 현상을 설명해 주었다. "불길이 커질수록 그 소리도 더 커져. 숲에서 발생한 대형 산불은 아주 빠른 속도로 움직이고, 마치 화물열차와 같은 소리를 내지. 그리고 바람마저 분다면 이 모든 것들이 더 폭발적으로 증가해. 불은 더 뜨거워지고, 훨씬 빠르게 움직이며, 소리 또한 커지지."

산불이 이와 같이 시끄럽고 사나운 것처럼, 오순절에도 성령님

(영으로서의 하나님)의 임재를 알리는 하늘의 큰 선포가 있었다. 나는 그 오순절에 스랍 천사가 성령님의 임하심을 준비하고 역사했다고 믿는다. 오순절에 처음 임한 현상에는 하나님의 바람과 불꽃 천사들의 활동이 넘쳐흘렀다. "또 천사들에 관하여는 그는 그의 천사들을 바람으로, 그의 사역자들을 불꽃으로 삼으시느니라 하셨으되"(히 1:7, 시 104:4). 천사들이 그곳의 영적 분위기를 먼저 준비했고, 하나님은 겸손한 제자들이 모여 있는 공간에 친히 임하사 그들 위에 머무셨다(행 2:3). 하나님의 영이 그들 안에 들어가셨고, 그들은 그 빛을 통해 권능을 받았다.

여기서 권능을 뜻하는 헬라어 단어가 "두나미스(dunamis)"이다. 이것은 기적을 일으키는 빛으로서, 제자들이 배운 적도 없는 언어들을 '방언'으로 말할 수 있게 했다(4절). 하지만 그보다 훨씬 더 중요한 것은 이 빛이 초대교회 신자들이 일상생활 가운데 성령님의 권능, 즉 초자연적인 은사들로 행할 수 있게 해주었다는 점이다.

예수님은 바로 이러한 일이 일어나게 될 것이라고 예언하고 약속하셨다.

> 오직 성령이 너희에게 임하시면 너희가 권능(두나미스)을 받고 예루살렘과 온 유대와 사마리아와 땅끝까지 이르러 내 증인이 되리라 하시니라 (행 1:8)

이 신성한 능력은 예수님의 제자인 우리 한 사람 한 사람이 빛이 되고 증인이 되도록 권능을 부여해 준다. 증인이란 말의 사전적 정의는 "증거를 제시하는 사람" 또는 "어떤 것에 대해 알고 있는 사람"이다.[3] 이 불 같은 빛이 초대교회 신자들에게 임하면서 예수님의 살아계심과 그분이 어둠 속을 비추시는 빛이라는 사실이 증거되었다. 마찬가지로 예수님의 빛이 우리의 삶을 통해 발산되도록 허용해 드릴 때, 우리는 어둠의 세력을 밀어내고 복음의 실체가 증거되도록 길을 밝히는 빛의 전사들이 된다.

하나님의 빛은 어둠을 이긴다

하나님의 빛은 주변의 어둠뿐만 아니라 우리 안에 있는 어둠까지도 이긴다. 구약에는 이스라엘의 제사장 계보에 속한 엘르아살에 대한 이야기가 나온다.

> 제사장 아론의 아들 엘르아살이 맡을 것은 등유와 태우는 향과 항상 드리는 소제물과 관유이며 또 장막 전체와 그중에 있는 모든 것과 성소와 그 모든 기구니라 (민 4:16)

당시의 등잔은 기름이 있어야 빛을 낼 수 있었다. 그러므로 기름은 성스러운 등잔대에 꼭 필요했고, 이러한 기름의 사용에는 매우 중요한 계시가 내포되어 있다.[4] 만일 우리가 질병, 연약함, 고통이 모두 어둠의 왕국과 관련이 있다는 것을 이해한다면, 그 악한 영향들을 극복하는 가장 크고 확실한 해결책은 단순히 빛을 발하여 몰아내는 것임을 알 수 있다. 하지만 먼저 내 자신을 내어드려 기름부음으로 채워지지 않으면 빛을 발할 수 없다. 이는 하나님께 마음 깊이 항복하고 성령의 인도하심에 기꺼이 순복하려는 의지가 필요한 과정이다. 더 큰 기름부음에는 더 큰 희생이 따른다. 당신이 기름부음을 받기 위해 기꺼이 의지를 내어드리는 만큼 발산할 수 있는 빛의 양도 달라진다.

오래전 하나님의 영광을 경험하는 것이 아직 생소할 때, 나는 플로리다 스프링힐에 있는 임마누엘 크리스천 센터의 예배당 안에서 하나님의 영광이 무지개로 나타나는 것을 보았다. 그것은 강단 이쪽에서 저쪽으로 기적적으로 펼쳐지며 일곱 가지의 찬란한 빛줄기를 보여주었는데, 각각의 줄기는 인류에게 주신 하나님의 영원한 언약을 예언적으로 상기시켜 주었다(창 9:11~13). 그분은 지금도 여전히 약속을 지키시는 하나님이다.

몇 년 후 자넷과 나는 호주 골드코스트에 강사로 초대되어 사역을 하고 있었는데, 밤늦은 시각 어두운 호텔 방에 무지개가 나타나더니 빛을 발하는 것이 보였다. 무지개는 과학적으로 빛의 굴절이다. 그러므로 어둠 속에서 무지개가 나타난다는 것은 불가능한 일이다. 상식으로는 도무지 이해할 수 없는 일인데도 어둠 속에서 무지개가 나타난 것이다.

다음 날 다른 강사에게 우리의 경험에 대해 이야기하자, 그도 "네, 저도 제 방에서 그것을 봤어요!"라고 대답했다. 하나님이 이것을 통해 우리에게 말씀하고 계신다는 확증이었다. 그분은 빛이기에 그분이야말로 어둠 속에 빛을 비추신다(고후 4:6). 만약 주변에 어둠이 편만함을 느낀다면, 그곳에 빛이 비치도록 하나님의 영광을 초청하라. 성령님께 하나님의 영광의 빛에 대한 계시를 달라고 구하라.

약 20년 전, 자넷과 함께 캐나다 극지방 누나빅의 푸비르니투크에 선교여행을 떠났다. 엘리아시 목사님의 초청을 받아 연례 겨울 성경 집회에서 사역을 하기 위해서였다. 또 다른 강사들 중 한 명은 텍사스 휴스턴 출신으로 강력한 하나님의 여성 르네 브랜슨 목사님이었다. 그녀는 오랫동안 존 오스틴(편집자 주 : 조엘 오스틴의 아버지) 목사님의 저서들을 편집했으며, 당시에는 레이크우드 교회의 선교목사였다. 또한 우리는 찰스와 프랜시스 헌터 부부에게 치유사역 멘토링을 받았고 열방을 사랑한다는 공통점이 있었기에 금방 친해질 수 있었다.

그 한 주 동안 우리는 르네의 성경 강의에 큰 은혜를 받았고, 그 가르침을 우리의 영에 모두 흡수했다. 그녀는 이제 막 사역을 시작한 우리 부부를 매우 마음에 들어 했다. 하나님이 맺어준 인연이었다. 집회를 마치고 집으로 돌아오는 몬트리올행 비행기에서 우리 좌석은 그녀의 옆자리였다. 몇 시간 동안 우리는 서로 간증을 나누었고, 그녀는 진심으로 우리를 격려하며 기적을 향한 우리의 믿음을 확장시켜 주었다. 사실, 그날 우리의 대화가 이 책에서 나누고 있는 계시의 씨앗이 되었다. 르네가 한 말들 중 가장 중요한 내용은 다음과 같다.

> 하나님이 수년 전에 저에게 이렇게 말씀하셨어요, "나는 너의 어두운 부분을 부끄러워하지 않는다." 누구나 삶의 어두운 부분이 있어요. 아직 빛이 비

치지 않은 하나님의 영광에 대한 계시의 지식이 닿지 않은 영역 말이에요. 하지만 하나님은 저에게 "나는 너의 어두운 부분을 부끄러워하지 않는다"고 말씀해 주셨어요.

나는 이 말을 결코 잊을 수 없었고, 지금까지도 수없이 되새기고 있다. 이 말씀을 믿는다면, 우리는 패배감이나 수치심으로부터 완전히 자유해질 것이다. 하나님이 우리의 실수와 죄에도 불구하고 우리를 사랑하시고, 치유하시고, 회복시키기 원하신다는 것을 이해하게 될 것이기 때문이다. 하나님으로부터 도망치는 대신 진리와 자유를 좇아 그분의 영광의 빛을 향해 달려가게 될 것이다. 하나님은 우리를 부끄러워하지 않으신다. 그분은 우리의 과거를 아시지만, 그보다 훨씬 더 중요한 것은 빛 가운데 우리를 위해 더 나은 미래를 예비해 두셨다는 것이다(렘 29:11).

시편 기자는 다음과 같이 기록했다.

> 주의 말씀을 열면 빛이 비치어 우둔한 사람들을 깨닫게 하나이다 (시 119:130)

아침에 해가 떠오르며 새날의 빛을 가져다주듯이, 하나님의 말씀의 문도 새로운 영적 빛을 지금 우리에게 가져다주고 있다. 이 책을 읽을 때, 그리고 예언적 성경 구절들이 점점 더 생생하게 살아날 때, 우리 안에 빛이 일어나고 어둠에 사로잡힌 영역들도 그 빛을 보기 시작할 것이다. 우리는 새로운 자유와 영적 해방을 경험하게 될 것이며, 과거의 낡은 방식과 구습은 새날의 여명과 함께 사라질 것이다. 빛이 있으라!

> [타협하지 않는] 의인의 길은 돋는 햇살 같아서 [점점 더 밝고] 크게 빛나 [예비된] 완벽한 날의 광명[온전한 밝기와 영광]에 이르거니와 (잠 4:18, 확대역)

하나님의 빛은 영적인 반대를 불러일으킨다

하나님의 빛을 전하는 자들로서 우리는 영적인 반대에 대비해야 한다. 영적 원수인 사탄이 우리를 위협하는 이유는 우리 안에 어둠 속에서 빛을 발하는 참된 빛이 있기 때문이다. 원수는 왜 그렇게 우리를 공격하며 삶 가운데 혼란을 일으키려 하는 걸까? 사탄에게 조금도 양보하거나 타협하지 말라. 그의 저주나 협박, 거짓말에 동의하지 말라. 우리에게는 빛이 있으며, 그 빛은 아무리 강력해 보여도 모든 형태의 어두움을 이긴다.

우리 안에 있는 하나님의 빛은 권능으로 충만하며 원수의 세력보다 훨씬 더 강력하다. 우리는 하나님이 우리 삶을 통해 얼마나 큰 능력을 발휘하시기 원하는지 충분히 알지 못한다. 그 능력은 우리가 하나님의 빛 안에서 행하기 시작할 때 부어진다. 이사야는 다음과 같이 예언하였다.

여호와께서 자기 백성의 상처를 싸매시며 그들의 맞은 자리를 고치시는 날에는 달빛은 햇빛 같겠고 햇빛은 일곱 배가 되어 일곱 날의 빛과 같으리라 (사 30:26)

이 구절은 달빛이 태양만큼 밝아질 것이고, 태양 빛은 7일 동안의 빛과 같아질 정도로 밝아질 것이라고 말씀하고 있다! 하나님은 그만큼 밝은 빛 안으로 자신의 백성을 인도하실 것이다. 그리고 우리에게 임하는 그 빛으로 인해 다른 이들이 하나님의 영광에 압도되어 그분 앞에 엎드려 회개하게 될 것이다. 우리의 삶을 하나님께 온전히 순복시키고, 그분이 우리 안에서 일하시도록 허용해 드릴 때, 우리도 이 능력의 밝은 빛을 지니게 될 것이다. 그렇게 될 때, 우리는 성경이 표현한 것처럼 영광에서 영광으로 나아가기 시작한다.

우리가 다 수건을 벗은 얼굴로 거울을 보는 것같이 [하나님의 말씀 안에서 지속적으로] 주의 영광을 보매 그와 같은 형상으로 변화하여 영광에서 영광에 이르니 곧 [이것이] 주의 영으로 말미암음이니라 (고후 3:18, 확대역)

하나님은 이사야 선지자를 통해 예수님의 오심을 예언하시며 그분을 빛으로 삼겠다고 하셨다.

그가 이르시되 네가 나의 종이 되어 야곱의 지파들을 일으키며 이스라엘 중에 보전된 자를 돌아오게 할 것은 매우 쉬운 일이라 내가 또 너를 이방의 빛으로 삼아 나의 구원을 베풀어서 땅끝까지 이르게 하리라
(사 49:6)

예수 그리스도는 이방인(유대인 외의 다른 모든 문화와 국적을 의미함)이 아닌 유대인이셨다. 하지만 하나님은 모든 민족과 문화의 사람들을 구원하고 변화시키기 위해 오신 메시아의 구원 메시지를 이스라엘 백성을 통해 이 땅에 보내셨다. 하나님이 빛이시듯, 그분은 우리도 이 세상에서 그분을 투영하고 그분의 구원의 메시지를 전하는 빛의 존재가 되기를 원하신다. 제자인 마태는 예수님과 그분의 사역에 대해 이야기하며 이사야 9장 1~2절을 인용했다.

흑암에 앉은 백성이 큰 빛을 보았고 사망의 땅과 그늘에 앉은 자들에게 빛이 비치었도다 하였느니라 (마 4:16)

일찍이 세례 요한의 아버지 사가랴도 같은 내용을 언급한 적이 있다. 그는 아들인 요한이 길을 예비하게 될 메시아의 사명에 대해 다음과 같이 예언했다.

어둠과 죽음의 그늘에 앉은 자에게 비치고 우리 발을 평강의 길로 인도하시리로다 하니라 (눅 1:79)

빛을 가져오고, 어둠을 몰아내고, 다른 이들을 하나님의 평강의 길로 인도하는 것, 이것이 바로 빛의 전사들의 소명이다.

빛이 있으라!
성령님의 권능이 당신을 통해 흐르면서
어둠이 달아나는 것이 느껴지는가?
그렇다! 당신은 빛의 전사이기에
영적 전쟁에서 승리하고 있다.

2장
빛의 전사되기

또 어떤 자를 불에서 끌어내어 구원하라 또 어떤 자를 그 육체로 더럽힌 옷까지도 미워하되 두려움으로 긍휼히 여기라 _유 1:23

◆

2장

세상의 군인이나 전사의 임무를 생각할 때, 우리는 일반적으로 전투를 벌이고 적을 물리치는 것, 심지어 대량 살상 무기를 사용하는 것을 떠올린다. 그러나 이 책에 사용된 전사라는 용어의 의미를 오해하지 않았으면 한다. 여기서 빛의 전사가 된다는 것은 이 땅에서 실제적인 전쟁을 치르거나 적을 상대하는 것과는 다르다. 세상적인 의미에서 전사가 되면 그에 내재된 위험들이 따른다. 예를 들어 세상의 전사는 육체적 전투에 참여하기 때문에 자상이나 타박상, 골절 또는 더 심각한 신체 손상(팔다리를 잃거나 외상성 뇌 손상 등)을 입을 위험에 직면한다. 또한 외상 후 스트레스 장애(PTSD) 등을 비롯한 정서적, 심리적 트라우마의 위험도 있다. 이처럼 이 세상의 전사들은 전투에서 목숨을 잃을 수도 있는 심각하고 궁극적인 위험에 직면한다.

그러나 이러한 세상적 전쟁의 요소들은 영적 전쟁에는 적용되지 않는다. 내가 들어본 영적 전쟁에 관한 대부분의 가르침들도 궁극적인 승리를 위해 우리가 견뎌야 할 전투와 그 상처 또는 상흔들에 대해 강조했다. 하지만 나는 그러한 가르침이 옳다고 생각하지 않는다. 그리스도 안에서 우리의 권세와 영적 차원에서 우리가 지닌 능력을 제대로 이해한다면, 우리의 관점뿐만 아니라 결과까지 바뀔 것이다.

우리 전쟁의 본질

성경은 영적 전쟁의 본질을 다음과 같이 상기시켜 준다.

> 우리의 씨름은 혈과 육을 상대하는 것이 아니요 통치자들과 권세들과 이 어둠의 세상 주관자들과 하늘에 있는 악의 영들을 상대함이라 (엡 6:12)

우리는 영적 전쟁에 직면해 있다. 빛의 전사들은 하나님의 영광을 나타냄으로 빛을 발하고 비춘다. 우리 전쟁의 본질은 완전히 영적인 것으로, 우리의 인도하심과 권능이 더 높은 차원에서 임하기에 우리는 영광으로부터 활동한다. 하지만 빛의 전사가 된다는 것은 결코 쉬운 부르심이 아니다. 하나님 나라에서 우리의 주된 임무 중 하나는 미국의 주 방위군 역할과 유사하다. 사람들을 위험에서 구출하는 것이다. 우리의 영적 능력으로 사람들을 어둠에서 빛의 왕국으로 구출

해내는 법을 배워야만 한다.

전사라는 단어의 사전적 정의는 다음과 같다.

1. 전쟁에 참전하거나 경험이 있는 사람 : 군인.
2. 정치나 운동 등에서 큰 능력, 용기 또는 공격성을 보이거나 보여준 사람.[1]

빛의 전사는 어둠에 갇힌 사람들에게 하늘의 빛을 비추기 위해 영적 전쟁에 참전하여 강하고, 용감하며, 공격적인 모습을 보이는 자들이다. 우리는 빛을 지니고 있기 때문에 진리에 도전하려는 물리적 또는 감정적 허상에 흔들리지 않는다. 빛이 없는 육신의 사고방식, 사람의 계획과 방식으로 씨름하며 싸우려 하지 않는다. 우리는 성경에 제시된 더 높은 차원의 방식을 따르도록 부름 받았다.

영의 차원에서 "천국은 침노를 당하나니 [강한 열정으로] 침노하는 자는 [천국의 전리품, 귀한 상급을] 빼앗느니라"(마 11:12, 확대역). 우리는 하나님의 영이 주신 모든 도구와 영적 무기들을 사용하는 법을 배워야 한다. 천국의 무기는 이 세상의 군인들이 사용하는 무기들과는 완전히 다르다는 점에 유의하라.

> 우리의 싸우는 무기는 육신에 속한 [혈과 육의] 무기가 아니요 오직 어떤 견고한 진도 무너뜨리는 하나님의 능력이라 [그렇기에] 모든 이론을 무너뜨리며 하나님[을 참되게] 아는 것을 대적하여 높아진 것을 다 무너뜨리고 모든 생각을 사로잡아 그리스도[메시아, 기름부음 받은 자]에

게 복종하게 하니 (고후 10:4~5, 확대역)

빛의 전사들로서 우리의 정체성은 성령님 안에 있다. 나는 내 안에 있는 빛, 나에게서 발산되는 빛, 모든 원수의 계략을 이기는 힘을 가진 이 빛을 점점 더 인식하게 되었다. 이 빛을 풀어놓아 어둠의 일들을 몰아내야 하는 강한 부르심을 느낀다.

밤이 깊고 낮이 가까웠으니 그러므로 우리가 어둠의 일을 벗[어 던지]고 빛의 [전신]갑주를 입자 (롬 13:12, 확대역)

우리는 빛의 전사이다. 어쩌면 아직 깨닫지 못했을 수도 있지만, 내면 깊은 곳에서부터 주변 세상을 변화시키고자 하는 부르심이 올라오는 것을 이미 느꼈을 것이다. 하나님은 우리에게 다른 사람의 아픔을 느낄 수 있는 능력을 주셨다. 우리는 그 아픔을 알아차리고 덜어주고자 한다. 우리는 하나님의 빛을 초자연적인 방식으로 운반하고 풀어놓도록 부름 받았다. 과거에는 주변의 어둠 속에 숨어 있는 악의 존재에 매여 있다고 느꼈을지도 모르지만, 우리 안에 있는 빛이 새로운 길을 만들어내고 있다. 이제 뒤돌아보지 말고 앞만 바라보자! 우리에게는 어두워진 세상에 빛을 비추라는 신성한 과업이 주어졌다. 우리는 이 일을 위해 부름 받았다. 그리고 이제 그 부르심을 받아들일 때이다.

부르심에 대한 정의

우리는 이 세상에서 매일 매우 현실적인 싸움에 직면한다. 그것은 바로 육신과 성령님 사이의 싸움이다. 우리의 시간, 관심, 자원, 영향력, 기름부음을 위한 싸움이다. 영혼들을 구원하기 위한 매우 실제적 싸움이다. 이것은 하나님의 백성, 즉 그분의 빛의 전사들이 각자의 전투 위치에 서야 한다는 분명한 부르심이다. 우리는 그 어느 때보다 지금 빛을 발해야 한다!

어릴 때 교회에서 부르던 옛 찬송가가 생각난다. 너무 늦기 전에 이러한 영적 도전에 맞서 일어날 것을 촉구하는 노래였다.

> 믿는 사람들은 군병 같으니 앞에 가신 주를 따라갑시다
> 우리 대장 예수 기를 가지고 접전하는 곳에 가신 것 보라
> 믿는 사람들은 군병 같으니 앞에 가신 주를 따라갑시다[2]

이 찬송가는 그리스도께서 십자가에서 이루신 사역이 앞서 가고 있으니 우리는 그분의 승리의 깃발을 따라 행진한다는 내용이다. 이것은 우리에게 희망을 주는 찬송이다. 우리는 이 싸움에서 자기 힘으로 또는 세상적인 사고방식으로 싸우라고 부름 받지 않았다(골 2:15, 요일 4:3~4). 대신 시선을 더 높이 들어 우리가 하늘의 빛 가운데 이미 이 전투에서 승리했으므로 단순히 앞으로 나아가 그리스도께서 우리를 위해 영원히 확보해 두신 영역을 확장하고 차지하도록 부름 받았다

는 사실을 인식해야 한다. 기억하라, 우리는 "승리를 위해" 싸우는 것이 아니라 "승리의 자리에서" 싸우고 있는 것이다.

이것은 앞으로 전진하는 데 어려움이 없다는 말일까? 그렇지 않다. 우리 영혼의 매우 실제적인 적이 우리의 삶을 속이고 혼란에 빠뜨리기 위해 활발히 활동하고 있다. 그런 이유로 우리가 빛의 전사로 부름 받은 것이다. 따라서 우리에게는 하나님의 빛을 통해 기적을 일으키면서 진리를 선포하고, 평강을 이루며, 주변 세상에 변화를 가져오려는 강한 동기와 집념이 있다.

영적 전쟁에 어려움이 많다는 것은 잘 알고 있지만, 하나님의 영광의 차원에서 극복하기 어려운 일은 하나도 없다(마 19:26). 자기 삶의 어두운 영역들을 담대하게 대면하고 빛이 그곳에 밝게 비추도록 허락해 드릴 때, 어둠이 금세 떠나가며 하나님의 빛 안에서 살아가는 자유를 얻고 그 풍성함을 누릴 수 있는 길이 열린다. 그 과정이 처음에는 두렵게 느껴질 수도 있지만, 우리는 이러한 도전을 위해 부름 받았으며, 그렇기에 이 책을 손에 들고 있는 것이다.

"빛(LIGHT)"과 "전사(WARRIOR)"로 각각 5행시와 7행시를 지어보았다. "LIGHT"로 지은 5행시는 우리가 빛의 전사로서 명심하고 붙들어야 할 하나님의 성품 몇 가지를 강조하였는데, 그중 일부는 위에서 나누었다. 그리고 "WARRIOR"로 지은 7행시는 빛의 전사로서 우리의 부르심을 정의하는 추가적인 자질들을 나타낸다.

하나님은…

- **L:** Loving 사랑하시며 – 하나님은 자비롭고 친절하시기에, 우리의 삶과 물리적 세상에 어떤 일이 일어나든지 우리를 보호하고 공급하시는 그분의 사랑을 신뢰할 수 있다. (시 46:1~3, 요일 4:16~17)

- **I:** Illuminating 빛을 비추시며 – 하나님은 그분의 진리로 우리를 조명해 주신다. 따라서 우리는 그분이 어둠의 권세들과 싸울 수 있는 방법들을 보여주실 것을 신뢰하고 믿을 수 있다. (시 119:130, 요 17:17)

- **G:** Glorious 영광스러우시며 – 하나님의 영광은 찬란하여, 그분의 광채는 우리의 삶과 가족, 공동체의 가장 어두운 곳에도 빛을 가져다준다. (삼하 22:29)

- **H:** Holy 거룩하시며 – 거룩은 핵심적인 하나님의 성품으로, 우리의 죄를 용서받을 때 모든 불의로부터 깨끗이 씻어주시고 그분의 빛으로 가득 채워주신다. (벧전 1:15~16, 요일 1:9)

- **T:** Triumphant 승리하신다 – 하나님은 예수님을 통해 이미 원수를 이기셨으므로 우리는 그분의 승리하심 아래 살아갈 수 있다! (골 2:15, 계 5:9~10)

성령님께 전적으로 의지하는 빛의 전사로서 우리는…

- **W:** Willing 기꺼이 행하며 – 하나님 앞에서 늘 겸손하게 배우는 순복의 자세를 유지한다. 냉담하거나 교만하게 고집을 부리는 것과는 반대되는 태도이다. (시 25:4~5, 51:12, 히 5:8)

- **A:** Anointed 기름부음 받았으며 – 하나님은 우리를 덮으시며, 인도하시

고, 지키시며, 계속되는 승리 가운데 살아가도록 은총을 베풀어 주신다. (고후 2:14, 살전 5:23~24)

- **R:** Resilient 회복이 빠르며 – 영적 전쟁은 소심한 자들을 위한 것이 아니다. 우리는 하나님의 목적을 향해 계속 전진해 나가며 선을 행하는 가운데 지치지 않는다. (빌 3:12~14, 살후 3:13)
- **R:** Radiant 빛이 나며 – 우리는 빛으로 옷 입었다. 따라서 지속적으로 하나님의 영광의 광채로 빛나고 있으며, 끊임없이 어둠의 일들을 몰아낸다. (고후 4:6, 빌 2:14~15)
- **I:** Intense 맹렬하며 – 우리는 무슨 일이든지 전심으로 한다. 하나님의 열심과 열정이 우리를 사로잡으셨다. (롬 12:11, 골 3:23)
- **O:** Overcoming 이기며 – 우리 앞에 산이 있을 때, 믿음으로 그것을 넘든지 아니면 아예 옮겨버리든지, 빛의 전사들에게는 선택권이 있다. (사 40:30~31, 막 11:22~24)
- **R:** Resistant 대항한다 – 우리에게는 원수와 그의 모든 속임수에 맞서는 흔들리지 않는 믿음이 있다. 우리는 빛 안에 서서 그곳에서 물러나지 않기로 선택한다. 우리는 이러한 차원을 위해 창조되었다. (시 118:5~14, 히 6:13~20)

빛의 전신 갑주 입기

우리는 빛의 전사들로서 영적인 갑옷을 입으라는 하나님의 지시를 받았다. 이미 하나님의 전신 갑주에 관한 글이나 다른 강의들을 접했을 수도 있지만, 나는 당신이 이 전신 갑주를 빛의 갑옷으로 연상하기를 바란다. 이 빛의 전신 갑주는 어떠한 어둠의 세력도 뚫을 수 없다. 이것은 완전한 보호와 초자연적인 능력을 제공한다. 이 점을 잠시 생각해 보자. 어둠이 아무리 악하더라도 빛은 언제나 어둠을 물리친다. 우리가 이 초자연적인 전신 갑주를 입을 때, 그리스도의 권세와 성령님의 능력으로 모든 악한 영들을 물리치고, 우리를 향한 어둠의 왕국의 모든 악한 공격을 이겨낼 수 있다.

이 진리를 이해하면, 더 이상 영적 전쟁의 공격에 시달릴 필요가 없다. 성경은 우리에게 이 전투를 위한 초자연적인 능력이 주어졌다고 말씀한다.

> 끝으로 너희가 주 안에서와 [주님과의 연합으로 그분의 끝이 없는] 그 힘의 능력으로 강건하여지고 마귀의 [모든] 간계를 능히 대적하기 위하여 하나님의 [하나님이 주시는 중무장한 전사의] 전신 갑주를 입으라
>
> (엡 6:10~11, 확대역)

원수의 어두운 전략들과 속임수를 온전히 이겨내려면, "하나님의 전신 갑주"를 입으라고 격려하고 있는 것이다.

성경은 영적 전투에 들어가는 우리에게 하나님이 주신 이 빛의 전신 갑주에 대해 자세히 말씀하고 있다. 이것은 어두운 세상에 복음의 빛을 비추기 위해 애쓰는 가운데 원수의 세력, 죄의 유혹, 그리

고 힘겹고 어려운 도전을 견디는 데 꼭 필요한 도구들로 우리를 무장시키기 위해 주어진 것이다. 로마 군대나 그들의 장비에 대해 잘 알고 있었던 사도 바울은 하나님의 전신 갑주와 각각의 거룩한 기능 및 목적을 그들의 뛰어난 갑옷 구성요소들에 비유했다. 그러나 이 "빛의 전신 갑주"는 세상의 어떤 갑옷과도 다르다는 점을 강조하고 싶다. 이것은 사람이 이 땅에서 만들어낼 수 있는 모든 것을 초월하는 강력한 하나님의 광채에 의해 초자연적으로 빛나기 때문이다. 이 갑옷은 빛의 전사들만이 사용하도록 부여받았다. 다음을 살펴보자.

> 그러므로 하나님의 전신 갑주를 취하라 이는 [위험하고] 악한 날에 너희가 능히 대적하고 [그 상황에 필요한] 모든 일을 행한 후에 [너희 위치에 굳건히] 서기 위함이라 그런즉 [너희 자리를 지키고] 서서 진리로 너희 허리띠를 띠고 의의 흉배를 붙이고 평안의 복음이 준비한 것으로 [복음으로 인해 생성된 굳건함과 신속성, 준비성으로 원수에 맞서기 위해] 신을 신고 모든 것 위에 [모든 것을 덮는] 믿음의 방패를 가지고 이로써 능히 악한 자의 모든 불화살을 소멸하고 구원의 투구와 성령의 검 곧 하나님의 말씀을 가지라 (엡 6:13~17, 확대역)

영적 전신 갑주는 여섯 개의 요소들로 구성되어 있으며, 각각은 고유한 예언적 의미를 지니고 있다. 이 빛의 전신 갑주를 활용하는 가장 좋은 방법 중 하나는 각각의 목적과 능력에 대한 계시를 이해하는 것이다. 사도 바울은 이 전신 갑주의 구성요소와 그것을 착용하고 사용하는 순서를 알려주었다. 이제 각각의 요소들을 자세히 살펴보면서 빛의 전사들로서 이것들을 어떻게 효과적으로 사용할 수 있을지 살펴보자. 또한 각각을 착용하면서 날마다 사용할 수 있는 기도문도 공유한다.

진리의 허리띠

그런즉 [너희 자리를 지키고] 서서 진리로 너희 허리띠를 띠고 (엡 6:14, 확대역)

진리의 허리띠는 빛의 전신 갑주의 첫 번째 요소이다. 이것이 첫 번째인 이유는 우리가 영적인 차원에서 행하는 모든 일들의 기초가 하나님의 영원한 진리에 뿌리를 두어야 하기 때문이다. 하나님의 진리는 빛이며, 이 진리는 우리 삶의 영적인 갑옷 역할을 한다(시 91:4, 새번역). 많은 그리스도인들이 일시적인 감정이나 불안감에 흔들리는 것이 현실이지만, 우리는 그래서는 안 된다. 우리의 삶과 행동은 하나님의 말씀의 궁극적인 진리 안에 견고히 서야 한다.

빛의 허리띠는 영적인 진리, 정직, 진정성, 성실함, 그리고 예수님의 가르침에 따라 살아가려는 강한 의지를 상징한다. 이러한 가치를 실천하는 것이 매일의 습관이 되면, 우리는 속임수에 빠지지 않고 우리를 해치려는 원수의 거짓말을 무력화할 수 있다. 빛의 전사들은 진리를 위해 싸우고 진리를 수호한다. 오늘날 우리 사회에는 진리를 둘러싼 치열한 전쟁이 벌어지고 있다. 보통 자기만의 진리, 곧 진실에 따라 살아가는데, 참된 진리는 우리의 상황이나 문화의 대중적 의견에 좌우되는 주관적인 것이 아니다. 진정한 진리란 사물이 아니라 인격체이며, 그 인격체는 바로 예수 그리스도이시다. 그분이 곧 진리이시다.

성경은 우리에게 진리를 다른 모든 것을 하나로 묶어 주는 허리띠처럼 착용하라고 권고한다. 우리의 삶 가운데 하나님의 말씀과 상반되는 일들이 일어나기 시작할 때 어떻게 반응해야 할까? 진리의 허리띠를 두르고 있으면, 예수님이 모든 것을 제 위치에 붙들어 주시는 진리의 빛이라는 것을 알기에 상황이나 마귀의 위협에 흔들리지 않고 하나님의 약속 위에 굳게 설 수 있게 된다.

허리띠는 신체의 중간 부분, 곧 몸통에 착용하는 것으로, 진리를 허리띠로 착용한다는 개념에는 예언적인 의미가 있다. 복음의 진리는 우리의 가장 깊은 곳에서부터 삶의 다른 영역과 그 너머에까지 빛을 비춘다. 우리는 이 빛이 우리가 발을 딛는 모든 영역에 영향을 미치도록 해야 한다.

일상 가운데 다른 사람들이 우리 부부를 잠시 멈춰 세우는 일들이 매우 잦아졌다. 그들이 그리스도인이라면 "혹시 믿는 분들인가요? 예수님의 빛으로 빛나고 있는 모습이 보여요"라고 하는 반면, 믿지 않는 사람들은 "와, 두 분 정말 광채가 나네요! 당신들 주변에는 정말 큰 아우라가 있어요!"라고 말하곤 한다. 두 경우 모두 예수님과 그분의 선하심에 대해 이야기할 수 있는 기회가 된다. 그 결과로 믿는 자들은 용기를 얻고, 잃어버린 이들은 구원을 받게 된다!

이 첫 번째 전신 갑주를 입기 위해 다음과 같이 기도할 수 있다.

[Pray]

아버지, 예수님의 이름으로 기도합니다. 오늘도 제가 주님의 진리 안에서 살아가도록 도와주세요. 저의 삶 구석구석에 숨기려 했던 모든 거짓과 속임수에 주님의 계시의 빛을 비춰 주세요. 저는 주님의 진리의 빛을 온전히 받아들이고 그것이 저의 실재가 되도록 하겠습니다. 아멘!

의의 호심경

…의의 호심경을 붙이고 (엡 6:14)

그다음 영적인 빛의 갑주는 가슴을 덮는 갑옷으로, 성령님께 순종하여 의롭고 고결한 삶을 사는 것을 상징한다. 이것은 마음을 보호하고 도덕적으로 올바르며 하나님의 마음에 합하게 살아가는 것의 중요성을 의미한다. 원수는 언제나 우리의 마음을 가장 먼저 공격한다. 그런 이유로 성경은 "모든 지킬 만한 것 중에 더욱 네 마음을 지키라 생명의 근원이 이에서 남이니라"(잠 4:23)고 경고하는 것이다. 영적인 의미에서 마음은 온유한 영을 나타낸다. 하나님은 이 빛의 호심경으로 우리의 마음을 보호하기 원하신다. 우리를 감정적으로 냉담하거나 완악하게 만드는 모든 어두운 트라우마나 학대 또는 그 외의 공격들로부터 지키고자 하신다. 우리의 마음에서 흘러나오는 어린아이 같은 믿음, 순수함, 사랑은 하나님께 매우 중요한 것들이다. 사랑은 증오의 세력들에 대항하는 강력한 무기이기에 항상 의의 호심경을 붙이고 우리의 마음을 보호해야 한다.

이러한 호심경을 강화하고 굳건히 하려면 순종이 중요하다. 하지만 이 때문에 우리가 원수의 유혹에 굴복하고 넘어질 때에는 하나님이 더 이상 우리를 보호하지 않으려 하신다고 생각하는 사람이 있을 수도 있다. 하지만 그것은 결코 사실이 아니다. 성경은 인간의 행위와 세상적 성취 등 인간적 노력으로는 거룩함을 얻을 수 없다고 가르친다(롬 3:21~22). 그렇기 때문에 하나님의 지속적인 은혜가 필요한 것이며, 이 사실을 이해하는 것이 매우 중요하다. 특히 이전에 하나님에 대해 무지하거나 불순종하며 살았던 경우, 또는 힘겨운 어린 시절이나 젊은 시절을 보냈다면 더욱 그러하다.

예수 그리스도께서 주시는 의의 선물은 우리가 항상 하나님과 올바른 관계에 있고 그분의 은혜로 덮여 있음을 확신시켜 준다. 로마서 8장 1절에는 "그러므로 이제 그리스도 예수 안에 있는 자에게는 결코 정죄함이 없나니"라고 분명히 명시되어 있다. 그렇기에 우리는 믿음으로 하나님이 우리를 용서하시고 용납하신다는 것을 확신하며, 이 의의 호심경을 입을 수 있는 것이다. 이 갑옷은 우리의 영적 성장을 가로막는 스스로에 대한 무가치함, 죄책감, 수치심으로부터 우리를 보호해 준다. 의의 호심경을 입기 위해 우리는 다음과 같이 기도할 수 있다.

[Pray]

아버지, 예수님의 이름으로 기도합니다. 제가 가는 곳마다 주님의 사랑을 비출 수 있도록 도와주세요. 저를 온전히 덮어 주시는 주님의 은혜로 인해 감사드립니다. 저는 주님께 온전히 받아들여졌음을 압니다. 제 마음을 보호하고 어린아이 같은 믿음과 영적인 순수함을 지켜주는 주님의 의의 호심경을 입기로 선택합니다. 아멘!

평안의 복음의 신발

평안의 복음이 준비한 것으로 [복음으로 인해 생성된 굳건함과 신속성, 준비성으로 원수에 맞서기 위해] 신을 신고 (엡 6:15, 확대역)

진리의 허리띠를 두르고(하나님의 말씀을 우리 삶의 현실로 받아들이고) 의의 호심경을 붙여(예수님 안에서 하나님의 변함없는 은혜의 계시를 받아) 우리의 삶을 믿음으로 확고히 하면, 하나님의 영원한 평화가 내면에서부터 우리를 비추는 것이 느껴지기 시작할 것이다. 이것이 바로 "의와 화평이 서로 입맞추는" 것이다(시 85:10)! 이제 우리는 평안의 복음의 신을 신을 수 있게 되었다. 이 신은 예언적으로 우리가 언제나 화평케 하는 자로서 준비되어 있다는 의미이다. 우리는 하나님의 영광의 빛 안에서 이 어려운 임무를 수행할 수 있게 되었다.

원수는 언제나 사람들 사이에 분열과 증오를 일으키려 하지만, 예수님이 산상수훈 중에 하신 말씀을 기억하라. "화평하게 하는 자는 복이 있나니 그들이 하나님의 아들이라 일컬음을 받을 것임이요"(마 5:9). 우리가 이 땅에서 평강을 선포할 때, 다른 이들이 예수님을 매우 실제적으로 볼 수 있도록 하늘의 영광의 빛을 투영하는 것이다. 예수님은 "평강의 왕"(사 9:6)이시다.

앞서 언급한 바와 같이 빛의 전사가 된다는 것은 우리가 어디에 가든지 그곳에 평강의 빛을 포함하여 하나님의 빛을 풀어놓는다는 의미이다. 오직 빛만이 어둠을 몰아낼 수 있다. 우리는 종종 가정이나 가족 상황뿐만 아니라 직장과 지역 공동체 내 관계들에도 평강을 가져오기 위해 노력한다. 그리스도의 몸을 분열시키지 않고 하나 되게 하는 하늘의 방법들을 찾으며 하나님의 백성들 사이에 연합을 가져오려고 노력하게 된다.

그러므로 빛의 신(발)은 대다수가 가지 않은 길, 더 높은 차원의 평강의 길을 걸을 수 있게 돕는 갑주의 하나로 우리에게 제공된다. 이것은 우리가 복음 위에 굳게 뿌리를 내리고 있으며 다른 이들에게 예수님의 사랑을 전할 준비가 되어 있음을 상징한다. 빛의 전사들은 복음 전파의 부르심을 받았다. 성령님의 감동으로 말씀을 전하는 우리의 목소리가 영적 기류를 바꾸고 영적인 여정 가운데 지친 영혼들에게 하나님과 화평하게 하고 동시에 그분의 평강을 가져다준다는 것을 알기에 우리는 그분의 사랑에 대해 침묵할 수 없다.

이것은 우리 주변의 세상에 강력한 변화를 가져오라는 하나님의 부르심과도 강하게 연결되어 있다. 이 신발을 신으면 하나님이 예비하신 만남과 연결을 통해 거룩한 결과들을 얻게 될 것이다. 이 신을 매일 신으려면 자기 뜻을 내려놓고 하나님의 길로 행해야 한다. 평안의 복음의 신을 신기 위해 우리는 다음과 같이 기도할 수 있다.

[Pray]

아버지, 예수님의 이름으로 기도합니다. 저는 주님의 평강을 위해 일하고 싶습니다. 제가 주님의 평강으로 굳건히 서서 주님의 복음을 들어야 하는 자들에게 주님의 평강을 전할 수 있도록 주님의 빛의 신발을 주신 것에 감사드립니다. 저는 주님의 더 높은 길로 행하기를 원합니다. 아멘.

믿음의 방패

모든 것 위에 [모든 것을 덮는] 믿음의 방패를 가지고 이로써 능히 악한 자의 모든 불화살을 소멸하고 (엡 6:16, 확대역)

다음으로 우리는 믿음의 방패를 단단히 붙잡아야 한다. 그렇게 하려면 오직 성령님만이 주실 수 있는 초자연적인 힘이 필요하다. 믿음의 방패는 하나님과 그분의 말씀에 대한 확고한 신뢰와 믿음을 상징한다.

로마의 방패는 직사각형 모양으로 높이가 1.2미터 정도이고, 곡면으로 되어 있었다. 따라서 우리가 일반적으로 상상하는 둥근 방패보다 훨씬 커서 병사의 몸을 더 많이 가릴 수 있었다. 병사들은 나란히 서서 방패를 서로 밀착하여 넓은 보호막을 형성했다. 마치 물리적인 방패가 병사들을 외부의 위협으로부터 보호하는 것처럼, 초자연적 빛의 방패도 부정적인 생각, 의심, 두려움들로부터 우리를 방어하는 역할을 한다. 또한 이 방패는 우리의 영적 성장을 방해하는 어둠의 악한 영이나 그 외의 요소들을 멀리할 수 있도록 도와준다.

이 영적인 믿음의 방패는 사용할수록 커져서(살후 1:3) 우리 주변에 믿음의 방호벽을 만들어냄으로써 영적으로 약해지거나 지치지 않도록 보호해 준다. "나의 의인은 믿음으로 말미암아 살리라… 오직 영혼을 구원함에 이르는 믿음을 가진 자니라"는 히브리서 10장 38~39절 말씀처럼, 이 믿음의 방패는 또한 우리가 영적으로 성장해 나갈 수 있도록 도와준다.

이 초자연적인 방패의 또 다른 이점은 우리가 어렵고 불확실한 상황에 맞닥뜨렸을 때, 안정감과 확신을 준다는 것이다. 이것이 우리에게 확신과 용기를 불어넣어 주는 이유는 우리가 보이지 않는 하나님의 전사 천사들과 섬기는 영들의 보호와 도움을 받고 있다는 사실을 알기 때문이다.

안정감과 확신을 갖는다는 것이 어떤 의미인지 설명해 보겠다. 배지를 달고 다니는 경찰관을 한번 생각해 보자. 미국 경찰 배지(badge)를 "방패(shield, 편집자 주: 배지가 방패꼴의 문장으로 되어 있음)"라고도 하는데, 이것은 전사의 방패와는 다르다. 이 경우 방패는 전쟁 무기가 아니라 권세의 상징으로 인식된다. 경찰서마다 방패, 곧 배지의 모양, 크기 또는 스타일에 차이가 있지만, 모두 동일한 의미를 지닌다. 그것을 착용한 사람은 지역사회를 섬기고 보호하겠다고 서약했기에 법을 집행할 수 있는 권세, 곧 권한을 가지고 있음을 상징한다.

우리 사회에 그러한 권세에 도전하는 사람들이 있을까? 물론 있다! 우리는 뉴스를 통해 매일 온갖 종류의 범죄를 저지르는 사람들에 대해 듣게 된다. 경찰과 마주치면 저항하는 범법자들도 있다. 하지만 경찰관은 방패, 곧 배지를 착용하고 있기 때문에 지원을 요청함으로써 방패(배지)를 착용한 더 많은 지원 인력, 곧 경찰관들을 즉시 현장에 출동시킬 수 있다. 믿는 자인 우리도 마찬가지이다. 예수님은 지속적으로 하나님의 천사들의 보호와 지원을 받으실 수 있었다(마 4:11, 26:53). 또한 방패, 곧 배지를 지닌 우리에게도 지원이 필요할 때 도울 준비가 되어 있는 천군 천사들이 있다. 이러한 권세가 있기에 원수가 보내는 어떤 생각에도 나는 염려하거나 흔들리지 않는다. 나에게는 커다란 방패가 있고 나와 동역하는 수많은 천사들이 있기에 원수가 벌이는 일에 동요하지 않는다. 믿음의 방패를 들기 위해 우리는 다음과 같이 기도할 수 있다.

[Pray]

아버지, 예수님의 이름으로 기도합니다. 초자연적인 방패와 같은 믿음으로 저의 삶을 에워싸 주셔서 감사합니다. 아버지께서 하신 말씀을 안다는 것이 모든 것을 바꿔 놓습니다. 그 말씀을 듣고 받아들일 때, 저는 영적인 확장을 받습니다. 주님이 저에게 주신 이 믿음의 방패와 권세를 온전히 받아들이며, 오늘도 영적인 보호와 방어를 위해 이 방패를 사용하기로 결심합니다. 아멘!

구원의 투구

구원의 투구를… 가지라 (엡 6:17)

구원의 투구는 빛으로 가득 차 있으며 그리스도의 생각을 비추게 되어 있다. 우리는 이 투구를 머리에 쓰기로 선택해야 한다. 성경은 우리에게 "하나님을 따라 의와 진리의 거룩함으로 지으심을 받은 새 사람을 입으라"고 말씀한다(엡 4:24). 성령님이 우리의 생각과 태도를 새롭게 하시도록 허용해 드릴 때 우리는 비로소 새 사람을 입게 된다. 이 초자연적인 빛의 투구는 우리의 마음과 생각을 원수의 속삭임이나 내면에서 들리는 거짓과 속임수, 의심, 그리고 부정적인 생각들로부터 지키고 보호할 뿐만 아니라, 미래에 대한 확신에 찬 기대와 긍정적인 전망도 준다.

구원의 투구는 예수 그리스도를 믿는 믿음을 통한 우리의 구원을 보증하고 확증한다. 그러므로 이것을 착용한다는 것은 하나님의 자녀, 즉 빛의 자녀로서 정체성을 확고히 한다는 의미이다. 이 투구는 우리가 어둡고 부정적인 생각을 거부하고 그것들을 하나님의 사랑과 은혜의 빛으로 대체하여 그분의 모든 약속을 소유하게 될 것이라는 기대감을 갖게 해 준다. 우리는 승리의 사고방식과 태도를 지니게 된다! 이 투구를 쓸 때, 우리의 마음은 하늘에 있는 "위의 것"에 집중하게 되고, 영광의 보좌에 앉으신 예수님만 바라보게 된다(골 3:1~2). 이 빛의 구원의 투구는 우리가 구원받고 용서받았음을, 그리고 성령으로 충만하며 영원한 소망을 가지고 있음을 상기시켜 준다. 구원의 투구를 쓰기 위해 우리는 머리에 손을 얹고 다음과 같이 기도할 수 있다.

[Pray]

아버지, 예수님의 이름으로 기도합니다. 하나님의 구원의 투구를 씁니다. 주님의 빛이 제 마음과 생각을 섬기도록 초대합니다. 지금 이 순간에도 하나님의 진리의 빛이 제 마음속 모든 어두운 곳들을 비추며 주님의 영광을 드러내고 있습니다. 주님의 구원의 능력으로 제 생각을 지키고 보호하여 주시옵소서. 아멘!

성령의 검

성령의 검 곧 하나님의 말씀을 가지라 (엡 6:17)

이 구절이 암시하는 바와 같이 이 영적 무기는 하나님의 말씀으로 성경 다른 곳에서도 동일한 의미로 언급된다(히 4:12, 계 1:16, 2:12). 이것은 우리로 하여금 영적 전투를 벌이고 유혹을 이겨내며 옳고 그름을 분별하게 해주는 하나님의 말씀, 진리, 지혜의 능력을 의미한다. 이 빛의 검은 정말 강력한 무기이다! 성령의 검을 효과적으로 사용하려면 하나님의 말씀을 잘 알아야 한다. 그러기 위해서는 성경을 공부하고, 그 의미를 묵상하며, 핵심 구절을 암기해야 한다. 실제로 이러한 훈련들은 대단히 유익하고 도움이 된다. 우리가 어려운 상황에 처하면, 이 빛의 검이 영, 즉 성경 구절들이 저장되어 있는 곳에서 바로 일어나기 시작한다. 그리고 그 말씀들을 소리 내어 선포하면 그것이 영적 기류를 바꾸는 강력한 예언적 레마의 말씀이 된다. (레마는 성령님이 우리가 직면한 상황에 적용하라고 깨우쳐 주시는 성경 말씀, 구절, 단락 등으로, 이것을 믿음으로 적용할 때 하나님의 뜻이 이루어지게 된다.)

우리는 유혹이나 의심, 혹은 영적 공격들에 직면할 때 이 성령의 검을 무기로 사용할 수 있다. 하나님의 진리와 권능을 확증하는 말씀의 빛을 말하고 선포함으로써 이 검을 휘두르는 것이다. 하지만 성령의 검은 단순히 방어나 공격을 위한 무기일 뿐만 아니라 우리가 경건한 삶을 살도록 인도해 주는 빛이기도 하다(시 119:105). 이 검의 원리와 가르침을 우리의 일상에 적용하면, 그것이 우리의 생각, 태도, 행동을 빚어 가게 된다.

성령님은 믿는 자들이 이 빛의 검을 효과적이고 바르게 사용할 수 있도록 능력을 주신다. 말씀을 공부하고, 적용하고, 그것을 말할 때, 우리는 반드시 성령님의 인도하심을 구하고 그분의 지혜에 의탁해야 한다.

한 가지 더 말하자면, 성령의 검은 우리가 자신감을 가지고 기도할 수 있게 돕는다. 그렇게 하여 우리의 기도는 하나님의 완전하신 뜻과 일치하게 된다. 이 검이 기도로서 우리의 영에서 터져 나오면, 우리는 더 깊은 영적 차원으로 나아가게 된다. 성령의 검을 들기 위해 우리는 다음과 같이 기도할 수 있다.

[Pray]

아버지, 예수님의 이름으로 기도합니다. 저는 주님의 성령의 검을 사용하기로 선택합니다. 주님의 말씀의 빛이 저의 영을 채우시도록 초청합니다. 이것은 저의 존재의 깊은 곳으로부터 어둠에 침투하여 물러가게 하는 주님의 빛을 풀어놓기 위함입니다. 이 강력한 영적 무기를 주셔서 감사합니다. 아멘!

다음의 표는 빛의 전신 갑주의 각 부분과 관련 성경 구절들을 정리한 것이다.

빛의 전신 갑주를 입으라

머리-구원의 투구 (그리스도의 마음)	엡 6:17 살전 5:8 사 12:2	구원의 투구와… 우리는 낮에 속하였으니 정신을 차리고 믿음과 사랑의 호심경을 붙이고 구원의 소망의 투구를 쓰자 보라 하나님은 나의 구원이시라 내가 신뢰하고 두려움이 없으리니 주 여호와는 나의 힘이시며 나의 노래시며 나의 구원이심이라
가슴-의의 호심경	엡 6:14 고후 5:21 사 61:10	…의의 호심경을 붙이고 하나님이 죄를 알지도 못하신 이를 우리를 대신하여 죄로 삼으신 것은 우리로 하여금 그 안에서 하나님의 의가 되게 하려 하심이라 내가 여호와로 말미암아 크게 기뻐하며 내 영혼이 나의 하나님으로 말미암아 즐거워하리니 이는 그가 구원의 옷을 내게 입히시며 공의의 겉옷을 내게 더하심이…
허리-진리의 허리띠 (믿음의 핵심)	엡 6:14 요 8:32 요 14:6	그런즉 서서 진리로 너희 허리 띠를 띠고… 진리를 알지니 진리가 너희를 자유롭게 하리라 예수께서 이르시되 내가 곧 길이요 진리요 생명이니 나로 말미암지 않고는 아버지께로 올 자가 없느니라

평안의 복음의 신 (영적 여정)	엡 6:15 롬 10:15 사 52:7	평안의 복음이 준비한 것으로 신을 신고 보내심을 받지 아니하였으면 어찌 전파하리요 기록된 바 아름답도다 좋은 소식을 전하는 자들의 발이여 함과 같으니라 좋은 소식을 전하며 평화를 공포하며 복된 좋은 소식을 가져오며 구원을 공포하며 시온을 향하여 이르기를 네 하나님이 통치하신다 하는 자의 산을 넘는 발이 어찌 그리 아름다운가
믿음의 방패	엡 6:16 히 11:1 요일 5:4	모든 것 위에 믿음의 방패를 가지고 이로써 능히 악한 자의 모든 불화살을 소멸하고 믿음은 바라는 것들의 실상이요 보이지 않는 것들의 증거니 무릇 하나님께로부터 난 자마다 세상을 이기느니라 세상을 이기는 승리는 이것이니 우리의 믿음이니라
성령의 검 (하나님의 말씀)	엡 6:17 히 4:12 마 4:4	성령의 검 곧 하나님의 말씀을 가지라 하나님의 말씀은 살아 있고 활력이 있어 좌우에 날선 어떤 검보다도 예리하여 혼과 영과 및 관절과 골수를 찔러 쪼개기까지 하며 또 마음의 생각과 뜻을 판단하나니 예수께서 대답하여 이르시되 기록되었으되 사람이 떡으로만 살 것이 아니요 하나님의 입으로부터 나오는 모든 말씀으로 살 것이라 하였느니라 하시니

더 높은 부르심

나는 이 영적인 전신 갑주를 계시로 사용해야 한다는 점을 일깨우고 싶다. 승리하는 영적 전쟁에 참여하기 위해 성령님의 구체적인 인도와 지시를 구하라. 그런 다음 성령님이 말씀하시면 단순히 순종하며 나아가라. 어떤 상황에 처해 있든지 성령님이 그것을 극복할 수 있는 천국의 전략들을 주실 것이다.

빛의 전신 갑주를 받았으니 그것을 제대로 착용하고 사용하기 시작하면, 원수와 어둠의 왕국은 우리와의 전투에서 절대로 승리할 수 없다. 물론 그가 우리에게 몇 가지 무기들을 사용하려 하겠지만, 결국 성공하지는 못할 것이다. 이에 대해 성경은 다음과 같이 말씀한다.

> 너를 치려고 제조된 모든 연장이 쓸모가 없을 것이라 일어나 너를 대적하여 송사하는 모든 혀는 네게 정죄를 당하리니 이는 여호와의 종들의 기업이요 이는 그들이 내게서 얻은 공의니라 여호와의 말씀이니라 (사 54:17)

매일 아침 기도 시간에 이 빛의 전신 갑주를 입는 것도 좋은 생각이다. 이것은 빛의 전사가 되라는 부르심을 날마다 상기시켜 주는 상당히 유익한 방법이 될 수도 있다. 물론 종교적인 의식이 아니라 성령님이 당신의 영에 계시의 빛을 비춰 주심으로써 더 깊은 영적 실재에 연결되는 방법으로 기도하라는 것이다. 이전 페이지에 성령님이 인도하시는 대로 개인적으로 적용하여 기도에 포함시킬 수 있는 성경 구절들을 정리해 두었다.

우리는 더 높은 빛의 전사라는 고귀한 사명과 하나님 나라를 확장하라는 하늘의 명령을 받았다. 이제 우리가 빛의 전사로서 그리스도 안에 있는 능력과 권세로 전진해야 할 때이다.

신성한 조명을 받는 놀라운 때

지금은 하나님이 우리 빛의 전사들에게 그분의 빛을 비춰주시는 놀라운 때이다. 그분은 우리가 이 땅에서 그분의 일들을 행할 수 있도록 그분의 마음으로 우리를 무장시키고 계신다. 다른 이들이 우리나 우리가 살아가는 모습을 볼 때, 예수님의 빛나는 광채를 보아야 한다. 우리를 만나면 무언가가 다르다는 것을 느껴야 한다. 그분의 빛이 주는 따뜻함과 사랑, 친절을 느껴야 한다. 그들이 우리의 영적 기류 안에 들어올 때는 평강을 느끼고, 치유가 일어나며, 기쁨으로 가득 채워져야 한다. 마치 집에 온 것 같은 편안함을 느껴야 한다. 이것이 바로 빛을 지닌 자들의 모습이다.

빛의 전사들로서 우리는 갈등을 유발하는 위치가 아니라 해결책을 제공할 기회를 찾고 있다. 우리는 문제 해결자, 화평케 하는 자, 치유자, 사랑을 전하는 자, 성장을 추구하는 자, 격려자이다. 진정한 영적 전쟁은 하나님의 빛으로 전진하면서 그분의 영광을 위해 영역이나 영토를 점령하는 것이다. 이것은 싸움이라기보다는 안식에 관한 것으로, 이미 하늘에서 확정된 그리스도의 완성된 십자가 사역에 기반을 두고 있다. 빛의 전사들로서 우리는 이러한 진리가 우리의 마음속에도 뿌리 내리도록 허용해야 한다.

삶 가운데 어려운 상황이 발생하면, 사람들은 우리가 그 상황에 어떻게 반응하고 대처하고 해결하는지 지켜본다. 과거에는 믿음과 은혜, 영적인 능력으로 대응하지 못했을 수도 있지만, 우리는 확고한 승리의 자리로 나아가고 있다.

어쩌면 당신은 과거에 이러한 상황에 대처했던 방식 때문에 패배감을 느낄 수도 있다. 너무 멀리 가서 "모든 것을 망쳐버렸다"고 느낄 수도, 어떻게 해야 다시 상황을 바로잡을 수 있는지 궁금하게 여길 수도 있다. 하지만 하나님은 지금 당신을 통해 역사하실 준비가 되어 계신다. 당신을 위해 길을 내고 계시며 당신을 통해 그분이 무슨 일을 하실 수 있는지 보여주고 계신다. 우리는 패배한 것이 아니다. 우리는 승리자이며 그리스도를 통해 이기는 자이다!

삶의 어려움들에 직면하면서 여러 차례 좌절했지만, 하나님의 은혜는 "자, 다시 해보자"고 말씀하셨다. "너에게 충분한 능력이 있다"고 말씀하신다. 마찬가지로 영광의 영은 오늘 우리에게 "내가 너를 가르치고 있으니 듣고 배우라. 나의 가르침을 기꺼이 받으라"고 말씀하고 계신다. 참된 빛의 전사들은 가르침과 하나님의 지시를 받을 준비가 되어 있다.

지금 당신의 마음을 하나님의 일들에 집중하고 고정하라. 하나님이 가르침을 주시기 원하는 이 순간에 원수가 당신을 방해하거나 가로막지 못하게 하라. 이 장에서 배운 내용을 묵상하고 기도하라. 다음 장에서는 하나님의 빛에 따라 살아가는 방법에 대해 더 자세히 나눌 것이다.

3장
빛으로 행하기

그 빛이 어둠 속에서 비치니, 어둠이 그 빛을 이기지 못하였다 _요 1:5 (새번역)

3장

　그리스도 안에서 권세와 능력으로 행한다는 것은 기본적으로 우리의 삶을 향한 하나님의 뜻대로 행한다는 의미이다.

　예수 그리스도는 아버지의 영광의 빛나는 광채이시며, 전적으로 하나님만 위하신다. 하나님만 위한다는 것은 그분과 개인적인 관계를 맺고, 그분과 연결되며, 그분이 우리에게 말씀하시도록 허락해 드리고, 순종으로 반응한다는 것이다. 그리고 "하나님, 저는 주님이 함께하시지 않으면 어디에도 가고 싶지 않아요. 주님이 저를 위해 예비해 두신 것이 아니면 아무것도 하고 싶지 않아요"라고 하면서 그분이 우리의 삶을 통해 일하시도록 허락해 드리는 것이다. 이러한 기도는 우리의 삶을 변화시킨다.

　그리스도 안에서 영광 가운데 행한다는 것은 어쩌다 한 번 있는 이벤트가 아니다. 이것은 삶의 방식으로서 날마다 모든 순간 실천할 수 있다. 우리는 매일 원수의 계획을 파쇄하고 물리치는 능력으로 행할 수 있다. 그렇게 할 수 있도록 하나님이 우리와 우리 삶의 상황들에 그분의 진리를 선포할 수 있는 능력과 권세를 주셨다. 우리가 살아가는 이 세상에는 온갖 종류의 어렵고 힘겨운 상황들이 끊임없이 엄습한다. 하지만 그리스도 안에서 우리가 받은 능력과 권세를 알게 된다면, 삶의 가장 작은 문제들에도 그 능력과 권세를 사용할 수 있게 된다. 나는 이것을 "빛으로 행하기"라고 부른다.

우리가 하나님의 권세를 사용할 때, 우리의 말이 그 과정에 깊게 관여한다는 사실을 반드시 기억해야 한다. 우리는 권세를 생각하고, 말하고, 행사해야 한다.

성경은 다음과 같이 말씀한다.

> 선한 사람은 마음에 쌓은 선에서 선을 내고 악한 자는 그 쌓은 악에서 악을 내나니 이는 마음에 가득한 것을 입으로 말함이니라 (눅 6:45)

우리 안으로 들어오는 것도 중요하지만, 우리에게서 무엇이 나가는지도 그에 못지않게 중요하다. 우리는 모든 면에서 그리스도의 능력과 권세 안에서 행하고 또 말해야 한다.

그리스도의 권세로 행한다는 것은 빛 가운데 살아간다는 의미이다. 그리스도 안에서 우리의 정체성과 하나님이 주신 약속을 인식하면, 그리고 예수님이 우리 마음속에 거하시기에 믿는 자로서 우리의 권리를 알게 되면, 우리의 말은 변화된다. 때로는 하나님이 우리에게 말씀하신 것을 믿음으로 붙잡기보다는 현재 주변의 물리적인 세계에서 벌어지는 일에 쉽게 마음을 빼앗길 수 있다. 하지만 물리적인 세계를 변화시키는 유일한 방법은 하나님이 우리를 통해 그것을 변화시키시도록 허락해 드리는 것이다. 초자연적인 영역에서 그분의 뜻을 잠시 엿보기만 해도 그렇게 할 수 있다. 성령 안에서 본 것을 반드시 우리의 상황에 선포하기 시작해야 한다.

믿음이 좋다는 그리스도인들도 기도한 다음, 그 입으로 의심, 불신, 심지어 저주의 말을 내뱉는 경우가 너무나도 많다. 안타깝게도 그들 중 상당수는 자신이 무슨 말을 하고 있는지조차 깨닫지 못한다. 감사하게도 성령님은 그리스도의 몸 된 교회 안에 있는 많은 이들에게 이러한 현실을 일깨워주고 계신다. 또한 그분은 우리의 마음을 비추셔서 하나님의 마음과 더 잘 연결되게 하여 주신다. 이 부분에 대해서는 이 책 뒷부분에서 더 자세히 설명하겠다.

권세와 능력

누가복음 10장 19절(확대역 클래식)에서 예수님은 다음과 같이 말씀하셨다.

보아라, 내가 너희에게 뱀과 전갈을 밟으며 원수가 [소유하고 있는] 모든 능력을 제어할 수 있는 권세(Authority)와 능력(Power)[육체적, 정신적인

힘과 역량]을 주었으니, 그 무엇도 결코 너희를 해치지 못할 것이다

원수가 가진 모든 능력을 제어하고 그 무엇도 우리를 해칠 수 없다니, 정말 대단한 약속 아닌가! 우리가 이 말씀의 계시를 붙잡고 예수님이 하신 말씀을 믿을 수 있다면, 우리의 삶이 변화될 것이다. 예수님은 우리에게 권세와 능력이 있다고 말씀하셨다. 이것들을 우리에게 주신 분이 예수님이기에 그분이 가장 잘 아신다.

권세와 능력은 동일한 것이 아니다. 이들은 우리가 살아가야 할 서로 다른 영적 실재이며, 하나님은 이 두 가지를 모두 우리에게 주셨다. 이번 장에서 우리는 이 두 영역에 대해 조금 더 자세히 논의하게 될 것이다.

예수님은 원수의 모든 능력보다 뛰어난 권세와 능력이 무엇인지 우리에게 말씀하신다. 이 말씀에는 영적인 의미만 있는 것이 아니다. 확대역 성경 클래식은 이것을 특히 "육체적, 정신적 힘과 역량"이라고 정의한다. 무슨 의미일까? 이것은 우리 삶 가운데 부정적인 모든 것들, 원수가 들이닥쳐 파괴하려 했던 모든 끔찍한 상황, 학대나 트라우마 등 생각할 수 있는 모든 것을 하나님이 구속하고 회복하실 수 있다는 의미이다. 할렐루야!

우리는 원수가 어떤 짓을 하는지 알고 있다. 그는 가능한 모든 것을 훔치고, 죽이고, 멸망시키기 위해 온다(요 10:10). 예수님은 우리에게 모든 상황을 이겨낼 수 있는 권세와 능력을 주셨다고 말씀하셨다. 결혼 생활의 불화, 자녀들과의 어려움, 재정적 파탄, 심각한 질병 등 우리

주변의 상황이 어떠하든지 하나님이 그 모든 것을 해결해 주실 수 있다는 뜻이다. 그분은 우리를 위한 더 좋은 길과 해결책을 가지고 계시며, 그것은 그분이 주시는 능력과 권세를 통해서 임한다.

권세란 무엇인가?

권세는 무엇이며, 이미 우리가 가진 영적 권세들에는 어떤 것이 있을까? 자연계에서도 사람들의 직위, 직업, 책무에 따라 서로 다른 수준의 권세가 주어진다. 예를 들어 미국에서는 위급한 상황에 911에 전화하여 "당국(Authorities)"에 신고하면, 기본적으로 경찰관, 소방관, 구급대원 중 어떤 권세(권한)를 가진 사람을 필요로 하는지 묻는다. 이것이 중요한 이유는 구급대원은 경찰관과, 경찰관은 소방관과 다른 권세를 가지고 있기 때문이다.

최근 몇 년간 산불이 여러 지역을 황폐하게 만들면서 지역사회 전체를 파괴했다. 이러한 산불들을 진압하기 위해 경찰을 보낼까? 그렇지 않다. 그들에게는 산불에 대처할 권한(권세)이 없다. 그 대신 소방관을 보내는 이유는 그들이 이러한 물리적 위험에 맞서 싸우도록 훈련 받았고, 장비를 갖추었으며, 이러한 재해에 맞서 싸우겠다고 서약하고 권한을 부여 받았기 때문이다. 다시 말해 직무에 따라 다른 권한을 허가 받는다는 것이다.

예수님을 믿는 자에게는 무엇을 할 수 있는 권세가 있을까? 우리에게는 예수님의 이름으로 행할 수 있는 권세가 있고, 그분은 이 일을 위해 우리를 준비시키고 훈련하셨다. 우리의 권세는 하나님의 놀라운 일들을 수행하라고 그리스도께서 부여해 주신 것이다. 권세라는 말의 정의는 "명령을 내리거나, 결정을 하거나, 복종을 요구할 수 있는 힘이나 권리"이다.[1] 이것은 또한 "위임 받거나 주어진 능력 또는 권리"로 정의된다.[2] 그리스도의 권세 안에서 행한다는 것은 그것을 사용할 수 있는 공식적인 허가, 즉 천국의 공식 허가를 받았다는 의미이다. 우리는 이 땅에서 빛의 전사들로서 천국의 권세를 가지고 활동할 수 있는 허가를 받은 것이다.

그리스도 안에서 우리의 영적 권세

그리스도께서 우리에게 공식적으로 권세를 부여하신 것은 성령 안에서 파란 배지(역자 주: SNS 등에서 공식 계정임을 인증하는 마크)를 받는 것과 같다. 이러한 권세가 주어진 것은 우리가 빛 가운데 행하고 살아가며 이 땅에 하늘의 뜻을 집행함으로써 어두운 곳에 하나님의 빛을 비추게 하려는 것이다.

특별히 예수님이 부활하신 후 초대교회 제자들에게 하신 말씀을 통해 "그리스도의 권세 안에서 행한다는 것"이 어떤 모습인지 찾아볼 수 있다.

> 예수께서 나아와 말씀하여 이르시되 하늘과 땅의 모든 권세[절대적인 통치권]를 내게 주셨으니 그러므로 너희는 가서 모든 민족을 제자로 삼아

[사람들이 나를 배우고, 믿고, 내 말에 순종하도록 도와주고] 아버지와 아들과 성령의 이름으로 침례를 베풀고 내가 너희에게 분부한 모든 것을 가르쳐 지키게 하라 볼지어다 내가 세상 끝 날까지 [어떠한 상황이든 언제 어디서나] 너희와 항상 함께 있으리라 하시니라 (마 28:18~20, 확대역)

이 구절은 그리스도 안에서 우리가 그분께 위임받은 권세에 대해 설명하고 있다. 그리스도께서는 자신이 "모든 권세"를 가지고 있다고 말씀하셨다(마 28:18). 친구인 조앤 헌터(Joan Hunter)는 "모든(all)"은 "예외 없이 모든 것을 포함"한다고 강조한다. "모든"은 말 그대로 "전부"이다. 예수님은 하늘과 땅의 모든 권세를 가지고 계신다. 여기에는 영적인 부딪침, 극심한 압박과 싸움, 혼란과 혼돈이 가득한 곳, 마귀와의 전투가 벌어지는 둘째 하늘의 영역도 포함된다. 그렇다, 예수님은 둘째 하늘의 모든 권세를 가지고 계시며, 이것은 우리의 싸움이 주님께 속했다는 의미이다. 이유가 뭘까? 하나님의 자녀들에게 은혜와 복이 돌아가게 하려는 것이다. 우리는 하나님의 은혜와 축복 안에서 살아가도록 부름 받았다. 이것은 그리스도 안에서 우리가 부여받은 권한의 일부이다.

이처럼 우리가 가진 권세가 그리스도의 권세이며, "모든 권세"라는 것을 명심해야 한다. 이어서 예수님은 우리가 이 "모든 권세"를 어디로 가져가야 하는지 말씀하셨다. 그분은 "그러므로 너희는 가서 모든 민족을 제자로 삼아"라고 말씀하셨다. 우리는 그리스도 안에 있는 우리의 권세를 사용하여 열방을 제자 삼고 "아버지와 아들과 성령의 이름으로" 믿는 자들에게 세례를 베풀어야 한다(마 28:19, 확대역). 우리에게 열방을 제자 삼을 권세가 있다면, 당연히 공동체와 삶의 영역들, 그리고 지역들을 제자 삼을 권세도 주어진 것이다.

여기에는 당연히 우리의 가정이라는 영역도 포함된다. 하나님은 우리에게 가족을 제자 삼고 자녀를 영광 가운데 양육할 수 있는 권세를 주셨다. 이런 이유로 나는 자넷이 쓴 《영광 안에서의 출산》(Childbirth in the Glory)이라는 책을 좋아한다.[3] 자넷은 심지어 임신도 하기 전에 아이를 위해 기도하는 법을 사람들에게 가르치고 있다. 아이가 잉태되어 자라나기 시작할 때부터 부모가 기름을 부어 기도하고 예언해 주도록 한다. 그러면 우리는 영광의 자녀를 양육하게 된다.

우리 아들 링컨은 영광 가운데 태어났다. 출산 당시 아이의 머리 전체에 쉐키나 영광의 임재가 나타났고(의사와 간호사들도 놀랐다!), 우리는 영광의 기류 속에서 그를 양육했다. 딸인 리버티는 우리 기도의 기적적인 응답이었고, 역시 영광 가운데 태어나 영광 가운데 자라났다. 이제는 아이를 갖지 못할 거라 생각했을 때, 성령님이 초자연적인 풍성함으로 우리를 놀라게 하셔서 딸 레거시가 영광 가운데 태어났다. 우리는 이 아이도 영광 가운데 양육했다. 하나님은 우리가 자녀, 손주, 증손주 등 가족 구성원들을 제자 삼기 바라신다. 그래서 그렇게 할 수 있게 예수님의 말씀을 통해 권세를 부여해 주신 것이다.

예를 들어 우리 부부에게는 집에 누가, 그리고 무엇이 들어오게 할지 결정할 권한이 있다. 또한 아이들의 휴대폰에 어떤 앱을 다운 받을지 결정할 권한도 있다(이것도 우리 집에 누구를, 무엇을 들일지 결정하는 방법이다). 이것을 위해 자녀 보호 설정을 해 두고 심지어 그들이 휴대폰을 사용할 수 있는 시간대와 하루 사용 시간까지 결정하고 관리한다.

그리스도께서 주신 권세로 우리는 또 무엇을 해야 할까? 예수님은 우리가 열방을 제자 삼은 후에 "내가 너희에게 분부한 모든 것을 가르쳐 지키게 하라"고 말씀하신다(20절). 우리는 사람들에게 하나님의 말씀과 방식들을 가르칠 권세를 받았으며, 부모라면 특히 자녀들에게 그렇게 해야 한다.

이것이 왜 그토록 중요할까? 아이는 날마다 새로운 것을 배우기 때문이다. 그들은 관찰, 버릇이나 습관, 경험, 그리고 살아가는 과정과 훈육을 통해 배우게 된다. 문제는 많은 이들의 습관과 경험, 그리고 과정들이 우리를 대적하는(거짓말하고, 속이고, 멸망시키려는) 원수의 임무와 얽혀 있는 경우가 너무나도 많다는 것이다. 부모가 원수의 거짓말과 속임수를 믿고 그것을 표현하며 그것에 따라 살아갈 때, 자녀들은 육체적이고 본능적인 학습과 관찰을 통해 삶의 모든 것은 나쁘다고 믿기 시작할 수 있다. 그들은 다음과 같이 생각할 수 있다.

"잘되는 게 하나도 없어!"

"모든 게 다 잘못되었어!"

"세상은 아주 어두운 곳이야!"

"나는 친구가 하나도 없어!"

"아무도 날 사랑하지 않아!"

"돈이 하나도 없어!"

"나에게는 살아야 할 이유가 없어!"

이런 생각은 도대체 어디서 들어오는 걸까? 다시 말하지만, 부모나 다른 사람들이 (아마 자신도 모르는 사이에) 원수의 거짓말을 받아들인 후 말하거나 보여 준 모습 때문에 그들의 학습 과정이 어둠의 왕국과 연결되었기 때문일 수도 있다. 하지만 믿는 자들과 그들의 가정은 이것과는 다른 모습이어야 한다. 이러한 어둠은 해결할 수 있다. 우리와 자녀들을 자유롭게 하기 위해 우리가 생각하고 표현해 온 부정적인 견해들을 바로잡을 수 있다.

나도 실수로 여러 번 하나님의 진리와 일치하지 않는 말을 한 적이 있지만, 성령님이 바로잡아 주셨다. 그래서 내가 방금 한 말을 되돌릴 수 있었다. 바로 그 순간에 권세를 가지고 "방금 내 입에서 나온 말을 취소한다!"라고 말했다. 그런 다음 그 상황에 대한 하나님의 진리를 선포한다.

최근에 대학생이 된 아들 링컨과 대화를 하던 중 지금 생각해도 이상한 말을 한 적이 있다. 그것은 아들의 돈에 관련된 말이었다. 나는 그에게 "링컨아, 너는 대학생이니까 신중해야 해"라고 했다. 곧바로 이것이 대학생에게는 돈이 많지 않다, 곧 가난하다는 의미의 말임을 깨달았다. 이 말이 내 입에서 나오자마자 성령님은 나를 바로잡아 주시며 "네 아들에게 그런 말을 하지 말라"고 말씀하셨다.

성령님께 감사한다. 우리는 자녀들에게 가난을 선포해서는 안 된다. 다시는 내 아들을 "가난한" 대학생이라고 여기지 않을 것이다. 나는 방금 한 말을 취소하고 링컨에게 사과하면서, 성령님이 나를 바로 잡아 주셨다고 설명했다. 그런 다음 "링컨, 너는 축복을 받아 풍요롭게 살 수 있어. 하나님은 너의 삶을 풍성케 하실 수 있단다. 넌 대학생이지만 차고 넘칠 수 있어"라고 말해 주었다. 아들에게 한 말을 바로잡을 수 있어서 정말 다행이었다. 우리의 말이 우리의 생각을 형성하기에(반대의 경우도 마찬가지이다), 우리는 하나님의 말씀을 말해야 한다. 그 후 몇 달 만에 링컨은 큰 재정적인 축복을 받아 아주 멋진 직장에 취업했고, 초자연적인 호의와 은총으로 새 차를 살 수 있었다! 우리의 말에는 능력이 있으며 변화를 가져온다.

우리가 하는 말과 언어습관은 다른 사람들에게 증거가 된다. 새로운 방식, 말씀의 빛에 기초한 언어로 다른 사람과 대화할 때, 그들이 믿든 그렇지 않든 우리의 말은 그들에게 영향을 끼치게 된다. 그것 또한 그들에게 말의 능력에 대한 증거가 된다. 하나님의 말씀은 우리 주변의 영적인 기류를 분명히 바꾸어 놓는다.

자넷과 나는 아침에 일어날 때 "좋은 아침(Good morning)이야"라는 말 대신 "하나님의 아침이야(God morning)"라고 하는 훈련을 했다. 우리는 교회나 그 외 어디를 가든 만나는 사람들에게 "하나님의 아침입니다"라고 인사한다. 처음에는 우리가 실수로 잘못 말했나 하고 의아해 하다가 잠시 생각해 보고는 미소 지으며 "네! 하나님의 아침이네요"라고 화답한다. 그러면 분위기가 확 바뀌게 된다.

하나님은 아침에 우리의 초점이 되실 수도 있고, 낮 또는 저녁과 밤에 관심의 대상이 되실 수도 있다.

지금 생각해 보면 과거에 잘못된 말을 했을 수도 있다. 그렇다면 실수를 인정하고, 자존심과 자기연민을 버리고, 회개하고 사과하라. 그런 다음 실수를 바로잡으라. 자신이 한 말을 취소하고, 어휘를 바꾸어 당신의 모든 상황에 하나님의 말씀을 선포하라.

혀를 잘못 사용하면, 하나님이 우리와 우리가 사랑하는 이들을 위해 예비해 두신 은혜와 복들을 방해할 수도 있다. 하지만 우리가 하나님의 진리에 일치되는 말을 한다면, 그 말은 생명의 근원이 될 것이다. 잠언 15장 4절은, "온순한 혀는 곧 (치유의 능력을 가진) 생명나무"라고 선포한다. 우리의 말은 여러 가지 다양한 방법으로 많은 이들에게 생명나무가 될 수 있다.

일반적인 인간의 대화는 덕이 되기보다는 육신적이고 세속적인 경우가 많을 수 있다. 하지만 우리가 성령 안에서 본 것, 말씀 안에서 붙잡은 것, 그리고 그것을 우리가 가진 권세로 일상 가운데 어떻게 살아낼 수 있는지에 대해 말하면, 그것은 듣는 이들을 축복하게 된다.

성령의 빛, 곧 검을 사용하라

우리는 빛으로 행하도록 부름 받았다. 그래서 모든 믿는 자들이 하나님의 말씀으로 훈련을 받아야 하는 것이다. 그리스도의 권세로 행한다는 것은 하나님의 말씀대로 행하는 것이며, 하나님의 약속 안에서 행한다는 의미이다.

이전 장에서 말했듯이 하나님의 말씀은 빛이며, 말씀은 빛의 전사의 손에서 초자연적인 검이 된다. 영적 전투의 대가인 데릭 프린스(Derek Prince)는 다음과 같은 말을 했다. "누군가 나에게 이렇게 말했다. '당신이 성경을 읽고 있으면, 성경도 당신을 읽고 있는 것이다.'"4) 우리는 먼저 말씀을 받아들이고 행하는 자가 되어 이 빛의 검, 곧 그 능력을 행사하는 법을 배워야 한다. 그런 다음에 주변에 말씀을 전하는 자들이 될 수 있다. 이처럼 받은 다음 그것을 나누는 것이 대단히 중요하다.

우리가 말씀의 다스림을 받을 때, 우리의 영이 확장된다. 더 이상 자연계의 제약을 받지 않고 초자연적인 차원에서 살아가기 시작한다. 사람들의 삶을 바꿔놓는 빛의 말씀은 우리를 더 높은 차원, 즉 영광의 차원으로 인도한다. 이것이 자넷과 내가 하나님의 더 심오한 것들을 가르치기 좋아하는 이유이다.

마태복음 28장은 다음과 같이 매우 영광스럽게 끝을 맺는다.

- 볼지어다 내가 세상 끝 날까지 [어떠한 상황이든 언제 어디서나] 너희와 항상 함께 있으리라 하시니라 (마 28:20, 확대역)

이것은 매우 강력한 약속이니 기록해서 자주 들여다보며 기억할 수 있는 곳에 붙여 두라! 그리스도 안에 있는 우리의 권세는 교회에 있을 때, 믿음의 친구들과 함께 있을 때, 주중 성경 공부에 참석할 때, 혹은 경배와 찬양 음악을 들을 때에만 국한되는 것이 아니다. 그리스도 안에서 주어진 우리의 권세는 매일 하루 종일 "영원히" 우리와 함께한다. 이 세상이 끝날 때까지 영원토록 지속적으로 변함없이 모든 경우에 그럴 것이라는 의미이다. 우리 안에 계신 그리스도가 바로 영광의 소망이시다(골 1:27).

그렇다면 어떻게 해야 그리스도의 권세를 온전히 알 수 있을까? 말씀으로 들어가서 하나님의 약속을 읽으면 된다. 그리스도 안에서 권세로 행하려면, 우리가 붙잡아야 할 약속들이 많다. 이 약속들은 우리가 기도로 돌파하고 예언적으로 선포한 다음, 실제로 삶에서 실천해야 할 것들이다. 정리하자면, 그리스도 안에서 우리가 받은 권세를 사용하기 위해 하나님의 말씀 안에 나타난 우리의 권리를 알고 행동으로 옮겨야 한다는 것이다. 그게 전부이다.

원수를 대적할 권세

하지만 우리에게 권세가 있다고 해서 반드시 모두가 규칙을 따를 것이라는 말은 아니다. 규칙을 어기는 자가 있는데 그의 이름은 사탄, 루시퍼, 마귀이다. 나는 그를 어둠의 악한 영이라고 부르며, 그는 귀신(혹은 악한 영들)이라고 불리는 무질서한 무리들을 거느리고 있다. 그는 "거짓의 아비"(요 8:44)이며, 도둑질하고 죽이고 멸망시키러 온 자이다. 하나님의 진리를 왜곡하고 사람들을 하늘 아버지로부터 멀어지게 하려고 모든 규칙들을 어기고 사소한 허점까지 찾아내려 한다. 그리스도 안에서 우리의 권세를 모르고 적극적으로 행사하지 않는다면, 원수는 크게 기뻐하며 우리의 삶에 허락되지 않은 일들을 불법적으로 자행할 것이다.

누가복음 10장 19절을 다시 읽어 보자.

> 보아라, 내가 너희에게 뱀과 전갈을 밟으며 원수가 [소유하고 있는] 모든 능력을 제어할 수 있는 권세(Authority)와 능력(Power)[육체적, 정신적인 힘과 역량]을 주었으니, 그 무엇도 결코 너희를 해치지 못할 것이다

예수님은 우리에게 "뱀과 전갈을 밟으며 원수의 모든 능력을 제어할" 권세와 능력을 주셨다. 우리는 모든 어둠을 몰아내는 빛을 지니고 있다. 하지만 삶 가운데 이러한 실재를 경험하고 있는가? 원수가 당신을 "무너뜨리려" 한 적이 있는가? 그럴 것이다. 원수 앞에서 무기력함을 느껴본 적이 있는가? 분명 있을 것이다. 몸이 아팠던 적이 있는가? 육신에 좋지 않은 증상들이 나타난 적이 있는가? 모두가 그럴 것이다. 우울해지거나 눌림을 경험한 적이 있는가? 재정적인 어려움에 처한 적이 있는가? 사랑받지 못하거나 아무도 자신을 이해하지 못한다고 느낀 적이 있는가? 솔직히 대부분이 이런 경험을 한다. 그런데도 예수님은 "내가 너희에게… 원수의 모든 능력을 제어할 권능을 주었으니"라고 말씀하신 것이다.

앞서 언급한 모든 부정적인 것들이 다 원수의 소행이다. 다시 말하지만, 우리 모두가 종종 이러한 일들을 경험한다. 이유가 뭘까? 우리가 우리의 권세를 행사하지 않으면, 원수는 우리의 생각과 감정, 삶

을 불법적으로 빼앗으려 할 것이기 때문이다. 우리의 권리를 알고 그리스도 안에서 자신이 누구인지를 깨달아야 한다. 그리고 갈보리에서 완성된 사역을 통해 그리스도께서 우리에게 허락하신 것이 무엇인지 인식해야 한다. 그렇지 않으면 원수는 뱀처럼 몰래 들어와 우리의 삶을 무너뜨리려 할 것이다.

독사들에게 자비란 없다

몇 년 전, 루이 비통의 선임 교육 매니저이자 친구인 텐리(Tenley)가 들려준 이솝 우화가 나의 관심을 끌었다. "농부와 독사"라는 이솝 우화에 의하면, 한 남자가 겨울의 추위에 죽어가는 독사를 구조하여 자기 가슴에 따뜻하게 품어주었다. 그런데 독사는 얼어붙었던 몸이 녹자마자 남자를 물어 생명을 위독하게 만들었다. 이 이야기의 교훈은 "악한 자에게 베푼 친절은 버려진다"는 것이다.[5]

이것은 또한 우리 모두가 배워야 할 교훈이다. 물론 우리가 싸우는 상대는 혈과 육이 아니며, 예수님은 원수를 사랑하고 우리를 미워하는 자들을 선대하라고 가르치셨다(눅 6:27). 하지만 우리의 영적인 원수나 귀신들에게는 어떠한 자비도 보여서는 안 된다. 그들의 목표는 오직 한 가지 우리의 삶을 파괴시키는 것이기 때문이다. 어쩌면 당신은 "나는 원수에게 절대로 자비를 베풀지 않을 거야"라고 말할지도 모른다. 하지만 신실하게 믿는 자들도 (그것이 진실로 잘못된 것인데도)

하나님이 주신 권세를 사용하지 않음으로써 항상 원수들에게 자비를 베푸는 경우가 많다. 빛의 왕국을 위해 점령하지 않는 모든 영역은 어둠의 왕국에 넘겨지게 된다. 이것을 생각하라!

권세와 능력의 차이

누가복음 10장 19절에서 예수님은 우리가 권세와 능력(역자 주: 개역개정 성경은 권능으로 표기)을 받게 될 것이라고 말씀하셨다. 우리가 삶의 모든 영역에서 원수의 공격에 맞서 싸우도록 예수님이 이것들을 우리에게 주셨다는 것이다. 그러므로 우리가 직면하는 모든 상황들에 승리할 수 있다는 사실을 기억하라.

권세와 능력의 차이점은 무엇일까? 나무가 우거진 어떤 지역에 수천 평의 땅을 갖고 있다고 생각해 보자. 사람들이 허가 없이 사유지에 들어와 사냥을 하기 시작하면서 안전하게 다닐 수 없게 되자 "무단 침입 금지" 표지판을 설치하고 울타리도 세웠다. 만일 사람들이 아무도 자신을 보지 못할 것이라고 생각하며 여전히 울타리를 넘어 사냥을 한다면, 우리는 그들을 제지하고 그 땅에 대한 소유권을 행사할 수 있다. 토지 소유주로서 "내 땅에서 나가라. 그렇게 하지 않으면 경찰을 부르겠다"라고 말할 수 있는 권한이 있는 것이다. 만일 사람들이 지시에 따르지 않으면, 그들의 사진을 찍어 경찰에 증거로 제출할 수 있고, 경찰은 그들을 무단 침입죄로 고발할 것이다. 또한 그 침입자들을 상대로 민사소송을 걸 수도 있다. 바로 여기가 권력(능력)이 개입하는 지점이다. 능력(힘, Power)을 통해 권세(권한, Authority)를 행사하기에 우리에게는 권세와 능력 모두가 필요하다.

이것을 염두에 두고 그리스도 안에서 우리가 받은 권세와 하나님의 능력이 어떤 관계가 있는지 조금 더 깊이 살펴보자.

하나님의 능력 받기

우리에게 주어진 권세를 뒷받침하는 하나님의 능력은 성령님의 역사하심으로 우리 안에서 우리를 통해 나타난다. 따라서 하나님의 능력을 받으려면, 먼저 성령세례를 받아야 한다. 그래야 그리스도께서 주신 권세를 행사할 수 있는 능력을 받게 된다(행 1:8). 많은 믿는 자들이 말씀을 읽지만, 아직 성령세례와 하나님의 능력의 충만함을 받지 못했기 때문에 종종 그분이나 그분의 말씀의 진리와 능력에 의구심을 품게 되는 것이다. 말씀이 그들의 삶에 역사하지 않는 것처럼 보이기에 그들은 "이게 정말일까? 정말 옳은 걸까?" 하고 의심한다. 말씀은 실재이며 진리이다. 감사하게도 하나님은 성령님을 통해 그분의 말씀이 우리의 삶에서 효과적으로 살아 역사하도록 능력을 주셨다.

자넷과 나는 아직 성령세례를 받지 않은 사람들에게 도움이 될 만한 자료들을 만들어 놓았다. 우리의 유튜브 채널에는 "성령 안에서 기도하기"(Praying in the Spirit)라는 제목의 영상이 있다. 성경 말씀을 통해 성령세례를 받는 법을 안내하는 영상이다. 또한 성령세례를 받은 후 그것을 다른 사람들에게 베푸는 방법도 알려 준다.[6] 뿐만 아니라 방언을 말하는 것의 치유 효과 등 성령 안에서 기도하는 것의 유익에 대해 자세히 설명해 주는 영상들도 있다.[7] 이 영상들이 당신의 영적 여정에 풍성함을 더해 주기를 기도한다. 일부 영상들에는 당신이 참여할 수 있는 활성화 과정이 포함되어 있다. 간절한 마음으로 이 영상들을 시청하면, 당신에게도 성령세례가 임할 것이다.

성령세례를 받으면, 하나님과 동행하는 새로운 결과들이 나타나게 되어 있다. 과거에는 빛 가운데 있는 우리의 능력과 권세를 이해하지 못했기에 많은 상황에 걸림돌들이 있었다. 이제는 그리스도 안에서 우리가 누구이고, 무엇을 지니고 있으며, 무엇을 풀어놓을 수 있는지에 대한 계시 안으로 들어왔으므로 우리의 삶에 수많은 특별한 기적들이 일어나게 될 것이다. 그리스도께서는 절대적인 권세를 가지고 계시며, 그분 안에서 우리가 행사하는 권세는 우리에게 특정한 권리를 부여한다. 뿐만 아니라 우리에게는 그 권리를 행사할 수 있는 능력도 있다. 다시 말해 이 둘의 차이점은 다음과 같다. 권세는 우리에게 권리를 부여하고, 능력은 우리가 그 권리를 행사할 수 있는 힘을 부여한다.

빛의 능력

그 빛이 어둠 속에서 비치니, 어둠이 그 빛을 이기지 못하였다 (요 1:5, 새번역)

이처럼 어둠은 빛을 이기지 못했고 앞으로도 결코 이길 수 없다.

통치자들과 권세들을 무력화하여 드러내어 구경거리로 삼으시고 십자가로 그들을 이기셨느니라 (골 2:15)

의인의 길은 돋는 햇살 같아서 크게 빛나 한낮의 광명에 이르거니와 (잠 4:18)

우리는 빛의 전사들로서 어둠을 비추는 빛이 되어야 한다. 그러나 우리의 초점이 오직 어둠에만 맞춰져 있다면 빛을 집행하는 자들이 되기 어렵다. 앞서 말했듯이 우리는 끊임없이 어두운 영적 전투에 직면하고 어두운 존재들에 집착하면서 어둠의 왕국에 손을 대라고 부름 받은 것이 아니다. 우리는 빛 가운데 행하도록 부름 받았다. 과거에 우리 중 많은 이들이 배워 온 행위에는 전혀 영적이지 않은 것들도 있다. 예를 들어 어떤 사람들은 "내가 …을 꾸짖는다!"와 같은 말을 하면서 어둠을 꾸짖는 데 대부분의 시간을 보낸다. 우리가 원수들을 대적해야 하는 것은 맞지만, 계속해서 무언가를 꾸짖는 데에만 집중하는 것은 부정적인 방향이다. 우리는 오히려 하나님의 빛과 축복들에 집중해야 한다.

시편 기자는 다음과 같이 말했다.

주께서 내 원수의 목전에서 내게 상을 차려 주시고 기름을 내 머리에

부으셨으니 내 잔이 넘치나이다 (시 23:5)

비유적으로 말하자면, 우리 앞에 하나님의 선하심을 만끽할 수 있는 빛의 상이 차려진 것이다. 물론 원수들이 우리를 둘러싸고 있을 수도 있다. 그러나 우리에게는 무엇에 집중할 것인지 선택할 수 있는 힘이 있다. 다윗은 이 성경 구절을 통해 빛을 행하는 자로서 이기고 승리하는 삶을 살아가는 열쇠를 우리에게 주었다. 하나님의 빛과 뜻을 같이함으로써 그의 삶에는 하나님의 기름이 넘쳐흘렀고, 그것은 다시 그의 삶을 통해 흘러나갔다. 이로 인해 다윗 안에 있는 하나님의 빛은 점점 더 강한 빛을 발하게 되었다.

"주께서 기름을 내 머리에 부으셨으니 내 잔이 넘치나이다." 이 말씀이 마치 다윗에게 맞서 싸워야 할 적이 없었던 것처럼 들릴 수도 있다. 그러나 우리는 사실 그에게 많은 적들이 있었음을 알고 있다. 하지만 기름부음으로 인해 다윗은 원수들 한가운데서도 주님의 상에 앉아 잔치를 즐길 수 있었다. 원수들의 위협에도 불구하고 영적인 잔치와 하나님의 선하심이 풍성하다는 사실을 발견한 것이다. 핵심은 원수가 아니라 하나님께 집중한 데 있었다. 당신도 빛과 뜻을 함께하기를 바란다. 그리고 이 초자연적인 동의가 가져오는 결과를 지켜보라!

영적 전투에 대한 나의 접근 방식을 순진하다고 비난하는 이들도 있지만, 신경 쓰지 않는다. 나는 원수와 그의 공격에 집중하는 대신 하나님의 빛에 집중하기로 선택한 것이기에, 설령 사람들이 나를 어리석게 여긴다 해도 괜찮다. 나는 결코 원수에게 영광을 돌리지 않는다. 우리가 원수의 뜻에 동의하지 않는 한 그는 완전히 무력하다. 나는 하나님의 말씀과 성령님의 능력에 전적으로 동의한다. 빛과 동맹을 맺은 것이다.

성숙한 신자와 미성숙한 신자의 차이점 중 하나는 어디에 주의를 두느냐이다. 성숙한 신자는 온전히 빛에 집중하는 반면, 미성숙한 신자는 어둠에 집착하는 경우가 많다. 아래에 미성숙한 신자들과 성숙한 신자들의 몇 가지 특징을 정리해 두었다.

빛의 전사들로서 우리는 영적인 성숙으로 부름 받았다. 성령님은 하나님의 백성들이 그분의 영광으로 충만하게 자라나기를 바라신다. 원수는 훌륭한 신자들을 정도에서 벗어나게 하는 방법 중 하나가 사소하고 하찮은 활동으로 주의를 분산시키는 것임을 알고 있다. 소위 "축사 사업"을 하는 사역단체들에 대해 들은 적이 있다. 매주 돈을 받고 축사 사역을 해주지만, 사람들의 일상에는 아무런 변화도 없는 것 같다. 이것은 성경적인 실천이 아니다. 성경에 의하면 우리는 귀신을 쫓아낸다. 귀신과 어울리며 놀아주거나 조언을 해주는 것이 아니다. 그들을 달래거나 협상하려 하지 않는다. 다만 그들을 쫓아낼 뿐이다!

미성숙한 신자의 모습

항상 문제에 대해 이야기한다. (잠 18:6~7)
악한 영들에 초점을 맞춘다. (엡 5:8~11).

마귀들과의 전투에 끊임없이 압박을 느낀다. (고후 10:3~6, 요 1:5)

영적인 짐을 지고 있다. (마 11:28~30)

패배에 대해 자주 이야기한다. (잠 11:11)

영적 혼란으로 갈등한다. (약 1:5, 고전 14:33)

두 마음을 갖고 있다(그들은 자신들이 이긴 자라고 말하지만 실제로는 패배한 삶을 살고 있다). (약 1:8)

성숙한 신자의 모습

항상 승리에 대해 이야기한다. (롬 10:8~10)

성령님과 하나님의 영광에 초점을 맞춘다. (사 26:3)

끊임없이 하나님의 기쁨과 그분의 영광의 임재를 느낀다. (시 139:7~10)

영적인 빛과 돌파를 가지고 다닌다. (미 2:13)

이기는 것에 대해 이야기한다. (고후 4:13, 계 12:11)

영적 진리에 대한 확신을 가지고 있다. (롬 4:20~21, 딤후 1:12)

한마음을 갖고 있다(그들의 말과 삶이 일치한다). (마 6:22)

사탄과의 전쟁을 딛고 그 위로 올라간다. (약 4:7)

어둠의 마귀들을 쫓아낼 수 있는 유일한 방법은 빛을 풀어놓는 것이다. 우리는 더 짙은 어둠으로 어둠과 싸우지 않는다.

마귀의 가르침 거절하기

> 그러나 성령이 밝히 말씀하시기를 후일에 어떤 사람들이 믿음에서 떠나 미혹하는 영과 귀신의 가르침을 따르리라 하셨으니 (딤전 4:1)

나는 최근 악한 영들에 모든 관심을 쏟는 은사주의 계열의 흐름에 대해 매우 우려하고 있다. 다양한 귀신들, 곧 악한 영과 그들의 악한 임무에 대해 가르치기 위해 많은 책들이 쏟아져 나오고 세미나가 열린다. 언뜻 보기에는 매우 흥미롭고 심지어 영적으로 보일 수도 있다. 하지만 이것은 사실 육적인 흥미를 끄는 것이기에 우상숭배로 이어지는 위험한 길이다. 우리가 그리스도의 주권보다 높이는 것은 무엇이든 우상이다.

마귀에게 영감을 받은 교리나 가르침은 우리의 초점을 하나님과 그분의 뜻에서 멀어지게 한다. 그것은 우리의 시선을 빛에서 어둠으로 옮기려고 한다. 이것이 비극으로 이어지는 것은 우리가 무엇에 집중하든지 그것이 삶 가운데 커지기 때문이다. 마귀의 존재에 대해 지속적으로 의심하거나 미신을 품게 되면 혼란을 야기하지만, 진리의 말씀 위에 서면 모든 것이 명료해진다. 어떤 축사 사역자가 파리들이 있는 곳에는 악한 영이 있으며, 이 악한 영들이 우리의 활동을 염탐하고 있다고 가르치는 것을 들었다. 이런 가르침은 거짓이며 사람들을 두려움에 묶이게 할 뿐이다. 이제 그 사람들은 파리를 볼 때마다 악한 영이 자신을 쫓아온다고 생각하게 될 것이다! 다시 말하지만 이러한 가르침은 완전히 거짓이며, 믿는 자들이 그리스도와 그분의 진리에 중심을 둔 거룩한 삶을 사는 데 방해가 된다.

따라서 원수의 가장 교묘한 수법 중 하나가 바로 우리의 관심과 초점을 빼앗는 것이다. 주의를 산만케 하는 원수의 방해에 속지 말라. 우리가 악한 영에 집중할수록 그것은 우리의 삶에 더 많은 영향을 끼칠 수 있게 된다. 주변 사람들이 하는 말을 주의 깊게 들어보라. 그들의 삶에 무슨 일이 벌어지고 있는지 그대로 드러난다. 보통 사람들은 자기 자신을 투영하는 경향이 있다. 악한 영이나 축사에만 지속적으로 집중하는 사람들이야말로 축사가 가장 필요한 사람들처럼 보인다. 내면의 갈등 때문에 어둠에 집착하게 되고, 결국 오직 그것에 대해서만 말하게 되는 것이다. 기억하라, 입은 오직 마음에 있는 것을 말하게 되어 있다.

오래전 어느 유명한 목사님이 창세기 6장 1~4절에 언급된 네피림들, "고대의 명성 있던 용사들"에 관한 책을 집필했다. 이 책의 주제는 타락한 천사들이 인간 여성과 교합하여 낳은 악한 자손들이 바로 네피림이라는 내용이었다. 이 책은 낯설고 특이한 주제 덕분에 큰 인기를 끌었다. 확실히 많은 사람들의 관심을 사로잡았는데, 불행히도 이들 중에는 자기 주변에 인간으로 위장한 "네피림들"을 분별해야 한다는 경건하지 않은 집착에 빠진 자들도 있었다. 이런 집착은 건강하지도 생산적이도 않을 뿐만 아니라, 끔찍한 방해물이 되어 믿는 자들이 성경 말씀대로 행하지 못하게 가로막는다.

아이러니하게도 예언 사역을 하는 이들에게 가장 큰 도전과 어려움은 집중력을 유지하여 지속적으로 성경 말씀과 일치되며, 성경의 지시대로 복음을 전하고, 그리스도를 위해 영혼들을 구하며, 병든 자들을 치유하고, 악한 영들을 쫓아내는 것일 수 있다. 이러한 뜻과 목적으로부터 우리의 관심을 빼앗는 것은 그게 무엇이든 하나님으로부터 온 것이 아니다. 우리는 영적으로 지혜로워져야 한다.

> 이는 우리로 사탄보다 현명하게 하려 함이라 우리는 그의 악한 계략들을 이미 잘 알고 있다 (고후 2:11, NLT)

빛에 순종하기

다음 페이지에 사람들이 자신에 대해 믿는 10가지 거짓과 우리의 삶 가운데 빛을 풀어놓는 10가지 진리를 정리해 두었다.

예수님은 우리의 눈이 어두우면 우리의 몸 전체가 어둠으로 가득 차게 된다고 경고하셨다.

> 눈이 나쁘면 온몸이 어두울 것이니 그러므로 네게 있는 빛이 어두우면 그 어둠이 얼마나 더하겠느냐 (마 6:23)

사람들이 자기에 대해 믿는 10가지 거짓 & 빛을 풀어놓는 10가지 진리

1. **거짓**: 나는 사랑받을 수 없는 존재다.
   진리: 당신은 깊이 사랑받고 있다.

하나님이 세상을 이처럼 사랑하사 독생자를 주셨으니 이는 그를 믿는 자마다 멸망하지 않고 영생을 얻게 하려 하심이라 (요 3:16)

2. **거짓**: 나는 무가치하다.
   진리: 당신은 소중하고 귀한 존재이다.

참새 다섯 마리가 두 앗사리온에 팔리는 것이 아니냐 그러나 하나님 앞에는 그 하나도 잊어버리시는 바 되지 아니하는도다 너희에게는 심지어 머리털까지도 다 세신 바 되었나니 두려워하지 말라 너희는 많은 참새보다 더 귀하니라 (눅 12:6~7)

3. **거짓**: 나는 절대 변화될 수 없다.
   진리: 당신은 변화될 수 있다.

그런즉 누구든지 그리스도 안에 있으면 새로운 피조물이라 이전 것은 지나갔으니 보라 새것이 되었도다 (고후 5:17)

4. **거짓:** 나는 뭘 해도 부족해.
   진리: 당신은 그리스도 안에서 충분하다.

나에게 이르시기를 내 은혜가 네게 족하도다 이는 내 능력이 약한 데서 온전하여짐이라 하신지라 그러므로 도리어 크게 기뻐함으로 나의 여러 약한 것들에 대하여 자랑하리니 이는 그리스도의 능력이 내게 머물게 하려 함이라 (고후 12:9)

5. **거짓:** 나는 과거에 씻을 수 없는 죄를 많이 지었다.
   진리: 과거가 당신을 정의하지 않는다.

동이 서에서 먼 것같이 우리의 죄과를 우리에게서 멀리 옮기셨으며 (시 103:12)

6. **거짓:** 나는 외톨이야.
   진리: 당신은 결코 혼자가 아니다.

너희는 강하고 담대하라 두려워하지 말라 그들 앞에서 떨지 말라 이는 네 하나님 여호와 그가 너와 함께 가시며 결코 너를 떠나지 아니하시며 버리지 아니하실 것임이라 하고 (신 31:6)

7. **거짓:** 내 삶에는 아무런 목적이나 뜻도 없다.

진리: 당신의 삶을 향한 하나님의 뜻이 있다.

여호와의 말씀이니라 너희를 향한 나의 생각을 내가 아나니 평안이요 재앙이 아니니라 너희에게 미래와 희망을 주는 것이니라 (렘 29:11)

8. **거짓**: 나에게는 어떤 재능이나 은사도 없다.
   진리: 당신에게는 당신만의 고유한 재능과 은사들이 있다.

우리는 그가 만드신 바라 그리스도 예수 안에서 선한 일을 위하여 지으심을 받은 자니 이 일은 하나님이 전에 예비하사 우리로 그 가운데서 행하게 하려 하심이니라 (엡 2:10)

9. **거짓**: 나는 용서받을 수 없다
   진리: 당신은 용서받을 수 있다.

만일 우리가 우리 죄를 자백하면 그는 미쁘시고 의로우사 우리 죄를 사하시며 우리를 모든 불의에서 깨끗하게 하실 것이요 (요일 1:9)

10. **거짓**: 나에게는 인생의 문제들을 감당할 능력이 없다.
    진리: 당신에게는 인생의 문제들에 맞설 능력이 있다.

내게 능력 주시는 자 안에서 내가 모든 것을 할 수 있느니라 (빌 4:13)

우리가 먼저 빛의 인도하심을 받지 않는데 어떻게 빛으로 인도할 수 있겠는가? 빛을 행하는 자가 되고자 한다면, 먼저 우리의 삶 가운데 빛이 역사하도록 허락해야 한다.

원수의 거짓말이 아니라 하나님의 말씀에 집중하기 시작하라. 우리의 영 안에서 말씀하시는 하나님의 예언적인 음성에 귀 기울이고, 그리스도께서 이미 완수하신 사역을 인정하며, 그것이 정말로 우리를 위해 완성되었음을 신뢰하자.

우리의 심령은 새롭게 되어야 한다(엡 4:23). 이것은 우리 주변의 세상을 생각하고, 인식하고, 이해하는 방식에 근본적인 변화를 겪으면서 하나님의 뜻과 진리에 일치시키는 데 집중하는 것을 의미한다. 여기에는 죄, 두려움, 의심, 부정적 성향의 영향을 받는 낡고 세속적인 사고방식을 버리고 사랑과 믿음, 희망으로 특징지어진 새로운 사고방식을 받아들이는 것이 포함된다. 이러한 심령의 변화는 단순한 지적 훈련이 아니라 성령님이 우리의 이해를 조명해 주시고, 사고 과정을 정화해 주시며, 우리 안에 그리스도의 마음과 생각을 심어 주시도록 허락해 드리는 영적 각성이다. 우리의 심령이 새로워지면 하나님의 인도하심을 더욱 잘 받아들이고 영적 진리를 잘 분별하며, 그분의 성품과 뜻을 더 잘 반영하는 삶을 살 수 있도록 준비된다.

빛의 집행자

실질적인 측면에서 하나님의 빛을 집행하는 사람이 된다는 것은 그분의 진리를 적극적으로 실천하고 전파한다는 의미이다. 이 역할을 실천하는 방법은 다음과 같다.

온전함을 추구하며 살라. 당신의 행동, 말, 생각들을 하나님의 원칙들과 일치시키라. 이는 다른 사람들을 대할 때 정직하고 친절하며 공평하게 행동하고, 일상의 행위 가운데 그리스도의 성품을 드러내는 것을 의미한다.

사랑으로 진리를 말하라. 사랑과 긍휼로 하나님의 말씀과 원칙들을 다른 이들에게 전함으로써 그분의 진리의 등대가 되라. 이것은 대립하라는 말이 아니라, 필요한 경우 하나님의 사랑과 지혜에 기반하여 격려하고 지도하며 바로잡아 주라는 것이다.

용서와 은혜를 실천하라. 하나님이 당신에게 베풀어 주신 것처럼 다른 이들을 용서하고 자비를 실천하라. 이렇게 함으로써 관계가 변화되고 치유와 화해의 환경이 조성될 수 있다.

영성 훈련에 힘쓰라. 규칙적으로 기도, 예배, 개인적인 묵상, 말씀 읽는 시간을 가지라. 이러한 습관은 하나님의 빛과의 연결을 강화하고, 그 빛을 세상에 전할 수 있도록 구비시켜 준다.

사심 없이 다른 이들을 섬기라. 친절한 행동, 아낌없는 자선이나 기부, 혹은 단순히 지지하는 친구가 되어 줌으로써 어려움에 처한 이들을 도울 기회들을 찾으라. 진심 어린 섬김은 하나님의 빛과 사랑의 강력한 간증이 될 수 있다.

긍정적인 태도를 유지하라. 역경에 직면하더라도 하나님을 믿는 믿음에 뿌리 내린 소망과 확신의 영을 유지하라. 당신의 회복력과 긍정적인 태도는 주변 사람들을 고무시키고 기운을 북돋아 줄 수 있다.

공의를 대변하라. 불의에 맞서 억압받거나 소외된 이들을 변호하라. 당신의 목소리와 행동으로 어둠이 지배하는 상황에 빛을 비추고 모두를 위한 진정한 자유를 퍼트리라.

빛의 공동체를 일구라. 하나님의 빛 가운데 살아가기로 헌신한 다른 믿는 자들과 함께하라. 믿음 안에서 서로를 격려하고 세워줌으로써 서로를 지지하고 생명력이 넘치는 공동체를 조성하라.

간증을 나누라. 하나님의 빛이 당신의 삶을 어떻게 변화시켰는지 사람들에게 이야기하는 것을 두려워하지 말라. 개인의 간증은 놀라운 영향력을 발휘할 수 있으며, 다른 사람들이 스스로 하나님의 빛을 찾게 만들 수 있다.

어둠을 분별하고 드러내라. 깨어 경계하며 자신은 물론 다른 이들 안에 있는 거짓, 부패 또는 죄악된 행동들을 인식하고 하나님의 진리와 일치시키도록 하라. 여기에는 기도를 통해 받은 지혜와 대립에 대한 균형 잡힌 접근 방식이 포함된다.

무엇보다도, 하나님의 빛을 집행하는 사람이 된다는 것은 어디를 가든지 그분의 선하심을 전파하고 그곳의 영적 기류를 변화시킨다는 의미이다. 이것은 우리의 삶을 하나님의 영광을 증거하는 빛으로 눈부시게 빛나게 하는 일이다.

예수님의 능력을 입다

우리는 누가복음 9장에서 예수님이 열두 제자, 곧 사도들을 불러 모으시고 복음을 전파하고 섬기도록 파송하시는 모습을 보게 된다.

> 예수께서 열두 제자를 불러 모으사 모든 귀신을 제어하며 병을 고치는 능력(Power)과 권위(Authority)를 주시고 하나님의 나라를 전파하며 앓는 자를 고치게 하려고 내보내시며 (눅 9:1~2)

당신은 그리스도의 제자인가? 그렇다면 이 구절은 당신을 위한 것이다. 예수님이 열두 제자에게 능력과 권위를 주신 것처럼, 오늘날 우리에게도 능력과 권위를 주신다.

하늘을 향해 손을 들고 "성령님, 저에게 새롭게 성령세례를 주세요. 주님의 능력으로 다시금 충만케 되기를 원합니다. 주님께 제 손을 듭니다. 저는 준비되었습니다"라고 말하라. 어떤 사람들은 "성령세례를 통해 기름부음 받을 때 모든 것을 한꺼번에 다 받았어. 더 받을 성령이 없어"라고 말한다. 하지만 나는 우리 대부분이 처음 성령세례를 받을 때 어느 정도만 받을 수 있다고 생각한다. 그리고 지금 이 순간 우리는 매우 다른 수준에 있을 수 있다. 하나님은 우리를 위해 더 깊은 기초를 쌓고 계신다. 그러므로 이제 우리는 훨씬 더 많은 것을 감당할 수 있게 되었다. 하나님께 손을 들고 말하자. "하나님, 저는 더 많은 것이 예비되어 있음을 압니다. 주님이 저를 위해 예비하신 것이 무엇이든 그것을 원합니다." 그렇다. 우리는 그분께 더 많은 것을 구할 수 있도록 허락 받았다.

하나님은 우리가 그분을 더 갈망하고 목말라할 때 크게 기뻐하신다. 정말로 그렇다. 그리고 그분께는 결코 부족함이 없으시다. 그분께는 기름부음과 능력과 축복이 제한 없이 무한정 공급되신다. 그러므로 이 땅의 모든 사람은 그분께 더 많은 것을 구할 수 있도록 허락 받았다. 할렐루야! 함께 기도하자.

[Pray]

하나님, 더, 더, 더 원합니다. 주님의 능력으로 저를 채워 주소서. 삶 가운데 주님의 권세로 행하며, 그것을 행사하고 집행할 수 있게 도와주세요. 원수가 들어와 파괴와 조종, 혼란, 그리고 통제를 가져오도록 허용한 영역들을 보여 주소서. 원수의 일에 합의한 모든 것을 파쇄하고, 예수 그리스도의 이름으로 지금 당장 삶의 모든 영역에서 원수를 쫓아냅니다. 성령님의 능력으로 주님이 제게 주신 권세를 행사합니다. 하나님, 이사야 43장 19절에서 말씀하신 것처럼 오늘은 새날이고 주님이 "새 일을 행하심"에 감사드립니다. 제 안에서 새로운 영광이 솟아오르고 있습니다. 주님을 통해 저는 천국의 빛의 권세와 능력 안에서 행하고 있습니다.

자, 이제 당신의 권세를 취하라. 능력도 취하라. 그로 인해 당신은 가정 가운데 권위를 갖게 될 것이고, 그러한 권세를 행사할 능력도 갖게 될 것이다. 원수는 당신에게 혼란을 주며 그 속에 안주하게 만들려 했지만, 그것은 당신이 살아가도록 창조된 보금자리가 아니다. 당신은 하나님의 영광의 빛 가운데 살아가도록 창조되었다. 이는 우리 삶의 모든 영역에도 동일하게 적용된다. 지금 그리스도 안에 있는 당신의 권세를 가지고 일어나 성령의 능력을 나타내라.

이제 퇴거를 통지할 시간이다.

- 속임수야, 너는 추방당했다.
- 질병아, 너는 이제 떠나야 한다.
- 가난아, 즉각적인 퇴거를 통보한다.
- 가정불화야, 너의 시간은 이제 끝났다. 넌 반드시 떠나야 한다.
- 고통아, 너의 통치는 끝났다. 예수님의 이름으로 물러가라.

이 다섯 마디 말로 원수의 모든 일을 몰아낼 수 있다. "예수님의 이름으로 명하니, 빛이 있으라!"

당신에게 새로운 믿음이 임하고, 과거에는 두려워서 차지하지 못했지만 본래 당신에게 속한 영역을 점령할 수 있는 새로운 자신감이 생겨나는 모습이 보인다. 이제부터 당신은 물러서지도, 굴복하지도, 포기하지도 않을 것이다. 당신은 권세와 능력의 마땅한 위치에 일어나 굳건히 서고 있다.

4장
기쁨의 빛 받아들이기

…믿고 말할 수 없는 영광스러운 즐거움으로 기뻐하니 _벧전 1:8

◆

4장

고등학교 2학년 때 사진 수업을 들었다. 오늘날 우리가 손쉽게 사용하는 디지털 카메라나 즉석 카메라와 달리 사진 기술을 배우기 위해 사용한 카메라는 값비싼 필름과 인화지를 필요로 했다. 뿐만 아니라 최상의 결과를 얻으려면 어떤 조리개와 셔터 속도를 사용해야 하는지와 같은 전문 지식도 요구했다. 오늘날 사람들이 사진을 무한정 찍은 후 곧바로 스마트폰으로 확인하면서 즉각적인 만족감을 얻는 것과는 달리, 우리는 수업 시간에 찍은 필름의 최종 이미지를 보기 위해 정교하고 복잡한 현상과 인화 단계들을 거쳐야만 했다. 하지만 이러한 과정 자체가 나에게 귀한 교훈을 주었다.

현상 과정

내가 다닌 캐나다 온타리오 런던의 H. B. 빌 고등학교는 예술을 중시하는 곳으로 유명했다. 사진 실습실 안에는 모든 시설이 완비된 사진 현상 암실이 있었다. 그곳에서 사진 현상 약품 냄새와 어둡고 붉은 암등 빛에 둘러싸여 촬영한 사진에 생명을 불어넣는 법을 배웠다. 또한 인내심을 가지고 정밀하게 작업하며 빛과 그림자 사이의 섬세한 균형을 이해하는 것의 중요성도 배웠다. 이러한 통찰은 단순한 사진 촬영을 넘어 삶 전반에 대한 폭넓은 훈련으로 이어졌다.

암실에서 사진을 현상하는 과정에는 네거티브 필름(역자 주: negative, 사진 인화 시에 사용되는 이미지가 반전되어 있는 필름)으로 통과한 빛에 인화지를 정밀하게 노출시킨 다음, 용기에 담긴 여러 화학약품에 차례대로 담가 찍힌 이미지를 현상하고 안정화시키는 작업이 포함된다. 이 정밀한 과정을 통해 불분명하게 보이던 네거티브 필름 상의 이미지는 반전이 되어 선명하고 아름다운 사진으로 변한다. 마찬가지로 하나님은 우리 삶의 부정적인(네거티브, negative) 면들, 곧 시련과 상처, 결점들 가운데 그분의 빛을 비추시며 그것들을 놀라운 결과물로 변화시키신다. 그분의 임재의 빛에 잠기면 우리 안에서 그분의 은혜와 뜻이 드러나기 시작한다. 암실 현상 과정에 시간과 정확성, 빛이 필요한 것처럼, 우리 안에서 하나님이 이루시는 변화의 역사에도 시간과 진리, 빛이 필요하다. 그리하여 한때는 어둡고 회복 불가능해 보이던 것에서 결국 기쁨과 선명함을 이끌어내신다.

네거티브(Negative)를 포지티브(Positive)로 바꾸기

이 책의 서문을 쓴 케이티 수자는 기름부음 있는 예언적인 사역자이다. 그녀는 빛에 대한 강력한 계시를 전하고 있으며, 앞서 설명한 것과 같은 맥락에서 다음과 같이 말했다. "예수님은 당신의 삶의 모든 부정적인 것들—태도, 사고방식, 반응, 질병과 연약함, 결혼 생활의 문제나 그 밖의 모든 것들—을 취하시고, 네거티브 필름을 통해 빛을 비추셔서 그것을 포지티브(positive, 양화, 긍정적인) 이미지로 반전시켜 주십니다."

예수님의 빛이 우리를 채울 때, 그것은 우리의 "부정적인 것"을 "긍정적인 것"으로 변화시키는 힘을 지닌다. 여기에는 질병, 두려움, 개인적인 결점 등 절망적이거나 손상된 것처럼 보이는 우리 삶의 모든 영역이 포함된다. 우리는 낙담에 굴복하거나 우리의 소망을 도둑질하려는 원수의 시도에 동조하기보다 하나님의 기쁨을 받아들이기로 선택할 수 있다. 그분의 기쁨은 빛을 가져오고 빛은 다시 기쁨을 가져온다. 이것이 하나님의 빛이 역사하는 방식이다.

하나님의 빛은 우울, 불안, 절망 등을 이기며 어둠 속에서도 밝게 빛난다. 성경은 우리에게 "내 형제들아 너희가 여러 가지 시험을 당하거든 온전히 기쁘게 여기라 이는 너희 믿음의 시련이 인내를 만들어내는 줄 너희가 앎이라 인내를 온전히 이루라 이는 너희로 온전하고 구비하여 조금도 부족함이 없게 하려 함이라"(약 1:2~4)고 말씀한다. 이 계시는 우리가 시련을 올바른 관점으로 바라보도록 가르친다. 우리는 항상 기쁨을 선택할 수 있으며, 그렇게 해야 한다.

성경에서 하나님의 기쁨이 초자연적인 힘, 능력의 원천이라고 말씀할 때(느 8:10), 그것은 비유가 아니라 심오한 진리이며 실재이다. 하나님의 기쁨은 영, 혼, 육을 강건하게 하여 그분이 우리에게 주신 사명은 무엇이든 성취할 수 있게 만든다. 이것이 바로 영적 전투의 핵심 전략이다. 우리는 반드시 주님의 기쁨 안에서 살아가고 행해야 한다.

기쁨으로 살아가기

기쁨의 자리에서 살아가기로 선택하는 것은 우리의 마음을 하나님의 마음에 일치시키는 것이다. 시편 기자인 다윗은 하나님에 대해 기록하면서 "하늘에 계신 이가 웃으심이여 주께서 그들을 비웃으시리로다"라고 했다(시 2:4). 예수님은 하늘에 계신 아버지 우편에 앉아 계시며, 권세의 자리에서 함께 웃으신다. 이 말씀을 계속해서 살펴보면, 하나님은 원수의 계획이 결국 무산될 것을 아시기에 비웃고 계신다는 것이 분명해진다. 이 시편은 지상의 모든 권세에 대한 하나님의 주권과 기름부음 받으신 그분의 아들 예수 그리스도를 통한 신성한 구원 계획을 드러낸다.

하나님의 능력은 다른 모든 능력보다 뛰어나시다. 그런데 우리는 왜 걱정하고 있는가? 그보다 하나님이 승리하셔서 다스리신다는 진리에 우리의 믿음을 연결하자. 하나님이 당신의 내면을 통치하시도록 허락해 드리겠는가? 그렇게 한다면, 지금 이 순간에도 그분의 기쁨이 당신을 가득 채울 것이다. 이 땅에서 어떤 상황에 직면해 있든지 하나님의 기쁨과 선하심을 느끼기 시작하라. 마귀가 주는 이 세상의 무게가 당신을 짓누르도록 내버려두지 말라. 그 무게를 내려놓고 털어버리라. 예수님이 이미 세상을 이기셨고, 당신이 예수님과 일치되어 있기에 원수에게는 승산이 없음을 인식하라. 그것만으로도 엄청난 기쁨이 임하게 된다.

내가 가장 좋아하는 예수님 그림들 중 하나는 캐나다 화가 윌리스 휘틀리(Willis Wheateley)의 "웃으시는 예수님"(Laughing Jesus)이라는 생동감 넘치는 스케치이다. 그림의 원제는 "해방자 그리스도"였다.[1] 내게는 이 그림이 예수님의 성품을 완벽하게 담아낸 것처럼 보인다. 예수님은 기쁨을 발산하시는 분이다! 또한 이 그림의 원래 제목이 "해방자 그리스도"였다는 점도 흥미로운데, 예수님의 기쁨이 우리의 삶을 지배하도록 허락해 드릴 때 실제로 그 일, 곧 해방의 역사가 이루어지기 때문이다. 한때 우리를 억누르던 것들이 더 이상은 우리를 통제할 수 없다. 그리스도의 기쁨은 우리를 자유롭게 한다!

역사상 종교로서의 기독교는 종종 예수 그리스도를 엄숙하고 근엄한 인물로 묘사하면서 심판자로서의 역할을 강조하며 성전에서 돈 바꿔주는 사람들과 장사꾼들의 상을 뒤엎으신 사건을 자주 이야기해 왔다(막 11:15~17, 요 2:13~17). 그러면서 예수님의 무한하신 사랑과 선하심, 그리고 그분의 얼굴에서 빛나는 기쁨은 거의 강조하지 않는다(막 6:30~31, 10:13~16, 눅 10:17~21). 기뻐하시는 예수님의 모습은 따뜻함과 빛으로 가득한 그분의 성품을 분명하게 상기시켜 준다.

나는 우리가 아주 큰 어려움에 직면해 있을 때 예수님이 우리 곁에 서 계신다고 믿는다. 사실 성경은 그분이 우리를 위해 기쁨의 노래를 부르고 계신다고 말씀한다. "너의 하나님 여호와가 너의 가운데에 계시니 그는 구원을 베푸실 전능자이시라 그가 너로 말미암아 기쁨을 이기지 못하시며 너를 잠잠히 사랑하시며 너로 말미암아 즐거이 부르며 기뻐하시리라 하리라"(습 3:17). 우리는 영의 귀를 열어 그분의 기쁨의 노래를 듣고, 마음을 열어 이러한 실재를 온전히 받아들여야 한다.

공산주의가 지배하던 불가리아에서 압제를 피해 탈출하여 글로벌 셀러브레이션(Global Celebration)을 공동 설립한 나의 친구 조지안 바노프(Georgian Banov)는 이렇게 말했다. "세상은 여러분이 행복하기를 원하지만 거룩하기를 바라지는 않습니다. 또한 종교는 여러분이 거룩하기를 바라지만 행복하기를 원하지는 않습니다. 하지만 하나님은 여러분이 행복하면서 거룩하기를 바라십니다."

빛 가운데서 기쁨을 경험하다

나는 5대째 오순절 교단에서 기독교 사역에 깊이 관여한 가족들에 둘러싸여 성장했다. 양쪽 가족 모두 주일학교 교사, 예배 인도자, 부흥사, 교단 지도자, 목사들이었다. 교회는 항상 나의 삶에서 대단히 중요한 부분이었기에 그곳에서 얻은 풍부한 영적 유산에 감사한다. 하지만 하나님과의 관계가 진정으로 발전하고 성장하려면 개인의 영적 각성이 반드시 필요하다는 것을 깨달았다. 다른 누군가의 경험에 의존할 수 없다. 우리가 직접 하나님을 만나고 경험해야 한다.

나는 열여섯 살에 그것을 경험했다. 일곱 살에 예수님을 나의 주님이자 구세주로 영접하고 얼마 지나지 않아 방언과 함께 성령세례를 받았지만, 십 대 중반은 의심으로 가득했다. 성령 충만한 신자들의 여러 가지 경험과 믿음에 의문을 품기 시작했다. 지금 돌아보면, 원수가 에덴동산에서 하와에게 그랬듯이 어떻게 내 마음에 의심과 불신의 씨앗을 뿌리려 했는지 깨닫게 된다. 일부 믿는 자들의 위선을 목격하면서 나의 혼란은 커졌고, 사람들의 말과 행동을 일치시켜 이해하기가 어려웠다. 고민하던 나는 아버지에게 이 문제에 대해 질문했는데, 지혜로운 분이셨음에도 처음에는 제대로 답을 주지 못하셨다. 당시에는 몰랐지만, 그때 아버지는 기도하며 주님을 찾으셨다고 한다. 나에게 성령님을 명확히 드러내 주셔서 필요한 깨달음을 달라고 간구하셨던 것이다.

그로부터 얼마 후 부모님과 함께 고향에서 열린 부흥집회에 참석하게 되었다. 처음 가보는 교회였고, 무슨 일이 일어날지 전혀 예상하지 못했다. 집회 장소에 들어가자마자, 사람들이 마치 다른 차원에 사로잡힌 듯 진동하고 쓰러지며, 손을 들고 예배하는 등 이제까지 보지 못한 방식으로 하나님의 임재와 능력이 나타나는 모습이 보였다. 이 모든 것이 너무나도 낯설고 충격적이었다. 나는 그러한 모습에 불편함을 느끼며 자리에 앉았다. 그것은 우리 교회의 성령 충만한 예배보다 훨씬 더 강렬한 모습이었다.

집회 강사로 초청된 부흥사가 강단에 올라 사도행전 2장을 펴라고 하자, 나는 순순히 성경을 펼쳤다. 그다음에 일어난 일은 내가 전혀 예상할 수 없었던 일이었다. 그 구절을 발견한 순간, 마치 하늘에서 하나님의 손이 내려오더니 나를 앉은 자리에서 강하게 밀어내는 듯한 느낌이 들었다. 갑작스럽게 나는 교회 바닥에 쓰러져 주체할 수 없이 웃음을 터뜨렸다. 멈출 수가 없었다. 동시에 나는 의자들 사이에서 몸을 비틀며 앞뒤로 굴러다녔다. 나는 "말할 수 없는 영광스러운 즐거움으로 기뻐하며"(벧전 1:8) 이전에 느껴보지 못한 압도적인 희락을 경험하고 있었다. 몇 시간 동안을 그렇게 웃었다.

집회가 끝나고 목사님이 교회 문을 잠가야 할 때가 되자, 부모님은 나를 바닥에서 들어 올려 차에 태우셨고, 집에 도착한 후에도 여전히 성령 안에서 웃고 있었기 때문에 업어서 지하실에 데려다 놓으셨다. 나는 그곳 소파에서 실컷 웃다가 잠들었다. 이것은 나의 영적 여정의 새로운 장을 열어 준 놀라운 성령님과의 만남이었다.

기쁨으로 인한 변화, 축사, 임파테이션

성령님을 만난 다음 날 아침, 내 안에 무언가 근본적으로 변화되었다는 것을 깨달으며 잠에서 깼다. 이전까지는 나의 믿음에 대한 의

문과 의심들에 시달렸다. 그런데 이제 하나님의 영광의 빛 가운데서 그런 의문들이 하찮게 여겨졌다. 나의 질문들에 대한 논리적인 해답을 얻었다기보다는 이 강력한 체험 가운데 예수님이 누구신지에 대한 빛이 임하며 내 질문들이 사라졌음을 깨달은 것이다. 그분께 더 집중할수록 더 큰 만족감을 느꼈다. 나는 더 이상 그 무엇도 그 누구도 원하지 않았고, 오직 주님의 임재 안에서 머무는 시간만을 갈망했다. 하나님의 기쁨은 나를 의심에서 흔들리지 않는 믿음의 상태로 이끄는 다리가 되어 주었다.

내 삶에 또 다른 놀라운 변화가 일어났다. 어린 시절 내내 나는 자주 원수에게 눌렸다. 사랑이 넘치는 기독교 가정에서 성장했지만, 원수의 영은 나를 쉬지 않고 괴롭혔다. 밤에 잠자리에 들 생각만 해도 두려움에 사로잡혀 불안감에 시달리는 경우가 많았다. 뭐라 표현할 수 없는 압도적인 고통이 나를 짓눌렀다. 밤마다 나를 공포에 떨게 하는 이 악한 영을 어떻게 해결해야 할지 정말 몰랐다. 악한 영들이 그림자처럼 나타나서 내 방 벽을 타고 춤을 추더니 침대 위로 기어올라와 사악하게 위협하며 나를 괴롭혔다. 나는 그저 참고 살았다. 그 악한 존재들로 인해 겁을 먹고 때로는 울며 잠이 들었다. 달리 어떻게 해야 할지 몰랐다. 하지만 성령님을 강력하게 경험한 후, 하나님이 나를 그분의 기쁨으로 채워주셨고 모든 것이 바뀌었다. 절망은 어둠을 창조하지만 기쁨은 빛을 만들어낸다. 주님의 기쁨을 받은 뒤로 다시는 그런 존재들과 마주치지 않았다. 어둠의 그림자는 빛 속에서 살 수 없다. 악한 영의 전략 중 하나는 우리를 어둠의 세계에 가둬두는 것이다. 원수는 불행을 이용하지만, 예수님은 우리를 어둠과 불행으로부터 완전히 해방시키기 위해 오셨다. 예수님은 우리에게 참되고 영원한 기쁨을 주려고 오셨다!

이처럼 하나님이 사용하시는 주된 축사 도구들 중 하나가 바로 기쁨이다. 이 도구는 너무나도 간단하고 단순해서 무시하는 경우가 많다. 이러한 생각에 놀라거나 심지어 불쾌해 하는 사람들도 있다. 하지만 이것은 사실이다.

우리가 하나님의 기쁨으로 충만할수록 그분의 빛이 우리를 통해 더 많이 비추기 시작한다. 기쁨은 단순한 감정이 아니다. 그것은 임재이며, 사실 예수님의 인격이다. 사도행전 17장 28절에는 이렇게 기록되어 있다. "우리가 그를 힘입어 살며 기동하며 존재하느니라…." 이 구절을 다음과 같이 개인의 선언으로 바꿔 말할 수 있다. "나는 예수님 안에서 살아가고, 그분 안에서 움직이며, 그분 안에서 존재한다!" 또 다음과 같이 표현할 수도 있다. "나는 기쁨 안에서 살아가며, 기쁨 안에서 움직이고, 기쁨 안에서 존재한다." 우리는 주님의 기쁨 안에서 살아나고, 그분의 빛은 우리를 통해 강력하게 빛난다! 주님의 기쁨 안에서 살아가기로 선택할 때 우리는 영향력 있는 빛의 전사들이 된다. 주님의 기쁨이 우리의 초자연적인 능력이 된다.

영광의 사람들은 기쁨이 넘치기에 빛으로 가득하다. 기쁨은 나중에 떠오르는 생각이 아니다. 그것은 처음부터 우리 존재 전체를 지속적으로 채우는 생각이다. 우리가 주님의 기쁨 안에서 살아가기로 선택하는 것이다. 기쁨은 우리에게 평강과 안락함, 그리고 감사가 넘치는 완전한 만족감을 가져다준다.

또한 그날 성령님과의 만남은 나에게 깊은 영적 은사들을 남겼다. 어떤 은사들은 즉시 드러났고, 어떤 것들은 시간이 지나면서 서서히 드러났다. 그들 중 하나가 영과 진리로 주님을 예배하는 은사였다 (요 4:23~24). 주님과 함께 시간을 보낼 때, 그분께 올려드릴 찬양의 노래들로 나를 채워주셨다. 내 방 은밀한 곳에서 단출한 키보드에 손을 얹으면, 성령님이 피아노를 연주하며 예수님께 영광 돌리는 법을 가르쳐 주시기 시작했다. 이것이 나의 사역 여정의 시작이었다. 하나님의 기쁨이 빛을 풀어놓기에, 이러한 은사들이 기쁨을 통해 나타나는 것이다.

당신에게 예비된 만남이 있다

만일 영적 여정 중에 하나님과 멀어졌거나 메마름을 느끼고 있다면, 용기를 내라. 이러한 거리감을 깨닫고 하나님을 더 갈망하는 것 자체가 그분이 당신을 이끌고 계신다는 신호이다. 비록 지금은 감정이 소망과 일치하지 않더라도, 이것은 당신의 마음이 하나님의 일들에 대해 살아 있음을 보여 주는 증거이다. 하나님과의 친밀함을 갈망한다는 사실을 인정하는 것이 그분의 영광을 새롭게 경험하는 첫걸음이다. 지금 마음을 열고 그분의 기쁨의 빛이 당신을 채우도록 초청하라.

예수님의 기쁨의 빛이 우리 안에 켜질 때, 그것은 마치 모든 것을 변화시키는 영적인 빛의 진동과도 같다. 갑자기 상황이 다르게 보이고 다르게 느껴지면서 다르게 반응하기 시작한다. 그분의 임재의 빛에 자신을 내어 드리면, 성령님의 거룩한 흐름이 우리의 존재 전체를 진동시키기 시작하면서 덕과 평강, 그리고 훨씬 많은 기쁨, 넘쳐흐르는 기쁨이 임한다!

십 대 시절 성령님을 경험함으로써 나는 대단히 중요한 깨달음을 얻게 되었는데, 성경이 이것에 대해 확고하게 뒷받침해 준다. "하나님의 나라는 먹는 것과 마시는 것이 아니요 오직 성령 안에 있는 의와 평강과 희락이라"(롬 14:17). 이 구절의 관점에서 보면, 기쁨이 하나님 나라의 3분의 1을 구성하고 있기에 우리는 그것을 받아들여야 한다! 이 계시는 천국의 관점에서 영적 전쟁에 임할 때 우리가 취해야 할 자세를 분명하게 보여 준다.

종교의 영 드러내기

하나님의 기쁨으로 충만해지고 그것을 깊이 있게 실제적으로 경험한 것은 내 생애 최고의 일이었다. 그런데 나중에 교회 안에 있는 모두가 이러한 기쁨을 받아들이는 것은 아니라는 사실에 놀랐다. 어두운 종교의 영은 기쁨의 빛에 위협을 느끼고 자신이 통제할 수 없는 모든 것을 몰아내려 한다. 하지만 하나님의 기쁨은 가둬둘 수 없다. 안타깝게도 너무나 많은 그리스도인이 종교의 영에 사로잡혀 있다.

최근 예배를 마치고 내가 기쁨을 강조하는 것에 염려를 표하는 어떤 목사님과 이야기를 나누게 되었다. 그는 이렇게 말했다. "영접 기도를 인도하기 전에 그 '기쁨인지 뭔지'를 그렇게 풀어놓으시면 안 될 것 같습니다." 그는 주일 오전 예배 때, 내가 한발 물러서서 성령님께 주도권을 내어 드린 것을 언급하고 있었다. 회중 안에서 기쁨이 솟구치기 시작하더니 자연스럽게 웃음이 터져 나왔다. 그것은 누군가의 강요나 조종을 받은 것이 아니라 하나님의 기쁨이 영광스럽게 나타난 것으로서 참되고 지속적인 변화를 가져온다. 그래서 나는 언제나 이것을 환영한다.

나는 삶 속에서 이러한 변화를 지속적으로 경험하고 있다. 성경은 하나님의 인자하심과 용납하심이 우리를 회개로 인도한다고 말씀한다(롬 2:4). 하지만 우리에게는 항상 성령님이 하시는 일을 받아들이거나 그분의 손길을 거부할 수 있는 선택권이 있다. 공동체 모임 가운데 기쁨의 빛이 사람들을 비추면, 잃어버린 영혼들이 그리스도를 통해 영원한 구원을 발견하도록 초청하는 강력한 발판이 될 수 있다. 기쁨의 임재를 통해 가장 의미 있고 중요한 영접 기도로 인도할 수 있다. 이러한 기쁨에 마음이 상할 것이 아니라 오히려 그것을 받아들여야 한다.

성령님의 기쁨은 빛을 가져온다. 이 빛은 두려움과 위협으로 사람들을 노예 삼으려 했던 종교적 위선과 파괴의 영들을 드러낸다. 빛 안에는 두려움이 없고, 묶임이나 억눌림도 없다! 예수님이 우리를 자유롭게 하셨다면 우리는 "참으로 자유로운"(요 8:36) 자들이다!

하나님의 기쁨의 순수한 흐름

십 대 시절 처음으로 초자연적 기쁨을 처음 경험한 후 나는 전심으로 주님을 찾았다. 가끔 그분을 만나는 것이 아니라 지속적으로 그분의 임재 안에 있기를 갈망하게 되었다. 그분과 함께 거하고 싶었고, 밤마다 내 방 은밀한 곳에서 하나님을 향한 사랑의 노래를 작곡하며 그분을 예배하기 시작했다. 하나님께 내 마음을 열수록, 그분이 내 삶에 부어주고자 하시는 모든 것들을 더 많이 받을 수 있다는 사실을 알게 되었다. 마치 순수한 기쁨의 샘을 찾아낸 것 같았고, 내가 받고자 하는 만큼 성령님은 계속해서 나를 채워 주셨다. 그리고 이러한 샘과 함께 어둠을 몰아내는 풍성한 빛이 임했다. 하나님의 기쁨으로 충만해지니 청소년기든 성인이 되어서든 술, 마약, 성적 타락과 같은 어둠이 끼어들 자리가 없었다. 충만한 하나님의 기쁨으로 인해 이처럼 해롭고 혼란한 요소들에 관심을 갖지 않게 되었다.

이 글을 쓰는 동안에도 내 안에서 영광의 빛이 움직이며 진동하는 것이 느껴진다. 이 글을 읽으면서 당신 안에 무언가가 일어나는 것을 느낄 수 있는가? 당신의 가장 깊은 곳에서 하나님이 새로운 것을 일깨우시는 것이 느껴지는가? 그분의 기쁨이 당신 안에서 일어나기 시작하며 당신의 삶에 빛을 비추고 어둠을 몰아내고 있다. 그것이 느껴지는가?

하나님의 영적인 빛이 실제적으로 나타날 때는 온몸에 물결이 일거나 파도가 치는 것처럼 느껴진다. 또는 잔잔한 전류가 흐르는 것 같은 경우도 있는데, 부드럽지만 분명히 느껴진다. 최근 자넷과 나는 사역을 위해 유럽을 여행했다. 첫 번째 목적지는 독일의 슈투트가르트였다. 호텔에 체크인한 후, 저녁 사역을 앞두고 장거리 비행의 피로에서 회복하기 위해 한 시간 정도 낮잠을 잤다. 쉬는 동안 자넷은 자신의 몸에 거룩한 떨림, 영광스러운 '진동'이 임하는 것을 느꼈다. 이것은 하나님의 빛이 임할 때 흔히 나타나는 현상 중 하나이다. 하나님이 그분의 빛의 능력으로 당신을 재정비하고 바로잡아 주신다는 신호이다. 우리는 내면에서 일어나는 변화와 진동을 실제 몸으로 느낄 수 있다.

그러므로 이 글을 읽는 지금 나는 당신을 향해 예언을 선포한다. 당신의 삶 가운데 무질서하고 혼란한 것들이 이제 하나님의 질서를 회복하고 있다. 당신 안에서 초자연적인 정비와 일치가 일어나고 있다. 또한 당신이 그동안 성령님 안에서 감지하고 있던 것들을 명확하고 분명하게 받고 있다.

하나님의 역사하심을 보는 기쁨

영광의 차원에서 가장 놀라운 측면 중 하나는 하나님이 우리가 필요로 하는지도 몰랐던 일들을 종종 행하신다는 것이다. 그분은 우리 삶의 전면은 물론 보이지 않는 배경 속에서도 일하고 계신다. 이를테면 우리는 하나님이 우리의 사고방식이나 말하는 방식을 변화시키고 계신다는 것을 쉽게 감지할 수 있다. 우리가 영광 안으로 들어가면 성령님이 우리의 생각과 관점을 변화시키셔서 그분의 영광의 빛을 통해 모든 것을 보게 하신다. 또한 우리의 어휘를 다듬고 순화하시기 시작하면서 예전과 같은 방식으로 말할 수 없게 된다. 이러한 즉각적이고 눈에 띄는 변화를 목격하는 것은 정말 멋진 일이다. 하지만 처음에는 깨닫지 못할지라도 하나님이 우리를 위해 '보이지 않는 곳'에서 역사하시며 변화를 일으키고 계신다는 사실을 인식하는 것 또한 중요하다. 성경은 주님을 사랑하는 사람들에게는 하나님이 모든 것을 합력하여 선을 이루어 주신다는 사실을 상기시켜 준다.

> 우리가 알거니와 하나님을 사랑하는 자 곧 그의 뜻대로 부르심을 입은 자들에게는 모든 것이 합력하여 선을 이루느니라 (롬 8:28)

구약에서는 요셉이 자신을 노예로 팔아넘긴 형들에게 한 말에서 이러한 생각을 엿볼 수 있다.

> 당신들은 나를 해하려 하였으나 하나님은 그것을 선으로 바꾸사 오늘과 같이 많은 백성의 생명을 구원하게 하시려 하셨나니 (창 50:20)

시간을 두고 이 계시를 천천히 묵상하다 보면, 큰 기쁨이 임한다! 기쁨은 우리가 예수님의 임재 안에 있고 그분의 임재가 우리 안에 거하심을 보여주는 가장 본질적인 표현 중 하나이다(시 16:11). 우리가 하나님의 기쁨을 임파테이션 받으면, 우리도 동일한 것을 임파테이션 해 줄 수 있게 된다! 나는 하나님의 자녀들이 이 지구상에서 가장 기쁜 사람들이어야 한다고 생각한다. 예수님이 우리에게 주신 모든 것들, 그리고 성령님이 그분의 빛으로 능력을 부어주신 방식을 생각하면, 어떻게 기쁘지 않을 수 있겠는가? 나는 당신이 지금 이 순간 영광의 차원에서 두 손을 들고 하나님의 기쁨을 임파테이션 받기를 소망한다.

영광 안에서는 우리를 대적하는 그 어떤 무기도 형통할 수 없다

우리가 빛의 전사이기에 우리를 대적하는 어떠한 무기도 형통할 수 없다(사 54:17). 이것은 또 하나의 놀라운 계시이다. 이사야는 우리를 대적할 무기가 만들어지지 못할 것이라고 말하지 않았다. 다만 그 무기가 만들어지더라도 형통하지 못할 것이라고 했을 뿐이다. 다시 말해 영광 안에서 어려움이나 문제 없이 살아가게 될 것이라는 약속을 받은 것은 아니다. 예수님이 친히 "세상에서는 너희가 환난을 당하나…"라고 말씀하셨다. 하지만 그분은 다음과 같이 덧붙이셨다. "그러나 담대하라 내가 세상을 이기었노라"(요 16:33).

우리가 "담대해지면" 그 얼굴이 초자연적인 기쁨으로 빛날 것이다. 어떤 상황이 주어지든지 걱정할 필요가 없기에, 우리의 전 존재가 영광의 기쁨의 빛을 발산하게 되는 것이다. 우리가 무엇을 직면하든지 예수님은 이미 이기셨다고 말씀하셨다. 그러므로 우리는 불안해하거나 걱정하거나 염려할 필요가 전혀 없다. 우리에게는 어디를 가든 예수님의 기쁨을 전파할 책임이 있을 뿐이다. 우리가 전하지 않는다면 누가 전하겠는가? 이 세상에는 진정한 기쁨이 없다. 예수님 없이는 진정한 기쁨도 없기 때문이다. 모든 것을 이기신 예수님이 우리 안에 계신다는 사실을 아는 것만으로도 우리는 큰 기쁨을 얻게 된다!

어려움이 닥치더라도 우리가 기쁨의 빛에 머무르기로 선택하는 한, 우리를 대적하는 무기는 결코 형통할 수 없다는 사실을 기억하라. 어둠은 결코 빛을 이길 수 없다. 과학적으로도 영적으로도 불가능한 일이다. 자연계에도 빛의 밝기와 어두운 정도가 있다. 예를 들어 우리는 실내를 밝히기 위해 백열전구를 사용하지만, 그 빛이 비추더라도 그림자는 여전히 남아 있을 수 있다. 햇빛은 훨씬 더 강력한 광원이지만, 그조차도 물체에 막혀 어두운 그림자가 생길 수 있다. 하지만 예수님의 영광의 빛은 우주에서 가장 강력한 빛이다. 하나님의 빛이 비치는 곳마다 모든 그림자가 순식간에 사라진다. 그분의 빛에 모든 어둠이 달아난다.

그렇다, 하나님의 영광의 빛 가운데 살아가는 것은 정말 큰 기쁨을 가져다준다! 우리가 빛의 자녀라는 진리를 받아들일 때, 마귀의 모든 묶임으로부터 자유로워진다. 이러한 진리 안에서 살아가기로 선택하는 것은 기쁨 안에 거하기로 선택하는 것이다. 기쁨 안에 살아가기로 선택하는 것은 하나님의 영광의 빛 안에서 살아가기를 택하는 것이다. 성경은 이것이 바로 생명의 길이라고 선포하고 있다.

> 주께서 생명의 길을 내게 보이시리니 주의 앞에는 충만한 기쁨이 있고
> 주의 오른쪽에는 영원한 즐거움이 있나이다 (시 16:11)

우주의 모든 영역이 영광의 차원에 종속되어 있기에, 빛 가운데 살아가는 것은 가장 고차원적인 삶의 형태이다. 우리가 하나님의 분명한 임재 안에 있을 때, 그분은 그분의 선하심을 드러내신다. 이로 인해 우리는 평강과 초자연적인 기쁨이 넘치는 삶을 살게 된다. 하나님의 기쁨 안에서 살아가면 그분의 빛을 비추게 되고, 그 빛은 가장 큰 기쁨을 풀어놓게 된다.

혼란에 빠질 것인가 아니면 기적을 일으킬 것인가?

빛의 전사는 예수님의 기쁨이 어둠의 일에 맞서는 가장 위대한 영적 전쟁의 무기 중 하나라는 것을 안다. 영광 안에서 우리가 받은 약속은 원수가 우리를 대적하여 무슨 일을 시도하더라도 그것이 형통할 수 없다는 것이다. 그러나 우리는 영광의 차원에서 이와 같은 천국의 관점으로 우리의 삶을 바라볼 수 있어야 한다. 대다수의 신실한

신자들은 상황이 계획대로 되지 않을 때, 마귀를 저주하고 그의 공격을 묶어야 한다고 배워 왔다. 앞서 언급했듯이 이러한 사고방식 때문에 사람들은 모든 상황 속에서 마귀를 발견하게 되었는데, 이것은 근본적으로 잘못된 접근 방식이다. 계속해서 원수에게 집중하면 우리의 삶 가운데 활동하도록 힘을 실어주기만 할 뿐이다. 왜 우리가 원수에게 그러한 힘을 실어주어야 하는가?

거듭난 신자로서 나는 빛의 전사이다. 원수와 그의 어둠의 왕국은 내 안에 거하시는 하나님의 빛을 절대 이길 수 없다. 상황이 기대한 대로 되지 않을 때에는 성령님께 더 높은 관점으로 볼 수 있게 해달라고 구해야 한다. 사소한 일들 가운데 마귀에게 집착하기보다는 하나님의 선하심과 그분의 목적의 빛을 받아들이도록 영적인 눈을 훈련해야 한다.

일이 계획한 것과 다르게 진행될 때는 하나님이 나를 위해 더 좋은 것을 예비해 두셨기 때문인 경우가 많다. 하지만 내가 그것을 알아볼 만큼 분별력이 있어야 한다. 때때로 우리는 혼란한 상황 자체에 지나치게 집중한 나머지 그것이 기적이나 또 다른 형태의 축복을 위한 것임을 깨닫지 못한다. 하나님은 우리를 위해 문제를 해결해 주실 준비가 되어 계시지만, 우리도 기꺼이 그분께 협력해야 한다.

일례로 최근에 온 가족이 함께 아시아를 여행할 준비를 하고 있었다. LA 공항으로 가기 위해 모든 여행 가방을 차에 실으려는데, 자동차 트렁크가 열리지 않았다. 전에는 이러한 문제를 경험해 본 적이 없어서 크게 당황했다. 수동으로 트렁크를 열어 보려고 시도했지만 소용이 없었다. 결국 정비사를 불러 차를 점검해 보았는데, 자동차 배터리가 완전히 방전되어 있었다. LA 공항까지 두 시간을 운전해야 하는 촉박한 일정이었지만, 성령님이 합력하여 선을 이루어 주실 것을 신뢰했다. 나는 기쁨의 빛 가운데 살아가기로 선택했기에, 그 어떤 것도 나의 기쁨을 빼앗을 수 없었다.

차가 고장이 났기에 가족을 공항까지 데려다 주려면 지역 렌터카 업체에서 차량을 렌트해야 했다. 놀랍게도 모든 일이 마무리되고 보니 오히려 돈을 절약했다는 사실을 깨달았다. 3주 동안의 공항 주차비를 지출하지 않았기 때문이었다! 이러한 상황을 아시아에서의 사역 때문에 원수가 보복하려 했다고 볼 수도 있었지만, 나는 적들을 신경 쓰지 않기로 했다. 빛 가운데 살아가느라 그럴 여유가 없었던 것이다. 여행에서 돌아와 차량 배터리를 교체하는 것은 간단한 일이었고, 여행 중이 아니라 집에 있을 때 문제가 발생한 것에 감사했다.

하나님이 모든 것을 합력하여 선을 이루실 것을 신뢰하면, 불편하고 어려운 상황 속에서도 긴장과 분노, 두려움에서 벗어나 하나님의 빛, 그 기쁨 속에서 지속적으로 살아갈 수 있다. 어떤 사람들은 자신의 삶에서 일어나는 일들을 과도하게 원수의 탓으로 돌리는 습관이 있다. 원수에 대해 이야기하는 것을 중단하고 예수님을 자랑하기 시작하라. 그러면 우리의 삶이 얼마나 신속하게 변화되는지 보게 될 것이다.

하늘의 지혜가 영적 전쟁을 이끌게 하라

영적인 관점에서 사실과 진리에는 상당한 차이가 있다. 야고보서 3장 13~18절은 두 종류의 지혜, 곧 세상의 지혜와 하늘의 지혜에 대해 말씀한다. 성경은 솔로몬 왕을 이 땅에서 가장 지혜로운 사람이었다고 기록한다(왕상 3:12, 4:29~31). 물론 예수님이 이 땅에 오시기 전까지 그렇다는 말이다. 예수님의 지혜는 솔로몬을 훨씬 뛰어넘는 것이었다. 솔로몬은 하늘의 지혜를 받아들임으로써 시작은 좋았지만, 나중에는 세상의 지혜, 즉 인간의 지혜에 얽매이게 되었다. 열왕기상 1~11장에 나타난 솔로몬의 이야기를 살펴보면, 그의 마지막이 그리 좋지 않았음을 알 수 있다.

세상의 지혜로 행하며 자신이 모든 것을 알고 있다고 생각할 수 있지만, 그것은 멸망으로 이끌 뿐이다. 예를 들어 세상의 지혜는 "너 자신만 생각해. 앞서가려면 무슨 일이든 해야 해"라고 말한다. 이것은 육신적이고 세속적인 사고방식으로 세상적 "사실"(facts, 하나님의 지혜와는 무관한 정보나 표면적인 인과관계), 가정, 관점에 근거한다. 반면 예수님은 "누구든지 첫째가 되고자 하면 뭇사람의 끝이 되며 뭇사람을 섬기는 자가 되어야 하리라"고 하셨다(막 9:35). 믿는 자들 중에는 영적 전쟁을 수행하기 위해 (종종 무의식중에) 이 세상의 전술을 사용하려는 자들이 있는데, 이러한 접근 방식의 결과는 처참하며 그들이 전쟁에서 승리하지 못하고 있다는 것은 분명한 사실이다.

하늘의 지혜는 하나님의 말씀의 영원한 진리와 영적인 법칙에 근거한다. 또 하나의 예를 들자면, 하늘의 지혜는 "구제를 좋아하는 자는 풍족하여질 것이요…"(잠 11:25)라고 말씀한다. 이것은 돈에 대해 자기 것이니 자기 만족을 위해 사용해야 한다고 말하는 세상의 지혜와는 완전히 반대된다. 이어지는 구절은 "…남을 윤택하게 하는 자는 자기도 윤택하여지리라"고 말씀한다. 이 구절은 목마른 이들에게 물을 주고 굶주린 이들에게 먹을 것을 주어 누군가 기운을 차리고 건강을 회복하는 모습을 지켜보는 것을 아름답게 그리고 있다. 우리가 풍성한 축복으로 다른 사람을 양육하고 돌볼 때, 그것이 다시 우리에게 쏟아부어진다는 것이다(눅 6:38).

성경은 하늘의 지혜로 "그러므로 무엇이든지 남에게 대접을 받고자 하는 대로 너희도 남을 대접하라…"(마 7:12)고 권면한다. 이렇게 하면 심고 거두는 영적 법칙이 작동하게 된다. "사람이 무엇으로 심든지 그대로 거두리라"(갈 6:7). 영광 안에서 성령님은 하나님의 더 높은 길을 신뢰하라고 가르치신다. 당신이 이 책을 읽는 이유는 악과의 전쟁에서 보다 효과적인 방법으로 싸우기 위해서일 것이다.

어떤 이들은 우리가 영적 전쟁에 있어서 원수가 사용하는 방식과 마찬가지로 지극히 분노하며 공격적으로 대적해야 한다고 가르친다. 하지만 나는 그러한 관점이 하나님의 빛의 진리보다는 오히려 어둠의 계략에 동조하게 된다는 사실을 알게 되었다. 오해하지 말라. 원수와 화평해야 된다는 말이 아니다. 오히려 우리는 그의 악한 계략들에 강력하게 맞서야 한다. 다만 정반대되는 영으로 활동하며 싸워야 한다는 것이다. 바로 이것이 우위를 점하는 방법이다. 우리는 사랑의 길을 따르고 평강이 우리를 인도하게 함으로써 원수보다 더 높은 차원에서 활동해야 한다.

예수님의 형제 야고보는 믿는 자들이 영적 전쟁에서 취해야 할 자세에 대해 다음과 같은 계시를 전한다. "화평하게 하는 자들은 화평으로 심어 의의 열매를 거두느니라"(약 3:18). 원수가 증오와 비난, 노골적인 조롱으로 우리를 공격할 때, 우리는 하늘의 처소에 앉아 하나님의 임재 안에서 의와 평강과 기쁨으로 통치하며 원수가 우리의 자리를 빼앗지 못하게 해야 한다. 이러한 시기에 우리는 빛의 전사들로서 하나님의 진리를 신뢰하고 의지함으로써 승리하는 삶을 살아가도록 재정비되고 있다.

하늘의 지혜는 주님의 기쁨이 우리의 초자연적인 능력임을 상기시켜 준다(느 8:10). 우리가 분노, 우울, 무거운 마음으로 행하거나 모든 일을 너무 심각하게 받아들이면, 언제나 원수의 공격을 받고 있는 것처럼 느껴질 것이다. 하지만 예수님의 기쁨, 그 빛 가운데 걸으며 천국의 지혜를 따르면, 우리가 직면하는 모든 상황들을 극복할 수 있는 초자연적 능력을 받게 될 것이다. 이러한 기쁨의 빛이 당신의 삶에서 눈부시게 빛나며, 당신을 둘러싸고, 모든 해악으로부터 당신을 지키고 보호하는 모습을 상상해 보라.

노스다코타 비스마르크에서 주말 집회를 연 적이 있었다. 첫 예배가 끝나고 호텔로 돌아와 보니 바로 옆방에서 음악이 요란하게 울려 퍼지고 있었다. 옆방 사람들이 볼륨을 낮춰 주기를 바라며 앉아 있는데, 음악이 계속되자 점점 더 짜증이 났다. 방에 혼자 있으니 점점 생각이 복잡해지면서 옆방 투숙객들이 너무 무례하게 느껴졌다. 결국 나는 프런트에 전화하여 소음에 대해 이야기했다. 해결해 주겠다고 했지만, 5분, 10분, 30분이 지나도 시끄러운 음악은 계속되었다. 답답한 마음에 옆방 사람들이 눈치채길 바라며 신발로 벽을 쾅쾅 내리쳤지만, 아무것도 변하지 않았다.

화가 치밀어 다시 프런트에 전화했더니 내 옆방에는 아무도 없다고 말했다. 당황한 나는 그들에게 문제를 해결해 달라고 요구했다. 호텔 직원이 올라와서 옆방 문을 열었는데 비어 있었다. 요란하게 울려 퍼지던 음악은 라디오 알람 소리였다. 무례한 투숙객은 없었고, 폭주하는 라디오 알람만 있었다! 나 혼자 근거 없는 추측으로 온갖 시나리오를 쓴 것이었다.

이 경험을 통해 원수의 속임수에 빠지지 않도록 성령님이 우리의 상황에 빛을 비추시게 해드리는 것이 중요하다는 사실을 깨달았다. 어떤 그리스도인들은 어둠에 직면하면 자신이 사탄의 공격을 받고 있다고 성급하게 결론 내린다. 그리고 그로 인해 그들의 마음은 통제 불능의 소용돌이에 휘말리게 된다. 우리는 원수의 거짓말(또는 우리의 상상)을 믿는 것이 아니라 주님의 기쁨 안에서 살아가면서 빛의 스위치를 켜기로 선택해야 한다. 그분의 기쁨은 진리를 비추고 속임수를 몰아낸다.

기쁨이라는 힘의 근원

빛의 전사들로서 우리는 기쁨이라는 힘의 근원이 우주에서 가장 강력한 능력인 하나님의 영광의 빛이라는 사실을 항상 명심해야 한다. 우리가 영광의 차원에 들어가면 하나님은 그분의 영이신 성령님을 통해 우리를 가르치시기 시작한다. 이러한 성령님의 가르침은 종종 우리가 과거에 배운 것들을 잊어버리도록 요구한다. 하나님은 이 과정 가운데 우리를 신실하게 인도해 주시지만, 우리도 배우려는 자세로 그분께 순복하고 그분의 빛을 받아들임으로써 허락해 드려야 한다. 나는 계시가 점진적으로 풀어지는 경우가 있다는 것을 깨달았다. 하나님은 우리가 내디뎌야 할 믿음의 발걸음을 보여 주시고, 그렇게 걸음을 떼면 다음 걸음을 보여 주신다. 바로 이와 같은 방식으로 하나님은 우리를 빛의 영으로 계속해서 인도하여 주신다.

어둠을 무서워한 적이 있는가? 딸인 레거시는 어두운 방을 끔찍하게 싫어해서 들어가려 하지 않는다. 어둠에 대한 두려움은 아이들에게서 흔히 나타나는데, 미지의 것에 대한 두려움이나 보이지 않는 무언가에 부딪힐 가능성 때문일 것이다. 물리적인 어둠은 종종 두려움을 불러일으키기에 많은 사람들이 피하고 싶어 한다.

마찬가지로 영적으로 어두운 곳에 들어가면 걱정, 근심, 두려움, 불안감, 염려 등 여러 가지 불편한 감정에 사로잡히는 신자들이 많다. 그리고 잘못된 가르침으로 다음과 같이 말할 수도 있다. "정말로 어두운 곳이라면, 틀림없이 감당할 수 없을 만큼 많은 악한 영들이 있을 거야." 그들은 지옥의 무리와 전쟁을 벌이는 것에 불안감을 느낀다. 우리의 마음과 상상을 원수에게 내어주는 순간, 그는 그것을 이용할 것이다. 그는 우리 마음의 틀을 이용하여 온갖 종류의 속임수를 우리의 사고에 깊이 새기려 할 것이다.

사탄의 공격이 상상 이상이며 마귀의 세력과 맞서고 있음을 깨닫더라도 기억하라. 우리가 해야 할 일은 불을 켜는 것이다. 악한 영은 마치 바퀴벌레처럼 우리가 불을 켜자마자 그 존재가 노출되면서 살기 위해 달아난다. 그것은 빛 가운데 머물 수 없다. 성경은 하나님이 빛 가운데 계신 것처럼 우리도 빛 가운데서 행해야 한다고 말씀한다(요일 1:7). 하나님의 말씀은 빛이다. "주의 말씀은 내 발에 등이요 내 길에 빛이니이다"(시 119:105).

영광 안에서 진리가 임할 때 모든 원수의 일들을 물리칠 수 있는 능력을 받게 된다는 사실을 아는가? 누군가가 당신에게 무슨 저주를 걸든, 당신의 관계나 재정, 육신에 어떤 악한 주문을 외우든 문제가 되지 않는다. 당신의 가계에 내려오는 저주가 얼마나 오래되었는지도 문제가 되지 않는다. 진리가 임하는 것은 우리 안에 불을 켜기(또는 빛을 밝히기) 위함이다(시 119:130). 그러면 어둠은 즉시 떠나가야 한다. 나는 다시 한번 당신에게 천국에서 임하는 영적 전투의 열쇠를 주고 있다. 이것은 너무나도 단순해서 대부분의 사람들이 무시하려 할 것이다. 핵심은 다음과 같다. 하나님의 말씀을 선택하는 것은 그분의 기쁨을 택하는 것이고, 우리가 그분의 기쁨 안에서 행한다면 그분의 빛 안에서 걷게 될 것이다.

따라서 원수와 그의 계략을 생각하며 미리 두려워하기 전에, 영적 분위기를 바꾸는 가장 쉽고도 좋은 방법을 재차 확인시켜 주고 싶다. 어둠에 대처하는 가장 좋은 방법은 그저 불을 켜는 것이다. 자신이 있는 곳이 더 이상 어두워지는 것을 바라지 않는다면 스위치를 켜기만 하면 된다. 어쩌면 "하지만 나는 그 스위치가 어디에 있는지 몰라요"라고 말할 수도 있다. 바로 당신이 그 스위치이며 영적 분위기이다! 어디에 가든지 우리는 기쁨의 빛을 지니고 있어야 한다! 기쁨이 선택이라는 것은 아무리 강조해도 지나치지 않다. 빛을 선택할 것을 권한다. 그리고 이번 장을 마무리하면서 그러한 선택의 3단계를 전하고자 한다.

기쁨을 선택하는 법

나는 전 세계를 다니며 주님의 기쁨을 받는 세 가지 영적 단계를 가르치는 특권을 누리고 있다. 이것은 우리가 선택하고 따라야 할 실제적인 단계들이다. 그리고 주님이 누구시며 그분이 우리를 위해 어떤 일을 행하셨는지 생각할 때 효과적이다. 첫 번째 단계는 "하하!"라고 하는 것이다. 이것은 지금 당장 실천해 볼 수 있다. 그냥 "하하!"라고 해보라. 감정이 느껴지기 시작할 때까지 계속 반복하라. 어려운 상황에 직면할 때, 마음 깊은 곳으로부터 "하하" 하고 웃어 보라. 주님의 기쁨이 우리의 힘이며, 그분의 임재 안에 기쁨이 충만하기에 어려운 상황 속에서도 우리는 "하하" 웃을 수 있다. 하나님을 우리 삶의 기쁨과 능력으로 모셔 들이라.

두 번째 단계는 "히히!"라고 말하는 것이다. 이렇게 하면 기쁨이 조금 더 커질 것이다. 첫 번째와 두 번째 기쁨의 표현을 결합하여 큰 소리로 말해 보라. "하하! 히히!" 이것을 여러 차례 반복해 보라. 다시 한번 깊은 곳에서부터 기쁨이 솟아오르기 시작하는 것이 느껴질 때까지 계속하라.

이제 마지막 단계는 "호호!"라고 말하는 것이다. 우리는 더 깊은 기쁨으로 나아가고 있다. 그렇게 보이지 않을지라도, 기쁨이 넘치기로 선택하는 것은 의식적인 결정이다. 이 내용을 읽으면서 어리석은 소리라고 무시해버릴 수도, 빌립보서 4장 4절의 "항상 기뻐하라"는 가르침을 실천에 옮길 수도 있다. 예수님은 육신을 입고 나타나신 기쁨이다. 기쁨을 선택할 때, 우리는 삶 가운데 예수님의 빛을 나타내기로 선택하는 것이다.

자, 이 세 가지 표현을 모두 합쳐보자. "하하! 히히! 호호!" 당신의 생각과 말이 하나님의 말씀과 일치하고 주님의 기쁨에 진정으로 잠길 때까지 이것을 계속 반복하라.

독일 슈투트가르트의 글로리 라이프 센터에서 이 세 가지 "기쁨의 단계"를 가르칠 때, 《하늘에 속한 사람》으로 전 세계에 알려진 윈 형제도 집회 강사로 참석해 있었다. 윈 형제는 복음을 전파하느라 중국에서 오랫동안 투옥되었던 것으로 유명하다. 감옥에 갇혀 있는 동안 성령님이 그에게 기적적이고 초자연적인 경험들을 허락하셨는데, 여기에는 성경 시대에 하나님이 그분의 백성을 구출하신 사건을 연상시키는 감옥 탈출도 포함된다.

원 형제는 기쁨을 선택하는 이 단계들을 중국의 많은 지하교회 지도자들에게 전했다. 그 결과는 놀라웠다! 낙심하고 있던 수많은 지도자들이 즉각적인 사고방식의 변화를 경험한 것이다. 의도적으로 "하하! 히히! 호호!"라고 하며 그들의 문제들을 웃어 넘기기로 선택하자, 그들의 영이 들어 올려졌다. 중국 교회는 새로운 형태의 영적 전쟁을 발견하고 있었다. 그것은 그들에게 엄청난 기쁨을 가져다주는 전쟁이었다!

나중에 텍사스 휴스턴의 빅토리 크리스천 센터에서 열린 대형 집회에서 원 형제의 이야기와 독일 및 중국 신자들의 기쁨이 넘치는 경험을 나누었다. 센터의 담임목사인 토니 크리샥(Tony Krishack) 목사는 이 영적 단계들을 귀담아 듣고 흡수하여 자신의 사역 도구 중 하나로 추가하였다. 그해 말 호주에서 사역하던 중 인도로 선교여행을 떠난 토니 목사님으로부터 문자 메시지와 동영상을 받았다. 대략 이런 내용이었다. "'하하! 히히! 호호!'가 인도에서도 통한다는 것을 알려드리고 싶었어요! 새로운 것을 가르쳐 주셔서 감사합니다. 저는 지금 인도 북동부 다즐링 지역에 있는데, 지금 영적인 기쁨에 취하는 파티를 열고 있습니다! 많은 기적들이 일어나고 있어요." 나는 기쁨을 선택하는 이러한 영적 전쟁의 단계들이 인도의 영적 분위기를 변화시키고, 그곳 사람들에게 성령님의 새 포도주를 쏟아붓고 있다는 소식을 듣고 감격했다.

하지만 그것이 끝이 아니었다. 얼마 후 자넷과 나는 사역팀을 이끌고 일본으로 갔다. 오사카 찬양 교회에서 가르치는 동안 나는 그곳의 신자들에게 주님의 기쁨에 마음을 열라고 권면하면서 세 단계 기쁨의 표현인 "하하! 히히! 호호!"를 사용하라고 가르쳤다. 얼마 지나지 않아 많은 신자들이 이 땅의 감정에서 천국의 초자연적인 기쁨으로 들어가기 시작했다. 집회 가운데 웃음이 터져 나오기 시작했고 많은 이들이 자유로워졌다. 이처럼 웃음은 감정의 고통을 완화시키기 위해 하나님이 사용하시는 촉매제가 될 수 있으며, 학대나 트라우마, 과거의 상처와 같은 뿌리 깊은 문제들을 초자연적으로 치유한다. 이러한 영광스러운 분위기 속에서 우리는 사역팀을 보내어 아름답고 사랑스러운 일본인들에게 사역하였다.

사역팀 멤버 중 한 명인 더그는 나중에 자신이 웃음을 선택할 수 있다는 사실을 깨닫고 의식적인 선택을 통해 그곳의 영적 분위기에 기쁨의 기름부음을 풀어놓았다고 했다. 그렇다, 기쁨은 선택이다. 우리가 기쁨으로 들어가기로 선택할 때, 하나님은 그 씨앗을 취하셔서 기름을 부으시고, 더 큰 기쁨을 부어 배가시켜 주신다! 더그는 "기쁨을 풀어놓기로 선택하자 초자연적인 기쁨이 내 안에서 솟아나기 시작했고, 그것은 내가 지금까지 경험한 가장 강력한 성령님의 역사하심이었다"고 말했다.

웃음은 빛의 양약이다

나는 영적 전투에서 기쁨의 또 다른 중요한 측면, 곧 질병과 고통의 사슬을 끊는 능력을 강조하고 싶다. 기쁨을 통해 발산되는 하나님의 빛에는 모든 연약함을 파쇄하는 놀라운 능력이 있다! 잠언 17장 22절은 "마음의 즐거움은 양약이라"고 말씀한다. 기쁨과 웃음에는 심오한 영적, 감정적, 육체적 유익들이 있으며, 과학은 성경이 늘 가르쳐 온 것을 확증해 주고 있다. 기쁨이 건강에 좋다는 것이다. "웃음은 산소가 풍부한 공기 흡입량을 늘려 주고, 심장과 폐, 그리고 근육을 자극하며, 뇌에서 분비되는 엔도르핀의 양을 증가시켜" 궁극적으로 스트레스를 감소시킨다. 웃음은 우울증과 슬픔을 극복하는 데에도 도움이 되어 사람들이 삶에 대해 보다 긍정적인 시각을 갖게 하고 전반적인 기분을 고양시킨다.[2] 뿐만 아니라 "스트레스가 증가하면 심장마비와 뇌졸중을 포함한 심혈관 질환의 위험이 커지지만, 웃음은 혈관을 이완시키고, 혈압을 낮추며, 혈전 형성을 억제하는 화학물질인 산화질소를 분비한다… 인지력에도 도움을 주는 것으로 보인다."[3] 다음 장에서 치유의 빛에 대해 더 깊이 살펴보겠지만, 지금은 욥기 8장 21절 말씀을 예언한다. "웃음을 네 입에, 즐거운 소리를 네 입술에 채우시리니."

5장
치유의 빛 풀어놓기

그리하면 네 빛이 새벽같이 비칠 것이며 네 치유[너의 회복과 새로운 치유의 능력]
가 급속할 것이며 네 공의[너의 올바름과 공정함, 그리고 하나님과의 올바른 관계]
가 네 앞에 행하고 여호와의 영광이 네 뒤에 호위하리니 _사 58:8 (확대역)

◆

5장

　현대 의학에서 다양한 형태의 빛이 레이저 수술, 피부 질환 치료 및 전염성 질환을 유발하는 바이러스 박멸에 사용된다. 의학이 물리적인 빛을 이용해 질병을 치유할 수 있다면, 같은 논리로 하나님의 영적인 빛을 우리 몸에 비추며 어둠이 떠나가도록 명령할 수도 있을 것이다. 말이 되지 않는가? 간단한 생각이지만, 하나님은 종종 이처럼 단순한 방식으로 역사하신다. 하나님은 계시의 불이 번쩍 켜지는 것처럼 창의적인 아이디어를 주시는 경우가 있는데, 나는 이것을 "창조적인 불꽃"이라고 부른다. 이 불꽃을 키우고 그것이 지닌 잠재력을 인식하는 것은 우리의 책임이다. 우리가 하나님의 치유의 빛을 풀어 놓기로 선택할 때, 질병의 어두운 저주가 반드시 사라진다는 것을 인식하는 자들이 바로 빛의 전사들이다!

　처음 이 계시를 받았을 때 이러한 생각을 믿음으로 실행해 보기로 결심했다. 마침 자넷이 며칠 동안이나 심한 편두통으로 고통 받고 있었기 때문에 나는 하나님의 치유의 빛을 풀어놓는 이 새로운 방식을 시도해 보겠다고 말했다. 그녀는 나의 믿음을 적용해 보는 것에 흔쾌히 동의해 주었다. 나는 "두통아, 떠나가라! 지금 이 순간 하나님의 빛을 풀어놓는다! 하나님은 빛이시고, 그분 안에는 어둠이 있을 수 없다. 질병이 있을 수 없다. 편두통이 있을 수 없다! 빛이 있으라!" 하고 말했다.

그 즉시 자넷이 눈을 크게 뜨고 나를 바라보며 "효과가 있어요!"라고 외쳤다. 편두통이 완전히 사라진 것이다. 담대하게 행동으로 옮길 때 계시가 실제로 임하는 것을 목격하였기에, 나는 매우 흥분되었다! 빛의 전사들로서 우리는 성령님이 그분의 빛 가운데 지시하시는 대로 기꺼이 행할 수 있어야 한다.

치유하는 의의 태양

자넷과 나는 물리적인 빛이 몸과 마음에 수많은 치유의 유익이 있다는 사실을 알고 있었다. 그러나 지금은 성령님의 초자연적인 치유의 빛도 우리에게 허락되었음을 깨닫게 되었다. 나는 말라기가 메시아, 곧 그리스도를 "의의 태양"으로 묘사하면서 그분이 날개와 광선에 치유를 가지고 솟아오르신다고 예언한 것이 흥미로웠다(말 4:2, 한글킹제임스). 어미 새가 새끼를 보호하는 깃털로 덮는 것처럼 그분의 빛은 매우 실제적인 방식으로 그분의 자녀들을 영광으로 덮으신다.

이 구절 후반부는 이러한 치유의 빛이 육신을 강건하게 하고, 그 빛에 닿은 자들이 "잘 먹은 송아지처럼 나가서 뛰놀 수"(NIV) 있게 된다는 진리를 암시하고 있기에 대단히 중요하다. NLT에서는 이것을 "목초지에 풀어놓은 송아지처럼 기쁨으로 뛴다"고 묘사한다. 송아지들이 빛에 의해 활력을 얻고 강건해져서 풀려났다는 것이다. 하나님의 밝은 치유의 빛이 우리를 온전히 채우고 결국 우리를 통해 풀어지는 모습이 보인다.

이 놀라운 계시를 받은 직후 우리는 프랑스 몬테리마르에서 열린 집회에 참석하여 치유의 빛에 대해 새롭게 발견한 통찰을 나누었다. 내가 메시지를 전한 후 한 여성이 부정맥을 치유 받고 싶다며 강대상 앞으로 나아왔다. 의사들은 그녀의 상태가 매우 심각하다며 지금 치료하지 않으면 심부전이나 다른 심각한 질환들로 이어질 수 있다고 경고했다. 그녀는 내가 전한 메시지에 감동을 받아 하나님의 빛이 자신이 바라던 치유를 줄 수 있다고 생각했다. 전기 충격을 가하여 사람의 심장 박동을 되살리는 제세동기가 떠올랐다. 나는 하나님의 빛도 이와 비슷한 효과를 낼 수 있다고 굳게 믿었다! 그녀의 손을 심장에 얹게 한 뒤, 내 손을 그 위에 얹었다. 그런 다음 "빛이 있으라!"고 여러 번 반복해서 선포했다. 곧바로 그녀는 "방금 하나님의 능력을 느꼈어요!"라고 외쳤다. 성령님이 역사하신다는 신호였다. 그녀는 집회 중에 자신이 치유되었고 이제는 심장이 규칙적으로 뛴다며 기쁨에 가득 차서 간증하였다. 당신에게도 치유의 빛이 있기를 선포한다!

하나님의 치유의 빛에 대한 계시에 따라 활동하기 시작한 후 자넷과 함께 다음으로 사역하러 간 장소 중 하나는 에드거(Edgar)와 홀리 앤 베일리(Holly Ann Baillie) 부부가 함께한 일리노이 록포드 부흥집회였다. 관절염을 앓고 있는 환자 몇 명이 그 집회에 참석해 있었다. 나는 지식의 말씀을 받아 그들을 불러냈고, 그들은 메시지가 끝날 무렵 와서 기도를 받았다. 당뇨병을 앓고 있던 한 여성과 얼마전에 전립선암 진단을 받았다는 사업가도 치유 받기 위해 나왔다. 그들 한 명 한 명에게 사역을 하는 동안 나는 영으로 쉐키나 영광의 금가루들이 그 장소를 가득 채우는 모습을 보았다. 그것은 우리 주변 기류 가운데 잔잔한 비처럼 내리고 있었다. 하나님의 치유의 빛이 특별한 방식으로 우리에게 풀어지고 있다는 증거였다.

관절염을 앓고 있던 여성은 우리가 그녀를 위해 기도하는 동안 성령 안에서 쓰러졌다. 그녀는 나중에 와서 자신이 바닥에 누워 치유 받는 동안 보았다는 환상에 대해 들려주었다. "아주 아름답고 순수한 천국의 빛을 봤어요! 그 빛은 마치 천국의 영광의 문처럼 소용돌이치고 있었어요." 이것은 그즈음에 우리 교회 사모님이 보셨다는 환상과 매우 비슷했다. 이들 두 환상은 하나님이 우리에게 주신 이 새롭고 흥분되는 계시에 대한 확증이었다. 하나님은 그분의 빛에 대해 가르쳐 주시면서, 그 빛이 치유의 능력을 지니고 있음을, 그리고 그 능력은 받고자 하는 모든 이들에게 임하고 있음을 보여주고 계셨다.

그 집회에 참석한 또 다른 여성은 가슴에 심한 통증을 느끼며 끊임없이 기침을 했다. 그녀는 그 주에 병원에 갔다가 폐에서 검은 반점을 발견하고 간절히 기적을 바라고 있었다.

자넷이 이 여성의 가슴에 손을 얹고 치유의 빛이 임할 것을 선포했다. "빛이 있으라!" 그녀는 그저 어둠에게 떠나가라고 명령했다. 기도가 끝나고 그 여성의 가슴을 내려다보았더니 블라우스 위로 쉐키나 영광의 고운 금가루들이 천국의 빛으로 반짝이고 있었다. 역시 하나님이 역사하고 계신다는 표징이었다. 그 주에 그녀는 다시 병원을 방문했다가 찬양할 만한 놀라운 소식을 가지고 집으로 돌아왔다. 그리고 이메일로 자신의 간증을 전했다. "자넷이 저를 위해 기도해 주었을 때, 통증이 즉시 제 몸에서 사라졌어요. 다시 병원에 가서 엑스레이를 찍어 봤는데, 반점이 보이지 않았어요. 하나님을 찬양합니다!" 당신에게도 치유의 빛이 있을지어다!

나는 성령님께 계속 더 깊은 계시를 달라고 구하면서 빛이라는 주제와 관련된 의학적 연구들도 살펴보았다. 그리고 또 다른 연결 고리가 있다는 사실을 알게 되었다. 자연계에서 빛이 작용하는 원리를 보면서 하나님의 빛이 초자연적인 영역에서 활동하고 역사할 것이라는 믿음이 생겼다. 그러던 중 빛이 체중 감량을 비롯하여 건강에 다양한 혜택들을 제공할 수 있다는 기사를 접하게 되었다. 자연계에서는 이것을 혁신적인 발견으로 여겼지만, 우리는 이것을 이미 집회 중에 초자연적으로 테스트해 보고 있었다. 나의 믿음은 또 다른 차원으로 올라섰다!

그로부터 얼마 후 캐나다 밴쿠버 인근에서 2,500명 이상이 참석한 집회의 주요 강사 중 한 사람으로 사역하게 되었다. 집회 중에 하나님의 빛에 대한 이 계시를 나누었고, 최근에 발견한 그 기사를 선포하듯이 읽어 주었다. 나는 사람들에게 성령님께 집중하며 그것을 들어보라고 권했다. 그들이 이것을 연결지을 수 있다면, 하나님의 빛이 주는 치유를 받을 수 있을 것이라고 생각했기 때문이다. 과연 기적이 일어나기 시작했다. 성령님을 구하는 그들에게 "빛이 있으라!"고 선포하자 손을 얹지도 않았는데 집단적으로 치유가 일어나기 시작했다.

그 분위기 속에서 나는 다음과 같이 말했다. "지금 여러 사람이 하나님의 빛 안에서 초자연적인 체중 감소의 기적을 받고 있습니다. 바지, 치마, 원피스 사이즈를 확인해 보세요." 내가 이 말을 하자마자 기쁨의 함성이 집회 장소를 가득 채우기 시작했다! 사람들이 자기들의 옷이 매우 헐렁해진 것을 발견한 것이다. 하나님의 빛이 역사하고 있었다! 적어도 30명의 여성이 이 초자연적인 체중 감소의 기적에 대해 간증하려고 강단으로 몰려왔다. 당신에게도 치유의 빛이 있으라!

같은 집회에서 어떤 이들은 골반, 관절, 뼈 등이 치유되었다고 간증했다. 한 노신사는 자신의 목에 있던 골프공 크기의 혹이 순식간에 사라졌다고 간증했다. 어떤 여성은 10년 넘게 앉아 있던 휠체어에서 일어나 무대 앞을 뛰어다녔다. 한 남성은 자신이 임상적으로 진단받은 모든 우울증이 순식간에 사라졌다고 말했다. 그날의 모든 간증을 다 기록할 수는 없지만, 정말 많은 이들이 어떤 식으로든 질병에서 치유함을 받았다고 손을 들었다. 기적이 넘쳐났다.

집으로 돌아온 후에도 계속해서 기적의 소식들이 들려왔다. 나중에 주최 측으로부터 그 집회에서 암, 당뇨, 간질환 등을 치료받은 사람들도 있었다는 소식을 들었다. 그렇다. 하나님이 그분의 빛을 발하며(풀어놓으시며) 역사하고 계셨던 것이다. 이와 같은 사례들을 통해 빛의 전사들이 성령님의 능력으로 사역하는 치유자들임을 깨닫기 바란다. 그리고 우리를 통해 흘러나오는 치유의 능력은 우리가 아니라 하나님의 능력임을 명심하자. 치유의 빛이 있으라!

하나님의 치유의 빛을 받아 풀어놓는 법

선포된 말씀

우리가 하나님의 빛을 통해 치유받고 그것을 다른 사람들에게 전달할 수 있는 가장 좋은 방법 중 하나가 바로 말씀을 선포하는 것이다. 태초에 하나님이 "빛이 있으라"(창 1:3)고 선언하시니 그대로 되었다. 하나님은 애쓰거나 분투하지 않으셨다. 그분은 악한 영들과 싸우실 필요가 없다. 그분이 말씀하시자 말씀의 창조적인 능력이 대기에 즉각적으로 빛을 풀어놓으며 모든 피조물들을 탄생시켰다. 전지전능하신 하나님이 말씀하실 때마다 온 우주는 반드시 순종해야 한다. 하나님이 무슨 말씀을 하시든지 그것이 이루어진다. 이것은 아주 단순한 진리이다.

시편 기자는 이러한 과정에 대해 다음과 같이 노래했다.

> 그가 그의 말씀을 보내어 그들을 고치시고 위험한 지경에서 건지시는
> 도다 (시 107:20)

최종 결정권은 사망이 아니라 하나님께 있다. 하나님의 음성은 창조적인 빛으로 가득하며, 그분이 말씀하시면 그 음성이 치유의 빛을 풀어놓음으로써 우리를 건강하고 온전하게 만들어 주신다. 잠언 4장 20~22절 말씀을 기억하라.

> 내 아들아 내 말에 주의하며 내가 말하는 것에 네 귀를 기울이라 그것
> 을 네 눈에서 떠나게 하지 말며 네 마음속에 지키라 그것은 얻는 자에
> 게 생명이 되며 그의 온 육체의 건강이 됨이니라

창세기 1장 3절에서 하나님은 "빛이 있으라" 말씀하셨다. 그리고 빛이 비치자 하나님은 빛과 어둠을 나누시고 그것이 "좋았다"고 말씀하셨다(18절). 이것은 우리 모두에게 깊고도 놀라운 계시로 여겨져야 한다. 질병, 고통, 고난은 하나님의 빛의 왕국인 천국에 속한 것들이 아니다. 그것들은 어둠의 왕국에서 온 것이다. 따라서 하나님이 권위를 가지고 어둠과 빛을 분리하신 것처럼, 우리도 권세를 가지고 그것들에게 빛이 비치도록 명령할 수 있다. 모든 어둠을 향해 당신의 삶과 육신에서 분리되라고 명령하라.

예수님이 성령의 능력으로 이 땅에서 사역하실 때, 많은 이들이 비범한 방식으로 병자들을 치유하시는 그분의 초자연적 능력을 알

아보았다. 중풍으로 고통받던 종의 치유를 간절히 바라던 백부장은 예수님께 "말씀으로만 하옵소서 그러면 내 하인이 낫겠사옵나이다"(마 8:8) 하고 간청했다. 그는 예수님이 선포하신 말씀을 통해 그리스도의 치유의 빛이 풀어질 수 있다는 것을 분명히 이해하고 있었다. 이러한 백부장의 믿음에 대해 예수님은 "가라 네 믿은 대로 될지어다"라고 답하셨고, 이어서 "그 즉시 하인이 나았다"고 성경은 기록한다(13절). 다시 말해 하나님이 말씀하시는 것은 무엇이든 이루어진다. 그리고 이제 그리스도께서 우리 안에 거하시기에 우리도 성령의 인도하심을 받아 예수님과 똑같이 할 수 있게 되었다.

빛을 선포하기

인간이 깨달을 수 있는 가장 깊고 놀라운 계시 중 하나는 인류가 하나님의 형상대로 창조되었다는 사실이다. 우리는 모두 하나님의 형상대로 만들어졌다. 죄의 어둠이 이 신성한 연결을 끊으려 했지만, 바로 이 때문에 예수 그리스도가 세상의 빛으로 이 땅에 보내심을 받았다. 우리를 하나님과 화해시키셔서 그분의 형상을 지니고 그분의 빛을 전하는 자들로서 우리의 정당한 위치를 회복시키시려는 것이었다. 이러한 실재를 깨달음으로써 우리는 확신을 가지고 하나님의 말씀을 선포하고 그것이 이루어질 것을 기대하게 된다. 우리가 믿음을 가지고 그분이 이끄시는 대로 하나님의 말씀을 선포할 때, 그것은 마치 하나님이 친히 우리를 통해 말씀하시는 것과 같다.

북아일랜드 벨파스트에서 사역하던 중 회중 가운데 서 있는 한 여성에게 하나님의 빛줄기가 내려오는 놀라운 장면을 목격하게 되었다. 그 찬란한 빛은 그녀의 머리 위에 임하더니 초자연적으로 그녀의 전신을 감싸면서 등을 타고 내려와 발끝까지 흘려내렸다. 그 순간 나는 하나님이 그녀의 등과 목을 맞추며 치유하고 계신다는 것을 직감적으로 깨달았다. 이러한 하늘의 손길은 몸의 다른 부분들에도 퍼져나가고 있었다. 나는 이 계시에 따라 예언적으로 보이는 것을 선포했다. 그러자 그 즉시 그 말이 이루어지기 시작했다. 전기에 감전된 것 같은 손길이 임했다! 그 여성은 부인할 수 없는 하나님의 능력이 자신을 통과하는 것을 느꼈고, 목과 척추, 그리고 몸 전체가 완전히 치유되었다. 그날 밤, 그녀는 회중 앞에 서서 치유의 빛이 임했을 때 하나님이 행하신 기적을 간증했다!

예전에 한 사역자 친구가 여러 가지 암이 온몸에 빠르게 퍼지고 있다는 심각한 진단을 받은 후 은밀하게 나에게 연락을 했다. 자연적인 관점에서 그는 사형선고와도 같은 암담한 진단을 받은 것이었다. 강력한 치유와 기적의 사역을 하며 수많은 사람들이 암을 비롯한 여러 가지 질병에서 치유되는 것을 목격했지만, 이제는 정작 자신이 암울한 진단서를 마주하게 된 것이다.

우리는 원수가 공정하지 않다는 사실을 기억해야 한다. 그는 당신이 과거에 여러 명의 아픈 자들을 성공적으로 치유한 것에는 관심이 없다. 원수는 항상 당신이 가장 크게 기름부음 받은 영역을 공격한다. 당신이 가진 기름부음이 어둠의 왕국에 위협이 되기 때문이다.

우리가 지니고 있는 빛의 효과를 축소시키기 위해 그는 무엇이든 하려 할 것이다. 그를 내버려두지 말라. 기름부음 안에 굳게 서서 당신 안에 있는 빛이 밝게 빛나게 하라.

그는 심각한 진단을 받았지만 합심된 믿음의 초자연적 능력을 알기에 나에게 연락한 것이었다. 우리는 우리의 하나 된 믿음으로 이 어려움과 맞설 수 있다는 사실을 인식하고 함께 기도했다. 첫 번째 기도를 마친 후 나는 성령님의 직접적인 지시와 안내를 구했다. 그분의 도우심을 받아 친구를 위한 선포문을 신중하게 작성했다. 이 선포문은 하나님의 약속과 일치되도록 그의 몸에 치유와 회복을 선언하는 것이었다. 내가 성령님의 지시를 받아 작성한 선포문은 다음과 같다.

다른 이들을 위한 치유 선포문

머리끝부터 발끝까지 빛이 있으라!

질병의 그림자는 더 이상 머물러 있을 수 없다.

영광의 빛이 당신의 몸을 비출 때 모든 어두움은 사라진다.

당신의 몸에 빛을 선포한다.

당신의 뼈에 빛을 선포한다.

당신의 심장에 빛을 선포한다.

당신의 모든 장기, 근육, 신경, 혈구 세포 및 혈관에 빛을 선포한다.

당신의 폐에 빛을 선포한다.

당신의 간과 신장에 빛을 선포한다.

당신의 생식 기관에 빛을 선포한다.

빛이 있으라!

당신의 피부에 빛을 선포한다.

당신의 소화기관에 빛을 선포한다.

당신의 혼에 빛을 선포한다.

빛이 당신의 생각과 의지, 감정을 가득 채운다.

빛이 있으라!

치유와 기적을 일으키는 하나님의 빛이 당신 안에 충만할지어다.

이 선포문을 기록하고 친구에게 소리 내어 선포하기 시작하자 실제로 그가 하나님의 치유의 빛으로 충만해지는 모습이 마음속에 그려졌다. 모든 것을 소멸하는 하나님의 빛이 그의 온몸을 가득 채우는 모습이 보였다. 그의 머리 주위에서 작은 빛들이 보이기 시작했다. 그후 갑자기 능력이 솟구치면서 그 빛들이 그의 발끝까지 쭉 내려왔다. 마침내 폭발하는 햇살처럼 빛이 그의 온몸을 완전히 채웠다. 그것은 너무나도 강력했다. 이것을 선포할 때, 그의 온몸 구석구석에 그 빛이 들어가서 통과하는 모습을 볼 수 있었다. 이 경험은 다음 성경 구절을 떠올리게 했다.

네가 무엇을 결정하여 선포하면 이루어질 것이요 네 길에 [하나님의 은총의] 빛이 비치리라 (욥 22:18, 확대역)

이 선포문을 소리내어 말하자 곧바로 빛이 비치기 시작했다. 우리가 하나님의 뜻대로 말할 때, 그분은 자신의 말씀을 초자연적인 방식으로 성취하시기 위해 적극적으로 지켜보신다(렘 1:12). 이 경우에는 내가 성령님의 인도하심을 받아 기록하고 선포한 말씀에 의해 빛이 비치기 시작했다. 이러한 선포의 중요성을 알고 있었기에 선포문을 친구에게 보내어 매일 직접 소리 내어 말하게 했다. 그래서 그의 상황에 맞게 그것을 수정했다. 그는 하루에 세 번씩 이 내용을 가지고 영적인 권세와 능력으로 자신의 상황에 생명과 건강을 선포하기 시작했다. 그리고 그렇게 하면서 하나님의 치유의 빛의 손길을 경험하기 시작했다.

자신을 위한 치유 선포문

이 선포문을 그대로 사용하거나 자신의 상황에 맞게 수정해도 좋다. 중요한 것은 성령님의 인도를 받는 것이다. 우리를 그분께 일치시키면, 그것이 실제로 이루어지기 때문이다.

머리끝부터 발끝까지 빛이 있으라!
질병의 그림자는 더 이상 머물러 있을 수 없다.
영광의 빛이 나의 몸을 비출 때 모든 어두움은 사라진다.
나의 몸에 빛을 선포한다.
나의 뼈에 빛을 선포한다.

나의 심장에 빛을 선포한다.

나의 모든 장기, 근육, 신경, 혈구 세포 및 혈관에 빛을 선포한다.

나의 폐에 빛을 선포한다.

나의 간과 신장에 빛을 선포한다.

나의 생식 기관에 빛을 선포한다.

빛이 있으라!

나의 피부에 빛을 선포한다.

나의 소화기관에 빛을 선포한다.

나의 혼에 빛을 선포한다.

빛이 나의 생각과 의지, 감정을 가득 채운다.

빛이 있으라!

치유와 기적을 일으키는 하나님의 빛이 내 안에 충만할지어다.

이렇게 선포하고 그것을 영적인 실재로 깊이 받아들일 때 어떤 느낌이 드는가? 이마나 혹은 몸의 다른 부분에 치유의 열이 임하는 것이 느껴지는가? 하나님의 빛은 때로 손가락 끝에 미세한 전기가 흐르는 것처럼 느껴지거나 척추를 타고 내려오는 저릿함으로 나타나기도 한다. 혹은 잔잔한 파도처럼 임하는 평강이나 위로를 경험할 수도 있다. 치유의 빛은 여러 가지 다양한 형태와 모습으로 나타날 수 있다. 잠시 멈추어 이 선포문과 그 효과에 자신을 완전히 연결시키는 시간을 가지라.

하나님의 빛이 당신을 온전히 채우는 것에 집중하면서 이 선포문을 자기 자신 혹은 사랑하는 사람에게 선포해 보라. 나는 이 선포문을 읽을 때 나의 마음과 생각에 손을 얹고 선포하면 특별히 더 강력한 능력을 발휘한다는 사실을 깨달았다. 혹은 치유가 필요한 특정 부위에 손을 얹으라는 성령님의 인도하심을 느낄 수도 있다. 이렇게 그분께 순종함으로써 우리 입술의 선포와 얹은 손을 통해 하나님의 치유의 빛이 흘러가게 할 수 있다. 치유의 빛이 있으라!

성령님의 임재와 능력의 유익을 더 효과적으로 받을 수 있도록 그분이 우리 안에, 그리고 우리를 통해 어떻게 일하시는지 인식하고 온전히 깨닫는 시간을 가지는 것은 대단히 중요하다.

치유 선포문을 친구에게 보내준 후, 질병에 대하여 추가적인 조사를 해 보았다. 나는 CT를 찍어 보면 다양한 암이 어두운 그림자로 나타난다는 사실을 발견했다. 그중 어떤 자료에 다음과 같은 내용이 있었다.

- 폐암은 그림자처럼 나타날 수 있다. 이때 뚜렷한 혹이나 종양 덩어리가 있을 수도 있다.
- 양성 종양도 이와 비슷한 그림자나 반점 등으로 나타날 수 있다.
- 결핵은 폐가 박테리아에 감염된 것으로, 초기에는 엑스레이로 식별할 수 있는 특징이 거의 없지만 간혹 그림자처럼 보일 수 있다.[1)]

성령님이 친구의 육신에 빛을 선포하라고 말씀하셨기에, 나는 이 정보들이 흥미롭게 여겨졌다. 빛의 선포는 질병의 어두운 그림자를 대적하는 방법에 대한 초자연적 계시였다. "어둠은 어둠을 몰아낼 수 없고 오직 빛만이 어둠을 몰아낼 수 있다."[2] 하나님의 영광의 빛을 통해 우리는 질병과 연약함이라는 어둠의 세력을 물리칠 수 있는 강력한 영적 전투의 전략을 받았다. 그 열쇠는 치유의 빛 속에 있다. 나는 계속해서 영으로 친구를 상상하며, 그의 영, 혼, 육에 끊임없이 빛을 비추었다.

친구는 그 후로 2년 동안 계속해서 치유의 기적을 경험하는 중이며, 최근에 다음과 같은 소식을 보내왔다.

> 지난해에 찍은 사진에는 두개골부터 다리뼈까지 암이 계속 자라고 있었는데 지금은 네 개의 작은 점들만 발견되었고, 전립선, 간, 방광, 연부 조직에서는 전혀 발견되지 않았어. 의사가 정말 놀라운 일이래. 이전만큼 강건하지는 않지만, 나는 매주 힘을 얻어. 대부분의 사람들이 내가 어떤 병을 앓고 있는지 모를 정도로 건강해 보이고 힘있게 움직일 수 있어. 매일 밤 세 번씩 말 그대로 빛의 선포문에 젖어 있다네. 이 선포문은 나에게 정말 큰 의미가 있어.

손을 통해

입술로 선포하는 것 외에 치유의 빛을 전달할 수 있는 또 다른 방법은 손을 대는 것이다. 앞서 선포문을 말하면서 우리의 마음과 생각에 손을 얹는 것에 대해 이야기했다. 손을 얹는 것은 기독교 신앙의 핵심이 되는 행위들 중 하나이다(마 8:14~15, 9:18~19, 23~25, 행 13:1~3, 딤후

1:6, 히 6:1~2). 치유를 위해 손을 얹는 것은 하나님의 빛을 타인에게 전하는 강력한 행위이다.

치유하는 빛의 손

아픈 자들에게 사역하면서 이러한 빛의 전이가 과연 영적으로 어떠한 모습일지 여러 번 상상해 보았다. 우리가 아픈 사람들에게 손을 얹으면, 마치 하나님의 빛과 능력이 흘러가서 그분의 치유의 은총이 상대방에게 임파테이션 되는 것과 같다. 당신의 손이 하늘의 능력의 통로가 되어 찬란한 빛을 발하며 성령님의 임재를 보여준다고 상상해 보라. 우리가 아픈 부분에 손을 댈 때, 이 빛이 그 사람의 몸에 스며들어 그 세포와 조직, 장기들을 따뜻한 치유의 빛으로 씻어내는 것이다.

영적으로 우리의 믿음과 성령의 기름부으심이 그 사람에게 필요한 치유와 연결되는 것이다. 하나님의 빛이 우리의 손에서 그분의 사랑과 자비, 치유의 능력의 정수를 지니고 흘러나온다. 신약성경에 나타난 초대교회 성도들의 모습에서 이것을 확인할 수 있다(막 6:5, 16:18, 눅 4:40, 행 9:17~18, 28:8).

이 강력한 치유의 빛은 육체적 질병뿐만 아니라 그 속에 숨겨진 감정과 영의 상처들을 치유하는 데도 도움이 된다.

여러 해 전 초청을 받아 아이슬란드 레이캬비크에서 사역할 수 있는 특별한 기회를 누렸다. 이 아름다운 나라를 방문한 것은 그때가 처음이었고, 성령님의 능력이 그곳 사람들 가운데 어떻게 운행하실지 기대에 부풀어 있었다. 영광스러운 집회가 진행되는 가운데 기대감이 넘치는 분위기에서 성령님이 나에게 매우 구체적인 지식의 말씀을 주시기 시작했다. 특별한 말씀 하나가 아주 선명하게 임했다. "지금 이 자리에 자해를 해 온 분이 계십니다. 자기 자신에 대한 미움과 증오로 스스로 상처를 내고 있지만, 하나님은 그분이 얼마나 깊이 당신을 사랑하시는지 알려 주고 싶어 하십니다."

내가 이 말을 하자마자 한 소녀가 크게 감동을 받은 모습으로 그 자리에서 일어났다. 그녀가 떨리는 손으로 셔츠의 소매를 걷어내자 가슴 아픈 고통의 흔적들, 그녀의 피부에 깊이 새겨진 자해의 흉터들이 드러났다. 그 순간의 무거운 분위기에 회중은 잠잠해졌다. 그동안 엄청난 정서적 고통을 견뎌왔고, 자신의 트라우마에 무감각해지려는 잘못된 시도로 자해를 하게 된 것이 분명했다. 성령님의 임재가 선명했고, 부드러우면서도 강력한 빛이 그녀의 마음을 괴롭혀 온 어둠을 비추고 있었다.

나는 성령님의 인도하심을 느끼며 조용히 그녀에게 다가가서 기도해 줘도 되는지 물었다. 그녀는 소망과 두려움이 가득한 눈빛으로 고개를 끄덕였다. 나는 그녀에게 손을 얹고 치유와 기적의 빛이 그녀의 전 존재를 감싸도록 명했다. 그러자 기적과도 같은 일이 일어났다. 눈앞에서 그녀의 팔에 있던 상처와 흉터들이 사라지기 시작한 것이다. 마치 하나님의 지우개가 그녀의 고통의 흔적들을 모두 지워버리는 것 같았다. 그녀의 몸에 하나님의 치유의 빛이 선명하게 나타나면서 그 공간에 하나님을 향한 감탄과 경외가 넘쳐흘렀다.

이것은 집회에 참석한 모든 이들에게 강력한 표적이 되었다. 우리 눈으로 육체적 치유를 목격하면서 그녀의 마음과 혼에 보이지 않는 심오한 역사를 일으키고 계심을 알 수 있었다. 그것은 표면적인 상처뿐 아니라 그 소녀의 가장 깊은 곳까지 치유하시는 하나님의 사랑의 능력을 보여주는 초자연적인 순간이었다.

신성한 회복

시편 147편 3절은 하나님이 "상심한 자들을 고치시며 그들의 상처를 싸매시는도다"라고 하면서 우리의 아주 깊은 상처들까지도 해결해 주시는 그분의 긍휼과 따뜻한 보살핌을 강조하고 있다. 성령님의 치유의 빛은 우리의 가장 깊고 어두운 고통 속으로 침투하여 우리의 혼과 육신을 치유한다. 그분의 빛을 우리의 삶에 초청함으로써 상처를 치유하고 손상된 삶을 회복시키시는 하나님의 치유에 마음을 열게 된다. 이러한 치유의 빛은 즉각적으로 고통을 덜어줄 뿐만 아니라 평강과 변화를 가져와 온전함과 새로운 능력으로 나아갈 수 있도록 격려한다.

치유의 빛은 마치 우리의 몸을 휩쓸며 상한 것을 고치고 잃어버린 것을 회복시키는 부드러우면서도 강력한 광선이나 파장과 같다. 이 거룩한 빛은 온전한 치유가 다 이루어질 때까지 우리의 기도와 믿음에 의해 지속적으로 흐르게 된다. 때로는 우리가 누군가에게 잠시 손을 얹기만 해도 신속하게 그 능력이 풀어지며 역사할 때도 있다. 또 우리가 아픈 이에게 손을 얹을 때, 성령님이 우리를 잠시 머물게 하셔서 치유의 빛이 물결처럼 계속 흘러 들어가게 하시는 경우도 있다. 그 능력에 젖어 점진적으로 변화를 일으키는 것이다.

저마다의 상황에 맞는 빛의 흐름을 분별하는 것이 중요하다. 우리는 하나님의 기적적인 능력의 그릇이다. 그분의 은혜와 빛이 치유를 풀어놓는 통로가 되어 의학적 개입만으로는 불가능한 일들을 성취할 수 있게 되는 것이다. 하지만 이런 일은 우리가 그분과 동역할 때만 일어날 수 있다.

성경이 믿는 자들에 대해 "병든 사람에게 손을 얹은즉 나으리라"(막 16:18)고 말씀하신 것은 이 땅에서 우리의 손이 곧 하나님의 손이기 때문이다. 하나님의 손은 치유의 손이며 우리의 손도 마찬가지이다. 성경 말씀은 하나님의 명령에 그분의 손에서 강력한 빛이 폭발적으로 뿜어져 나오는 것을 보여준다.

> 그가 번갯불을 손바닥 안에 넣으시고 그가 번갯불을 명령하사 과녁을 치시도다 (욥 36:32)

예언적으로 나는 내 중심, 즉 가장 깊은 곳에서 밝고 따뜻한 금빛으로 소용돌이치는 성령님의 능력이 느껴진다. 그리고 그 내면 깊은 곳에서 성령님의 능력, 즉 치유의 기름부으심이 내 어깨까지 올라왔다가 팔을 타고 흘러내려 마침내 손바닥을 통해 눈부신 빛줄기로 뿜어져 나오도록 허락한다. 때로는 그것이 마치 내 손을 통해 흐르는 부드러운 열이나 전기처럼 또는 번개가 나가는 것처럼 느껴지는데, 가끔은 그것이 너무나 강력해서 나를 놀라게 할 정도이다!

우리는 하나님의 지시에 따라 치유를 명하고, 그 빛이 목표물을 강타하여 모든 질병과 고통을 떠나가게 하는 번개처럼 우리 손에서 흘러나가기를 기대해야 한다! 믿는 자들의 손은 치유의 빛으로 가득하기에 치유하는 손이다. 아픈 자들에게 손을 얹고 기도할 때에는 성령님이 우리를 통해 역사하실 수 있음을 신뢰하며 믿음으로 하는 것이 중요하다. 이러한 행위로 그분의 치유의 빛이 풀어져 우리의 손을 통해 기도 받는 자에게 흘러 들어가게 된다.

또 다른 빛의 전사들과 합력함

치유를 가져오는 세 번째 방법은 다른 빛의 전사들과 뜻을 같이하여 함께 기도하는 것이다. 다시 말하지만 우리의 손이 이 땅에서 하나님의 손이라면, 우리 안에 거하시는 성령님을 통해 우리의 손에서도 강력하게 폭발하는 빛이 흘러나올 수 있다! 또 영적인 관점에서 자신도 빛을 지니고 있음을 알고 있는 또 다른 빛의 전사들과 함께함으로써 그 밝기와 능력의 수준을 높일 수 있다.

평범한 전구의 기능에 대해 생각해 본 적이 있는가? 이것은 흔한 장치이지만 우리가 살아가는 세상을 심오하게 밝혀 준다. 백열전구의 밝기는 보통 와트 수에 따라 결정되며, 와트가 높을수록 더 밝은 빛을 낸다. 요즘에는 보통 에너지 효율이 더 높은 LED 조명이 사용된다. 하지만 백열전구든 LED든 믿는 자들인 우리에게 주는 강력한 영적 교훈이 담겨 있는데, 그것은 치유 기도나 믿음으로 합심하여 드리는 기도의 능력에 대한 우리의 이해를 변화시킬 수 있다.

성경의 야고보서에는 다음과 같은 놀라운 가르침이 나온다. "너희 중에 병든 자가 있느냐 그는 교회의 장로들을 청할 것이요 그들은 주의 이름으로 기름을 바르며 그를 위하여 기도할지니라"(약 5:14). 언뜻 보기에는 간단한 행위로 보이지만, 여기에는 전구의 와트(전력)나 밝기의 개념과 유사한 깊은 영적 원리가 작동하고 있다.

믿는 자들은 성령님의 기름부음의 분량, 즉 영적인 "와트" 수가 저마다 다르다. 우리가 기도할 때, 각 사람의 믿음의 분량대로 빛을 발하게 된다. 하지만 다른 이들과 마음을 합하여 손을 뻗어 치유를 위해 기도할 때, 놀라운 일이 일어난다. 전구로 가득 찬 방을 상상해 보자. 각각의 전구는 개별적으로 빛을 내지만, 함께 모이면 하나일 때보다 훨씬 밝은 빛을 만들어낸다. 마찬가지로 기름부음 받아 성령 충만한 성도들이 함께 모이면, 각자의 "와트" 또는 밝기가 결합하여 어둠을 몰아내고 치유를 가져오며 하나님의 영광을 놀라운 방식으로 보여주는 영적인 빛을 발산하게 된다.

믿는 자들이 저마다 병든 사람에게 손을 얹음으로써 그들의 "영적 에너지"를 더하는 것이다. 이것은 마치 우리 한 명 한 명의 와트를 합하여 더 밝고 강력한 영적인 빛을 만들어내는 것과 같다. 합심 기도는 단지 각자의 영향력을 더하는 것이 아니라 기하급수적으로 배가시킨다. 이러한 영적 증폭의 초자연적 원리는 성경의 또 다른 구절에 아름답게 묘사되어 있다. "…어찌 하나가 천을 쫓으며 둘이 만을 도망하게 하였으리요"(신 32:30). 여기서 계산에 주목하라. 단순히 하나에서 둘로 두 배가 되는 것이 아니라 10배로 증가했다! 이것은 믿는 자들의 믿음과 목적이 하나 될 때 기적적인 배가가 일어난다는 것을 다시 한번 보여준다.

치유를 위해 손을 얹는 것은 상징적인 행동을 넘어 이러한 초자연적인 원리를 자연스럽게 적용하는 것이다. 나는 더 많은 사람들이 손을 얹을수록 더 큰 영적 능력이 흐른다고 믿는다. 이것은 마치 기름부음의 능력이 더 자유롭고 강력하게 흐르는 영적 회로를 만드는 것과 같다. 이것을 이해하면 우리 사역의 접근 방식을 재고해야 한다는 도전을 받게 된다. 때로는 각자의 기도가 부족하다고, 변화를 일으키기에는 우리의 믿음이 너무 작다고 느껴질 수도 있다. 하지만 연합의 능력을 인식하면, 각 사람의 기도와 믿음의 행위가 더 큰 흐름을 만들어내는 데 기여한다는 사실을 깨닫게 된다. 우리에게는 서로가 필요하다!

이러한 개념은 수술에 사용되는 레이저의 응축된 에너지에 비유할 수 있다. 흩어진 빛을 하나의 강력한 광선에 집중시켜 조직을 정밀하고 강력하게 절개하는 레이저처럼, 믿는 자들이 함께 병든 자에게 손을 얹는 행위는 그들의 믿음과 기름부음을 하나로 통합하여 강력한 치유의 힘에 집중하는 것이다.

나는 이 집중되고 강력한 영적 능력이 더 효과적이고 놀라운 치유를 가져온다는 사실을 발견했다. 강단에서 사역할 때, 많은 경우 성령님은 참석한 이들에게 치유를 풀어놓는 구체적인 지식의 말씀을 주신다. 강단 위에서 그 말씀을 선포하면, 내 목소리를 통해 빛이 풀어진다. 뿐만 아니라 그 집회에 참석한 다른 이들에게 아픈 자 주위에 모여 손을 얹고 치유의 빛을 풀어놓으라고 요청하는데, 이것이 더 큰 기적들을 풀어내는 열쇠가 되는 경우가 많다. 원리는 다음과 같다. 기름부음이 증가될 때, 치유의 빛도 커진다!

빛의 터널

지난 여러 해 동안 치유하는 빛의 사역을 누려 온 또 하나의 방법이 있는데, 자넷과 나는 그것을 "파이어 터널", 혹은 "글로리 터널"이라고 부른다. "빛의 터널"이라고 불러도 괜찮을 것 같다. 원리는 아주 간단하다. 여러 명의 사역자들에게 1미터 정도 거리를 두고 서로 마주보게 함으로써 기도 터널을 만든다. 그리고 사람들을 그 속으로 걸어 들어가게 하여 치유나 다른 영적 축복들을 임파테이션 받도록 하는 것이다. 이 방법은 아주 강력하다.

각각의 사역자들이 빛의 기둥으로 서서 저마다가 가진 기적의 기름부음을 이 치유의 터널에 전가한다. 아픈 자들이 이 터널을 통과할 때, 그들은 그저 물리적인 공간을 통과하는 것이 아니라 깊고 놀라운 영적 체험에 휩싸이게 된다. 이 빛의 터널을 통과하는 것은 예언적인 의미에서 일종의 '빛 테라피'(light therapy)라고 할 수 있다. 이들 사역자들의 믿음의 기도와 기름부음이 합쳐져 신성한 치유의 영적 능력을 강하게 집중적으로 풀어놓는 것이다. 터널을 통과하는 사람은 이 성령님의 빛을 지속적으로 주입받게 되며, 이 빛은 놀라운 치유와 회복을 가져온다.

많은 사람들이 이 빛의 터널을 통과한 후 암이나 불임 문제가 해결되었으며 목, 척추, 엉덩이, 무릎, 소화기 질환 등이 치유되었다고 간증했다. 하나님의 차원에서는 무엇이든 가능하며, 우리는 빛의 전사들로서 빛을 발하며 그 나라, 왕국을 이 땅에 풀어놓도록 부름 받았다!

치유하는 빛에 대한 이러한 이해가 사역의 때나 합심 기도 모임을 바라보는 우리의 시각까지 획기적으로 바꿔놓아야 한다. 다시 말하지만 동참하는 사람들 각각이 또 하나의 목소리 혹은 손을 더하기만 하는 것이 아니다. 더 큰 치유의 빛이 흘러가는 통로가 됨으로써 사실상 성령님의 능력을 증폭시키는 것이다. 이것은 우리가 현장에 있거나 참여하는 것, 성령님께 순종하여 예수님을 믿는 자들이 하게 될 것이라는 "더 큰 일"(요 14:12)에 기꺼이 동참하는 것의 중요성을 상기시켜 준다. 내가 팀 사역을 대단히 좋아하는 이유는 그것이 기름부음의 영향력을 강력하게 증가시키기 때문이다.

먼 거리에서 치유하기

예수님의 사역에서 주목할 만한 것들 중 하나는 멀리에서도 치유하실 수 있었다는 점이다. 그분의 치유의 빛에는 거리 제한이 없었다. 마태복음 8장 5~13절에는 로마의 백부장이 예수님께 다가와 끔찍하게 고통 받고 있는 자신의 종을 고쳐 달라고 요청한다. 백부장은 "다만 말씀으로만 하옵소서 그러면 내 하인이 낫겠사옵나이다"라고 하며 예수님의 권세를 향한 자신의 믿음을 표현했다. 예수님은 이러한 믿음에 놀라시며 말씀, 곧 치유하는 빛으로 응답하셨다. "가라 네 믿은 대로 될지어다"(13절). 바로 그 순간 예수님이 종의 몸에 손을 대거나 그가 있는 곳을 방문하지 않으셨음에도 치유가 일어났다. 이 사건은 예수님의 말씀에 담긴 깊고 놀라운 능력, 곧 물리적 경계를 초월하여 기적적인 치유를 가져오는 능력을 보여준다.

자넷과 나는 매주 온라인으로 진행하는 "영광의 성경공부" 모임 가운데 사역하면서 이 같은 일이 일어나는 것을 여러 번 목격하였다. 우리가 카메라 앞에 앉아 치유를 위해 기도하고 선포하는 동안 하나님의 빛의 능력이 전 세계에 있는 시청자들에게 임하며 치유의 손길을 가져다주었다.

신성한 연결 고리

이처럼 하나님의 영광의 빛이 연결 고리가 되는 것이다. 이 빛 안에서는 끊임없는 치유의 흐름이 먼 곳까지 전달될 수 있다. TV나 전화의 주파수가 전파를 통해 이쪽에서 저쪽 송신탑으로 전달되는 것처럼, 우리도 영광의 차원에서 "치유의 주파수"를 전달함으로써 치유가 필요한 다른 이들과 연결되는 것이다. 이것에 대하여 기도하던 중 성령님은 우리가 빛 안에서 다른 신자들과 합심할 때 물리적 거리와 상관없이 이룰 수 있는 영적 연결에 대해 말씀하는 성경 구절을 상기시켜 주셨다.

> 그가 빛 가운데 계신 것같이 우리도 빛 가운데 행하면 우리가 서로 사귐이 있고 그 아들 예수의 피가 우리를 모든 죄에서 깨끗하게 하실 것이요 (요일 1:7)

하나님의 말씀이 우리 입에 있을 때, 우리는 그분의 뜻을 행하는 강력한 도구가 되어 능력을 넘어서는 상황에 생명과 진리, 치유의 빛을 선포할 수 있게 된다. 하나님은 이사야 55장 11절에서 "내 입에서 나가는 말도 이와 같이 헛되이 내게로 되돌아오지 아니하고 나의 기뻐하는 뜻을 이루며 내가 보낸 일에 형통함이니라"고 선포하심으로 이 개념을 확증해 주셨다. 하나님의 말씀을 마음 깊이 받아들이고 선포함으로써 그분의 약속과 목적들이 열매 맺을 것을 확신하며 그분의 신성한 뜻과 의도를 그대로 되풀이하는 것이다. 성령의 검이자 빛의 검인 하나님의 말씀을 우리의 입에 둘 때, 현실을 변화시키고 이 땅에 하나님의 왕국을 임하게 하는 권세를 행사하게 된다.

성경에 기록된 예수님의 가장 긴 (아마도 가장 위대한) 기도가 요한복음 17장에 기록되어 있다. 이 기도를 간단하게 요약하자면, "이는 우리가 하나가 된 것같이 그들도 하나가 되게 하려 함이니이다"(22절)라고 할 수 있다. 우리는 이 말씀을 연합이라는 관점에서 생각하는 경우가 많다. 그리스도 안에서 형제자매들이 사역과 공동체, 지역, 그리고 국가의 공통적인 선을 위해 함께 행하는 것이다. 그러나 이것을 원격으로, 곧 먼 거리에서 치유하는 관점에서도 생각해 보기를 바란다. 먼저 우리가 (예수 그리스도와의 인격적 관계를 통해) 모든 생명의 근원되신 분과 연결되고 또한 믿는 자들로서 서로 영적으로 연결되어 있다는 것을 인식하면, 공간이나 거리를 초월하여 서로를 섬길 수 있다는 생각이 어째서 합리적이지 않겠는가?

설교를 마치고 강단 사역이나 일대일 사역에서 누군가를 위해 기도할 준비를 할 때면 내 안에서 성령님의 능력이 솟구치는 모습을 상상하는 경우가 많다. 그 순간에 치유하시는 하나님의 능력을 믿는 믿음을 세우기 위해 나는 내면 깊은 곳에서 황금빛으로 빛나는 능력이 넘쳐흘러 어깨와 팔을 타고 내려와 손바닥에서 임파테이션의 능력으로 나타나는 모습을 영으로 상상하고 붙잡는 법을 배웠다. 당신 안에도 이 거룩한 빛이 성령님의 능력으로 흐르고 있다. 이 빛에는 세상을 변화시키고 치유를 풀어놓는 능력이 있다. 영으로 이 거룩한 빛을 보면 찬란한 황금빛으로 보이지만, 전 세계 사람들에게 가르치면서 이것이 밝은 흰색 빛이나 자줏빛을 띤 푸른 빛, 혹은 타오르는 불로 보이는 이들도 있다는 사실을 알게 되었다. 중요한 것은 이 능력을 상상하고 마음속에 저장해 두는 것이다. 나는 당신이 이것을 보고 느끼기를 바란다.

물론 우리는 느낌에 따라 행하는 것이 아니다. 우리는 믿음의 사람이다. 하지만 하나님이 물리적으로 자신을 드러내신다는 것을 신뢰함으로써 우리의 믿음을 확장시키실 때도 있다. 지금이 바로 그때다. 우리를 통해 빛이 흘러가고 나오는 것이 감지되는 방식으로 성령님이 우리에게 자신을 드러내신다는 사실을 신뢰하기 바란다. 이것은 억지로 만들어낼 수 있는 것이 아니기에 성령님이 우리에게 그것을 나타내실 것을 신뢰해야 한다. 하지만 무엇이 느껴지든 혹은 그렇지 않든 그분의 능력이 우리를 통해 역사하실 것이라는 믿음을 가질 수 있다.

먼 거리에서 치유의 빛을 풀어놓는 법

멀리에서 치유의 빛을 풀어놓을 준비가 되려면, 인식할 수 있는 대상, 목표가 있는 것이 중요하다. 우리가 정확히 무엇을 위해 기도하고 빛을 풀어놓는지 알지도 못하면서 시간을 허비하고 싶지는 않을 것이다. 그것은 무의미한 일이다. 따라서 다음의 간단한 단계들을 따르며 영적으로 훈련해 보라.

1. 이러한 치유의 빛으로 사역할 사람(과 그들의 상황)을 두고 기도하며 성령님의 뜻을 구하라.
2. 자신과 주변 환경을 빛으로 채울 수 있는 영적 분위기를 조성하는 시간을 가지라. 하나님의 평강과 그분의 사랑의 임재가 감지될 때 이것이 이루어졌음을 알게 될 것이다.
3. 눈을 감고 믿음으로 (마음과 영으로) 치유의 빛이 내면 깊은 곳에서 흘러

넘쳐 온몸, 특히 어깨와 팔을 타고 내려와 손바닥에서 흘러나오는 모습을 상상하기 시작하라.

4. 손바닥을 사역하는 대상을 향해 내밀며 빛을 풀어놓으라. 원거리에서 빛을 풀어놓을 것이기에 환상 가운데 그 사람이 보일 수도 보이지 않을 수도 있다. 또한 당신의 손에서 그 사람을 향해 치유의 빛이 흘러가는 것이 느껴질 수도 있다. 빛을 흘려보내되 서두르지 마라.

5. 이 책에 있는 선포문이나 개인적으로 성령님께 받은 내용을 선포하며 빛을 풀어놓을 수도 있다.

6. 사역이 끝났다고 생각되면 주님께 감사의 기도를 올려 드리라.

7. 마지막 단계는 (기도의 성격이나 그 사람과의 관계에 따라 신중하게) 당신이 사역한 대상에게 연락하여 그들이 이렇게 멀리서 치유하는 시간에 무엇을 느끼고, 보고, 경험했는지, 또는 어떠한 기적을 받았는지 물어보는 것이다. 처음의 반응이 영적이거나 감정적이라 해도 놀라지 말라. 많은 경우, 성령님은 온전한 육체의 치유를 부어주시기 전에 이러한 영적, 감정적 장애물들을 제거하실 필요가 있다.

어느 날, 자넷과 내가 캘리포니아 팜스프링스의 집에 있을 때, 캐나다에 있는 조(Joe)와 벨라 가르시아(Bella Garcia) 목사 부부의 연락을 받았다. 그들의 아들인 조엘의 몸이 좋지 않아서 병원에 갔다가 심낭염(심장 주변의 얇고 주머니 같은 조직이 붓고 염증이 생김) 진단을 받고 곧바로 응급실로 달려갔다는 것이었다. 치료하지 않고 방치하면 목숨이 위험할 정도로 상태가 위중했다. 의사는 조엘에게 혈액 검사와 심전도,

엑스레이, 그리고 초음파 검사를 받도록 했다.

이 메시지를 받고, 우리는 곧바로 기도하면서 조엘의 심장에 하나님의 치유의 빛을 비추기 시작했다. 기도하는 가운데 "치유가 임하네"라는 임재 음악을 보내주라는 감동을 받았다. 조엘은 그것을 받자마자 헤드폰을 끼고 눈을 감은 다음, 소리를 통해 전달되는 가사와 음악에 집중했다. 그는 그 곡을 듣기 시작하면서 곧바로 환상에 빠졌다.

환상 속에서 처음에는 모든 것이 완전히 어두웠다고 한다. 그러다가 갑자기 눈앞에 어떤 문이 열리더니 어둠 속으로 빛이 임하는 모습이 보였다. 그는 문이 있는 곳으로 걸어가서 안으로 들어갔다. 그러자 빛이 너무나도 밝아서 그를 완전히 소멸시켜 버렸다. 바로 그 순간 모든 고통이 순식간에 사라지고, 이전보다 훨씬 나아진 느낌을 받았다.

조엘은 한 번 더 병원에서 검사를 받았는데, 심낭염의 흔적은 보이지도 않았고 모든 것이 깨끗해져 있었다. 그는 환상 가운데 본 하나님의 영광의 빛 속에서 치유 받은 것이다. 우리가 하나님의 임재의 빛, 곧 치유의 빛에 잠기도록 허락해 드릴 때, 강력한 일들이 일어나기 시작한다.

하나님의 빛으로 임하는 온전함

이 장의 제목은 "치유의 빛 풀어놓기"이지만, 치유의 빛은 육체와 감정의 치유뿐만 아니라 우리의 전반적인 복지와 안녕, 그리고 영,

혼, 육의 온전함을 이루도록 돕는 소위 "예방적 건강 관리"에도 적용된다. 이것과 관련하여 자넷과 내가 발견한 한 가지 영역을 나누고 싶다. 자연광에 노출되면 우리 몸 내부의 시계인 생체 리듬을 조절하는 데 도움이 된다. 생체 리듬이 적절하게 조절되면, 더 깊은 휴식을 취할 수 있게 되고, 에너지 수준이 올라가며, 전반적인 복지와 안녕을 증진시킨다. 마찬가지로 하나님의 임재의 빛도 육신의 생체 리듬과 일치하는 안정된 영적 리듬을 형성하도록 돕는다. 이러한 조화는 우리 삶의 전반적인 균형으로 이어질 수 있다. 물리적인 빛이 우리의 수면-각성 주기에 영향을 미치는 것처럼, 영적 빛은 우리의 속사람이 하나님의 질서와 일치되도록 돕는다. 하나님의 말씀과 그분의 임재의 빛에 노출되는 것은 우리의 정서적, 영적 건강에 지대한 영향을 끼친다.

생체 리듬은 빛에 대한 노출 부족, 수면 부족, 시차 적응 장애 등 다양한 요인의 영향을 받을 수 있다. 우리 부부는 특히 해외 사역을 많이 다니다 보니 시차 적응 문제를 겪을 수밖에 없었고, 이것을 극복해 가는 과정에서 강력한 방법을 발견하게 되었는데, 바로 우리의 몸에 빛을 선포하고 "명령"하여 여러 시간대를 넘나들며 생기는 신체적 혼란을 다스리는 것이었다. 믿는 자로서 우리는 영과 육을 일치시키는 것의 중요성을 이해하고 있으며, 이러한 훈련은 이 두 영역을 조화롭게 연결한다. 우리의 생리적 기능과 행동의 다양한 측면들을 주관하는 일곱 가지 "몸의 시계"(생체 리듬)에 빛을 선포할 수 있다.

- 수면
- 신체 활동
- 식사
- 호르몬 분비
- 체온
- 소화
- 면역 체계

뇌의 주 시계인 시상하부와 장기, 조직 및 세포 등에 위치한 여러 시계가 이들 일곱 가지 신체 시계를 제어한다(다음 페이지의 그림 참고). 우리는 이러한 영역에 빛을 선포함으로써 시차 적응 문제의 근본 원인인 생체 리듬의 불균형을 실제적인 방법으로 해결한다. 사람들이 심각한 시차 적응 문제를 경험하는 이유는 우리 안의 다양한 신체 시계들이 동기화되지 않았기 때문인 경우가 많다. 하지만 빛을 선포하는 능력으로 이러한 시계들을 균형 있게 유지함으로써 여행에 따르는 부정적 영향을 최소화할 수 있다.

비행기를 타고 시간대를 넘나들며 여행할 때 가장 먼저 취해야 할 중요한 단계 중 하나는 새로운 시간대에 바로 적응하는 것이다. 시계를 목적지의 시간으로 설정해 놓고, 착륙하는 순간부터 그 시간대에 맞춰 생활하기로 마음먹는 것이 중요하다. 출발지, 곧 본래의 시간대를 보지 않음으로써 새로운 환경에 심리적, 육체적으로 적응하도록 돕는 것이다. 초기에 이렇게 맞춰 두면 우리가 효과적으로 영적 활동을 할 수 있는 분위기가 형성된다. (동일한 원리를 일상생활에도 적용하여 일관된 스케줄과 규칙적인 수면 습관을 유지하는 데에 적용할 수 있다.)

　더불어 자넷과 나는 성령님과 협력하여 그분의 빛이 우리 몸의 시계에 스며들도록 한다. 우리 내부의 시스템이 서로 다른 시간표로 작동하면, 전체 시스템이 조화를 이루지 않게 되어 피로 같은 불편함을 유발한다. 바로 이 시계들에 빛과 생명을 선포함으로써 그들을 완벽하게 일치시키는 것이다. 각각이 다른 시계들은 물론 새로운 시간대와도 계속해서 조화를 이루면서 우리 몸의 전체적인 안녕을 보장한다고 선포한다. 이렇게 하여 신체 건강을 증진시킬 뿐만 아니라 우리의 온전한 안녕을 위해 신성한 인도하심에 대한 영적 연결과 의존을 강화한다. 여러 시간대를 여행할 예정이거나 내적 리듬이 깨졌다고 느껴지는 경우, 하나님의 빛으로 일곱 가지 신체 시계들을 조화롭게 맞춰 달라고 기도하라.

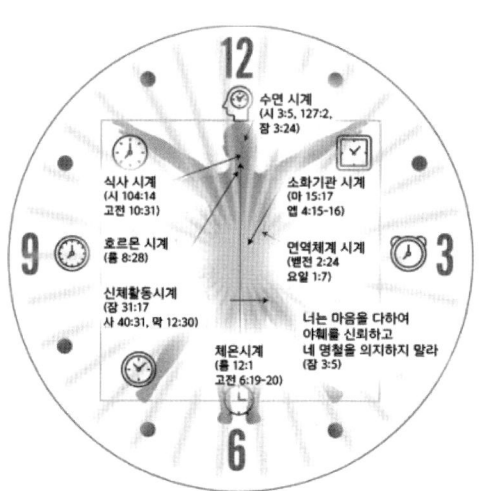

치유의 빛은 우리의 영, 혼, 육 모두를 위한 것으로 우리가 온전하고 활력 있게 살아갈 수 있게 해준다.

사랑하는 자여 네 영혼이 잘됨같이 네가 범사에 잘되고 강건하기를 내가 간구하노라 (요삼 1:2)

6장
천사를 활성화하여 마귀를 무장 해제시키기

모든 천사들은 섬기는 영으로서 구원 받을 상속자들을 위하여 섬기라고 보내심이 아니냐 _히 1:14

믿는 자들에게는 이런 표적이 따르리니 곧 그들이 내 이름으로 귀신을 쫓아내며… _막 16:17

◆

6장

2009년 봄, 자넷과 나는 홍콩으로 갔다. 롭(Rob)과 글렌다 루퍼스(Glenda Rufus) 목사 부부와 함께 은혜와 영광 컨퍼런스에서 사역하도록 초청받았기 때문이다. 우리는 그곳에서 영적인 갈급함으로 전 세계에서 모인 수백 명의 믿는 자들과 함께했다. 그곳에 초청을 받아 너무나도 기뻤고, 영광의 차원에 대해 가르칠 수 있다는 생각에 매우 흥분되었다.

비행기가 란타우 섬에 착륙할 준비를 하는 동안 창밖으로 우거진 푸른 숲과 그 지역을 둘러싼 바다를 내다보았다. 하나님이 홍콩을 기뻐하신다는 것과 그곳 사람들에게 복 주시기 원한다는 것을 느낄 수 있었다. 마음 깊은 곳에서 그분이 만왕의 왕으로서 이 지역을 다스리고 계신다는 것과 그분이 운행하시도록 허락해 드린다면 그분의 뜻이 이루어질 것이라는 사실을 알았다.

집회 첫 번째 시간에 말씀을 전하기 위해 서 있는데 홍콩에 착륙하는 동안 내 마음에 계시된 것을 나누고 싶다는 감동을 받았다. 집회 참석자들에게 성령님이 아시아를 다스리는 영의 이름을 알려 주셨다고 말하자, 많은 사람들의 얼굴에 호기심이 어렸다. 그들은 이 깊은 계시를 받을 준비가 되어 있었다. 그들 중에는 과거에 붉은 용이 그 땅을 다스렸고 리워야단과 같은 뱀이 바다를 다스렸다는 말을 전해 들은 이들도 있었다. 그래서 많은 신실한 중보자들이 이 보이지 않는 세력의 권세를 저주하며 그들과 치열하게 맞서 싸워 왔다.

모두에게 노트와 펜을 꺼내어 비행기에서 내게 임한 깊고 심오한 계시를 적을 준비를 해달라고 부탁했다. 그 공간에 있던 거의 모든 사람들이 숨죽여 내가 발표할 내용을 들을 준비를 했다. 이에 나는 홍콩과 아시아 전체를 다스리는 영은 다름 아닌 성령님이라고 말했다.

이러한 개념은 집회에 참석한 많은 이들에게 놀라움을 안겨주었다. 내가 이것을 선포하자 흥분과 기쁨의 함성이 저절로 터져 나왔다. 찬양과 기쁨이 그 공간을 가득 채웠다. 진리가 계시되면서 그 빛이 곧바로 그곳을 지배한다고 주장하던 원수의 속임수를 폭로해버렸기 때문이다. 하나님이 만유의 통치자라는 진리는 이 땅의 모든 나라들에도 동일하게 적용할 수 있다. 우리는 하늘에 있는 천사들과 함께 합심하여 다음과 같이 선포할 수 있다.

내가 또 들으니 하늘 위에와 땅 위에와 땅 아래와 바다 위에와 또 그 가운데 모든 피조물이 이르되 보좌에 앉으신 이와 어린양에게 찬송과 존 귀와 영광과 권능을 세세토록 돌릴지어다 하니 (계 5:13)

하나님이 통치자이시고 그리스도께서 죽음과 부활을 통해 완전한 승리를 거두셨음을 알아야만 영적 전쟁과 우리의 참전, 그리고 그러한 전투 가운데 천사들의 역할과 악한 영들의 한계를 진정으로 이해할 수 있다.

빛의 천사는 선한 존재인가 악한 존재인가?

천사와 악한 영들이라는 주제, 특히 빛에 대한 책을 쓰며 가장 먼저 떠오르는 성경 구절 중 하나는 고린도후서 11장 14절 말씀이다.

…사탄도 자신을 빛의 천사로 가장하기 때문입니다 (우리말)

이 책을 읽는 많은 사람들이 이 구절을 어떻게 이해해야 할지 궁금하게 여길 것이다. 모든 '빛의 천사'가 가장한 사탄일 가능성이 있다는 말일까? 그 의미는 무엇이고 오늘의 우리에게 경고하는 바는 무엇일까? 사도 바울은 고린도 교회에 이 편지를 쓰면서 거짓 선생에 대하여 언급하고 있다. 그는 초기 성도들에게 외적인 이미지와 타고난 모습에 따라 판단하는 것의 어리석음에 대해 말하고 있는 것이다.

이 구절의 강조점은 가짜 빛의 천사들로부터 우리 자신을 지키고 보호하는 것의 중요성이다. 우리는 이것을 위해 하나님이 주신 영분별의 은사를 사용할 수 있다(고전 12:10).

바울은 이러한 배경 가운데 빛의 천사로 가장한 사탄의 문제를 다루었다. 성경은 우리에게 영들을 시험하라고 지혜롭게 경고한다(요일 4:1~3). 일부 믿는 자들은 악한 영이 천사로 위장하여 나타날 수 있다는 가능성을 지나치게 염려한 나머지, 나쁜 의도는 아니지만 오늘날 천사들의 사역을 완전히 배척하고 있다. 이것은 비극적인 일이다. 그들이 천사들의 사역을 부정하는 것은 두려움의 영에서 비롯된 것이며(이것은 결국 원수가 속이는 의도와 일치한다) 성경의 가르침과도 정면으로 배치되기 때문이다. 하나님의 말씀은 천사들이 오늘날에도 매우 활발하게 활동하고 있어서 우리가 부지중에 그들 중 한 명을 대접할 수도 있다고 가르친다(히 13:2).

영의 세계에서 활동하거나 천사들과 동역하는 것을 두려워할 필요는 없다. 우리는 예수님의 보혈이 우리를 지키고 보호하시며, 그분의 말씀이 우리를 인도하시고, 그분의 빛이 우리의 눈을 열어 명확하게 볼 수 있게 하신다는 사실을 확신하며 이 세계에 들어갈 수 있다. 물론 하나님의 자녀들에게는 그 어느 때보다 예리한 분별력이 필요하다. 우리는 이미 원수가 이 시대의 문화를 사로잡기 위해 얼마나 교묘하게 덫을 놓았는지 볼 수 있다. 겉으로는 도덕적이고 빛으로 가득한 것처럼 보이지만, 그 본질은 어둡고 자기중심적인 속임수에 불과하다. 영분별의 은사는 빛의 전사인 우리가 원수의 일에 동조하지 않도록 보호해 줄 수 있다. 하나님이 보내신 빛의 천사들은 지금도 활동하고 있으며 우리를 도울 준비가 되어 있다. 그들을 맞이하라!

팜스프링스의 햇살 가득한 어느 날 오후, 사역 여행 도중에 하루 동안의 짧은 휴식을 위해 집에 머물러 있었다. 사막의 열기가 집 안에 가득하여 딸 레거시와 함께 상쾌하게 수영을 하기에 완벽한 시간이었다. 우리는 최근 가족이 겪고 있는 몇 가지 삶의 전환들에 대해 이야기하며 그 모든 변화에 하나님의 도우심을 구하고 있었다. 레거시는 우리가 다른 도시로 이사하게 되면서 친구들과 익숙한 환경을 떠나야 한다는 사실에 서운해 하고 있었다. 나는 수영장에서 레거시와 시간을 보내면서 더 많은 대화를 나누고 운동도 할 수 있을 거라 생각했다. 레거시도 나와 함께 시간을 보내는 것에 기뻐했다.

레거시가 먼저 문밖으로 달려 나가 계단을 내려가더니 갑자기 큰 소리로 외쳤다. "집 밖에 천사가 있어요! 방금 천사를 봤어요." 이 일은 예고도 없이 순식간에 일어났다. 레거시가 계단을 뛰어 올라오자마자, 나는 방금 본 장면을 설명해 달라고 하면서 휴대폰으로 녹음을 시작했다. 레거시는 천사가 계단 아래에 서 있었고 보통 사람의 키로 보였다면서 그 짧고도 강렬한 만남을 묘사했다. 그 천사는 빛나는 길고도 흰옷을 입고 있었으며, 투명하게 빛을 발하는데 어깨까지 내려오는 머리카락도 반짝였다.

레거시는 내가 오는지 보려고 재빨리 집 쪽으로 고개를 돌렸다가 다시 천사 쪽을 보았지만, 그는 이미 사라지고 없었다. 레거시가 나에게 소리치던 바로 그 순간에 사라진 것이다. 수영장 쪽으로 계속 걸어

내려가는데 레거시가 나를 바라보며 말했다. "아빠, 하나님이 방금 우리가 나눈 기도들에 응답하고 계신다는 사실을 알려주시려고 그 천사를 보내신 것 같아요." 그 순간은 너무나도 소중하고 강력했다. 빛의 천사가 우리에게 위로와 격려의 메시지를 전하고 있었던 것이다.

빛의 천사를 분별하는 방법

빛의 천사들과 교류할 때에는 영적 차원에서 활동하는 것에 대한 성경적 관점에서 시작하는 것이 특히 중요하다. 《능력의 문》에 언급했듯이, 거짓된 영적 가르침을 따르는 사람들은 예수님과 무관한 자기만의 노력이나 신비 사술 같은 수단을 통해 초자연적 차원으로 들어가려고 한다. 이런 행위는 영적으로 불법이며 언제나 비극을 초래한다. 예수님은 초자연적인 차원으로 들어가는 길은 오직 한 가지, 하나님의 영광의 문을 통해야 한다고 말씀하셨다. 따라서 영들을 시험할 때, 우리의 마음과 동기, 그리고 방법들도 살펴보아야 한다.

영의 차원에서 분별하는 법을 배우면서 "3-R 테스트"라는 것을 개발했는데, 다음과 같은 질문이 핵심이다. (1) 어떠한 계시(Revelation)인가? (2) 무엇이 감지(Recognized)되는가? (3) 그 결과(Results)는 무엇인가? 이것은 어떤 천사와의 만남이 참인지 거짓인지 분별하는 성경적으로 안전한 방법이다. 영의 차원을 탐색할 때 이 단순하면서도 심오한 지침을 활용해 볼 것을 권한다.

1. 어떠한 계시인가?

어떤 체험이 하나님의 말씀의 계시와 모순된다면, 그것을 피하라. 하나님은 결코 그분의 말씀을 거스르지 않으신다. 거룩한 빛의 천사들이 전하는 것은 모두 하나님의 말씀과 완벽하게 일치하고 그것을 따른다. 우리의 모든 영적 체험은 성경에 근거해야 한다(사 55:11, 마 24:35, 요 17:17). 이것은 우리가 천사와 새롭고도 놀라운 만남들을 가질 수 있지만, 그들은 언제나 성경 말씀과 일치하는 메시지를 전하는 하나님의 사자들이라는 말이다.

2. 무엇이 감지되는가?

이제 스스로에게 다음을 질문해 보라. "이 영적 만남 가운데 무엇이 감지되는가?" 당신의 시선이 천사에게로 향하는가? 아니면 그 천사가 당신의 관심과 시선을 예수님이나 당신의 삶을 향한 그분의 계획으로 향하게 하는가? 진정한 영적 체험들을 통해 오직 예수 그리스도만 영광 받으셔야 한다(고후 1:3). 참된 빛의 천사들은 하나님의 임재의 영광을 비추면서 그분께 영광을 돌린다. 그들은 하나님의 빛을 운반하는 자들이다. 그들은 자기의 영광이 아니라 하나님의 영광을 발산한다. 하늘의 천사들을 볼 때면, 나는 예수님을 경배하며 그분의 발앞에 엎드리게 된다. 그 만남으로 인해 예수 그리스도를 만물의 주님으로 높이게 된다면, 그것을 주목하라. 하지만 그것이 하나님이신 예수 그리스도를 낮추고 당신이나 그 천사를 높인다면, 멀리하라(요 1:1, 롬 16:27).

3. 그 결과는 무엇인가?

천사와 교류한 결과, 곧 열매는 무엇인가? 성경은 좋은 나무가 좋은 열매를 맺는다고 분명히 말씀한다. 이러한 비유는 우리 삶에서 영적으로 자라난 모든 것에 적용된다. 천사와의 만남을 경험한 "열매"는 그것이 어떤 "나무"에서 왔는지를 드러낸다(마 7:17~20, 12:33). 참된 빛의 천사들은 자기 생각을 말하지 않기에 좋은 열매를 맺는다. 다시 말해 그들은 하나님의 말씀을 그분의 백성에게 전하는 하늘의 사자들이다. 그 결과 갈라디아서 5장 22~23절에 기록된 성령님의 선한 열매들을 맺게 된다.

이들 섬기는 영들과 연결될 수 있도록 지식과 깨달음이 더해지도록 기도하자. 빛의 전사들인 우리는 하늘의 천군 천사들을 맞아들여 주변에 배치하고 우리보다 앞서 나아가 어둠의 영역과 맞서 싸우게 할 수 있다. 우리는 다음과 같이 기도할 수 있다.

[Pray]

하나님 아버지, 집과 사업장, 그리고 제가 가는 모든 곳에 강력한 천사들을 배치해 주신 것에 감사드립니다. 보호하고 구원하며 위로하는 강력한 천사들로 저의 삶을 둘러싸 주심에 감사드립니다. 영의 눈을 열어 제 삶 속에서 임무를 수행하고 있는 주님의 천군 천사들을 분별할 수 있게 해주세요. 그들이 마치 보초를 서듯 제 삶 주위에 진을 치고 있음을 믿습니다. 저는 주님의 치유와 풍성한 공급의 천사들이 결핍과 절망이 있던 제 삶의 모든 영역에 더 큰 추수를 가져오기 위해 치열한 전투에 적극적으로 임하고 있음을 선포합니다. 저의 관계를 강화하고 보호하기 위해 사랑의 천사들을 파송하여 주신 주님의 전략을 신뢰합니다. 제 삶에서 특별한 임무들을 맡은 천사들을 제가 더 잘 인식할 수 있게 해 주세요. 주님, 천사들의 변함없는 지원에 감사드립니다. 또한 교회와 도시, 국가를 지키는 주님의 수호천사들로 저를 둘러싸 주시니 감사합니다.

시편 119편 11절 말씀처럼 마음속에 주님의 말씀을 굳게 간직하면서 주님의 명령에 천사들이 반응하고 역사할 것을 믿고 주님의 진리를 담대히 선포합니다. 영원히 주님을 찬양하며 모든 영광을 돌리겠습니다. 제 삶에서 영원히 예수님이 영광 받으시길 기도합니다. 아멘!

초자연적인 빛의 존재

지금 전 세계 곳곳에서 사람들이 빛의 천사들을 만나고 있다. 몇 년 전 핀란드 큐루루에서 열린 집회 가운데 사역하며 천사를 만난 간증 몇 가지를 나누었다. 주최 측 중 최근 헬싱키의 오래된 목조 성당 중 한 곳에서 찍힌 특이한 사진을 보았다는 사람이 천사라는 주제에 강한 흥미를 보였다. 그는 그 사진에 깊은 감명을 받은 것이 분명했고, 내가 그것에 대해 어떻게 생각하는지 알고 싶어 했다.

그는 자신의 휴대폰을 꺼내 그 사진을 보여주었다. 사진 속에는 강대상 주위로 6~7개의 흰색 빛 기둥들이 모여 반짝이는 모습이 선명하게 담겨 있었다. 그 기둥의 크기는 약 2미터였고 사람의 모습을 닮았으며 빛나는 긴 옷을 입고 있었다. 분명 초자연적인 형상이었다. 그 형상들 뒤편 중앙에는 아름다운 예수 그리스도의 그림이 걸려 있었다. 그 장면이 너무나도 거룩해서 요한계시록 말씀을 연상시켰다. "내가 보매 하나님 앞에 일곱 천사가 서 있어"(계 8:2).

그 사진은 나를 크게 사로잡았고 다른 이들도 경외감을 가지고 그것을 보는 것 같았다. 사람들이 하나님의 영광의 빛에 눈을 뜨게 되면서 이와 같은 일들이 점점 더 많아지고 있는 듯하다. 우리가 빛의 전사들로서 천사의 세계에 접근할 수 있다는 사실을 깨닫도록 성령님이 이런 일들을 보게 하시는 걸까?

하나님의 천사들은 그분의 광채로 가득한 빛의 존재들이다. 또한 그분의 진리와 존귀, 그리고 영광을 지니고 있는 빛의 운반자들이다. 천사들은 제멋대로 움직이지 않는다. 오히려 하나님의 음성, 곧 그분의 지시와 명령을 참을성 있게 기다린다(시 103:20). 우리는 빛의 전사들이며 하나님의 음성을 운반하는 자로서 하늘의 지시에 따라 천사들에게 명령하여 신성한 사명을 수행하게 할 수 있는 권한을 부여받았다. 놀랍게도 그들은 사명을 받으면 빛의 속도로 움직인다! 빛의 속도가 얼마나 빠른지 아는가? 나사(NASA)의 과학자들에 따르면 "빛은 초당 약 30만 킬로미터의 일정하고 고정된 속도로 이동한다." 즉 빛의 속도로 움직이는 천사들은 "1초에 적도를 약 7.5바퀴 돌 수 있다"¹⁾는 말이다. 정말 대단하지 않은가! 천사들은 우리 기도의 응답을 아주 신속하게 전달할 수 있으며, 이것은 우리가 하나님의 빛 안에서 행할 때 누릴 수 있는 혜택 중 하나이다.

보호를 가져오도록 돕는 천사

천사는 우리를 위험에서 지키고 보호하도록 돕는다. 앨라배마 버밍햄에 살던 시절 어느 겨울날 아들인 링컨의 생일을 축하해 주려고 (3시간 거리에 있는) 테네시 내쉬빌에서 만나기로 했다. 링컨은 저녁식사를 하기 전에 테네시 타이탄스팀의 미식축구 경기를 관람하려고 친구인 조나단과 함께 먼저 차를 타고 내쉬빌로 갔다. 그날 저녁에 모여 즐거운 시간을 보낸 뒤 자넷과 나는 내쉬빌의 한 호텔에서 하룻밤을 묵을 계획이었지만, 링컨은 다음 날 아침 일찍 비행기를 타야 하는 조나단을 버밍햄으로 데려다 주어야 했다. 그렇게 우리는 헤어졌고, 그들은 차를 타고 떠났다.

I-65 고속도로를 타고 남쪽으로 향하는데 눈이 상당히 많이 내리고 있었다. 시간이 지날수록 더 많은 눈이 내리는 것 같았다. 앨라배마주 경계에 가까워졌을 무렵에는 도로의 가시거리가 극도로 나빠져 있었다. 도로 위를 달리던 몇 대의 차량은 비상등을 켜고 있었다. 갑자기 링컨의 차가 살얼음판을 밟으면서 빙글빙글 돌기 시작했다! 그의 차는 중앙 분리대를 들이받을 것 같았지만, 반대편 차선으로 날아가버렸고, 결국 도랑에 처박힐 듯했다. 절망적인 순간에 링컨

의 마음속에서 하나님을 향한 기도가 터져 나오더니 차가 순식간에 정확히 출구 차선 앞에 멈춰 섰다. 설명이 안 되는 불가능한 일이었다! 링컨은 나에게 전화를 걸어 말했다. "아빠, 이건 오직 하나님만이 하실 수 있는 일이에요! 천사들이 우리를 지켜줬어요! 아주 끔찍한 사고가 날 뻔했어요. 차가 완전히 망가질 수도 있었는데 하나님이 우리를 구해주셨어요."

나는 하나님이 천사들을 보내어 우리 아들을 지키고 보살펴 주셨다고 믿는다. 그분은 우리에게도 사랑하는 이들을 지키고 보살펴 주는 천사들을 두신다. 우리는 이것을 배워서 자녀를 포함한 가족 구성원들에게 하나님이 우리의 삶에 배정하신 천사들과 어떻게 교류하고 교제해야 하는지 가르쳐야 한다. 우리 아들 링컨은 이러한 원칙을 배우면서 자랐다. 그래서 이러한 초자연적인 영역에 의지하여 필요할 때 하나님의 천사들을 호출하는 법을 안다.

최근 일본에서 사역팀을 이끌면서 잊을 수 없는 경험을 했다. 그것은 신성한 개입의 능력을 실감나게 보여주었다. 우리는 오사카로 여행을 갔다가 기도 순례 차 오사카성을 방문하여 성 주변 문에 기름을 부으며 성령님이 그 나라에 주신 예언의 말씀을 선포하기로 했다. 하지만 예상치 못한 긴급 상황이 발생하면서(그 일은 그날 저녁에야 해결되었다) 일행이 숨 막히는 경치를 보기 위해 성 정상에 올라가는 동안 나는 그들을 떠나 있어야 했다. 그날 일본을 여러 번 방문하기는 했지만 오사카는 처음이었던 아내에게 인솔을 맡겼다.

그들의 다음 목적지는 그 도시에서 번화하고 경치가 좋은 도톤보리 지역이었지만, 자넷은 지하철을 타고 그곳에 가는 법을 알지 못했다. 그녀는 담대하게 길을 따라 대로 쪽으로 걸어 내려와서 지나가는 행인에게 길을 물어보기로 했다. 다행히도 영어를 말할 뿐만 아니라 매우 친절하고 도움이 되는 사람을 만났다. 이 사람은 단순히 길을 알려주는 데 그치지 않고 친절하게도 모든 일행이 무사히 지하철역에 도착할 수 있도록 약 2.5km를 동행해 주었다. 그가 보여준 친절과 인내는 정말 특별한 것이었다. 그는 그들을 돕기 위해 최선을 다했다.

그날 저녁 호텔로 돌아온 팀원들이 나에게 이 이야기를 들려주었다. 그들 중 한 명이 흥미로운 질문을 던졌다. "혹시 그 사람은 천사였을까요?" 단정적으로 말할 수는 없었지만, 그들의 이야기를 곰곰이 생각해 보니 그럴 수도 있겠다 싶었다. 성경에 따르면, 평범한 사람의 모습을 한 천사들이 하나님의 사명을 받고 파송되어 어려움에 처한 이들을 돕는다. 이러한 경험은 빛의 천사들이 우리와 똑같은 모습으로 나타날 수 있으며, 종종 우리가 예상치 못한 방식으로 우리의 여정을 안내하고 위로할 수 있다는 사실을 상기시켜 준다. 그들은 우리가 직면하는 상황이 어떠하든지 그것에 빛을 비추어 줌으로써 앞으로 나아갈 수 있도록 돕는다.

풍요를 가져오도록 돕는 천사

몇 년 전 링컨은 오클라호마 털사에 있는 오랄 로버츠 대학교에서 공부하기 위해 집을 떠났다. 그런데 어느 날 돈이 좀 필요하다고 연락이 왔다. 얼마가 필요한지 물었더니 1만 달러라고 대답했다. 나는 이렇게 말했다. "좋아, 문제없어. 내가 케네스 E. 해긴 목사님으로부터 배운 것을 너에게 가르쳐 줄게. 이 방법은 정말 역사한단다. 정말로 그 돈이 필요하다면, 하나님이 분명 마련해 놓으셨을 거야. 하지만 네가 천사들에게 그 일을 맡겨야 해. 그들에게 그 일을 하라고 지시해야 해." 그리고 링컨에게 나를 따라 하라고 하면서 다음의 선포문을 가르쳐 주었다.

> 예수님의 이름으로 1만 달러를 요구한다. 사탄아, 내 돈에서 손을 떼라. 섬기는 영들아, 가서 그 돈을 가지고 내게 올지어다.

링컨은 이것을 큰 소리로 선포했고, 마음으로 믿었다. 그 후 몇 주 동안 그와 몇 차례 대화를 나누면서 "돈 받았니?"라고 물었다. 그때마다 그는 "아직이요"라고 대답했다. 나는 그에게 천사들에게 계속해서 그 일을 지시하라고 말하면서 격려해 주었다. 천사들은 종종 전혀 예상치 못한 방식으로 응답하는 경우가 있는데, 내 아들에게 바로 그런 일이 일어났다. 두 달 만에 초자연적인 방식으로 그 돈이 왔고, 아들은 하나님의 신실하심에 기뻐했다. 나도 마찬가지였다! 자녀가 계시의 빛 가운데 걷는 모습을 보는 것은 정말 멋진 일이다. 나는 링컨이 가는 곳마다 천사들이 함께한다는 것과 그들을 잘 분별하고 그들의 도움을 활용하는 법을 알고 있다는 사실에 안심이 된다.

천사들의 존재에 민감해지기

우리는 빛의 전사들로서 삶 가운데 천사들의 존재에 민감해지는 법을 배워야 한다. 영적인 빛으로 충만한 하나님의 거룩한 천사들을 분별하고 알아보려면 영적으로 깨어 있어야 한다. 앨라배마 아이론데일에 사는 남침례교단 신자인 마샤는 자신의 집 거실에서 번쩍이는 섬광을 보곤 했다는 이야기를 나에게 들려주었다. 당시 그녀는 천사가 존재한다는 사실을 믿기는 했지만, 천사에 관해 성경적인 가르침을 받아 본 적은 없었다. 천사가 어떤 모습으로 나타날 수 있는지 그 방식을 전혀 알지 못하던 그녀는 집에서 자주 일어나는 이 "빛의 움직임"에 매우 놀라 어리둥절해 했다. 그녀는 이것이 긍정적인 의미의 영적 현상임을 어렴풋이 감지하고 있었지만, 그것을 어떻게 받아들여야 할지 알지 못했다.

나중에 이 여인은 더 깊은 영적 진리로 나아가 성령세례를 받으면서 하나님의 천사들에 관한 더 많은 계시들도 받을 수 있게 되었다. 그녀는 천사들을 어떻게 대해야 할지 미처 알기 전부터 자신의 삶 속에 그들이 활동하고 있었음을 깨닫고 기뻐했다. 이제 그녀는 이러한 천사들을 인식하게 되었으며, 하나님의 왕국의 목적을 위해 그들과 동역할 준비가 되어 있다.

자넷과 내가 캘리포니아 팜스프링스에서 처음으로 살게 되었을 때 옆집에 필리스라는 아주 친절한 이웃이 있었다. 그녀는 작은 강아지 플러피를 데리고 우리 집에 방문하는 것을 좋아했다. 필리스는 진실한 관계를 갈망하는 인정 많은 여성으로, 그녀의 방문은 항상 우리 가족의 하루를 즐겁게 해주었다. 이러한 방문에서 흥미로운 점은 플러피가 우리 집의 영적인 분위기에 유난히 민감하게 반응했다는 것이다. 당시에는 아직 믿는 자가 아니었던 필리스는 플러피가 우리 집에서 매우 다른 무언가를 감지할 수 있다는 것을 알아차렸다. 우리가 예수님이나 천사, 다른 영적인 문제들에 대해 간증하기 시작하면서 분위기가 고조되면, 플러피의 상태도 흥분하고 활기 넘치던 모습에서 얌전하고 차분하게 바뀌곤 했다. 처음에는 그런 모습에 당황하던 필리스도 머지 않아 사랑하는 반려동물을 통해 목격한 초자연적 세계가 매우 실제적이라는 사실을 받아들이게 되었다.

그녀는 플러피의 몸이 좋지 않을 때마다 우리 집 문을 두드리며 치유의 빛을 풀어놓는 "치유의 안수기도"를 해달라고 간청했다. 기적처럼 그 기도는 언제나 효과가 있었다. 기도할 때마다 플러피의 상태가 확연히 좋아져서 동물을 포함한 모든 피조물을 향한 하나님의 무한한 사랑을 증거해 주었다. 결국 하나님이 그들을 창조하셨고 그분의 임재에 대한 독특한 민감함도 주신 것이다.

몇 년 후 우리 가족은 강아지를 입양하게 되었고, 리버티가 버터컵이라는 사랑스러운 이름을 지어 주었다. 이 귀여운 강아지는 여러 가지로 우리 가족에게 엄청난 복이 되어 주었다. 플러피와 마찬가지로 버터컵도 우리 집에 충만한 영적인 차원에 특히 민감함을 보인다. 버터컵의 행동은 여러 차례 천사의 존재나 다른 영적인 움직임들을 우리에게 알림으로써 영적으로 더 민감해지게 만들었다. 어떤 이들에게는 이상하게 보일 수도 있지만, 이러한 현상의 근거는 성경에서 찾아볼 수 있다.

성경에 나오는 발람과 말하는 당나귀 이야기를 생각해 보자. 만일 발람이 영적인 영역을 더 잘 인식했다면, 당나귀를 통해서가 아니라 직접 칼을 뽑아 들고 자기 앞에 서 있는 천사를 알아챘을지도 모른다. 발람이 보지 못한 천사를 당나귀가 보았다는 사실은 우리가 놓칠 수 있는 영적 실체들을 하나님의 피조물들이 어떻게 인식할 수 있는지 보여준다(민 22:22~31).

동물들의 이러한 영적 민감성은 반려동물을 기르는 다른 많은 이들도 공통적으로 경험한다. 롤랜드 벅(Roland Buck) 목사는 《사명을 맡은 천사들》(Angels on Assignment)이라는 책에서 천사들의 방문을 받는 동안 자신의 강아지 퀴니가 어떻게 그들과 교류하고 소통했는지 여러 가지 이야기들을 나누었다.[2] 이러한 사건들은 주변의 영적 차원을 더 깊이 인식하도록 우리에게 도전을 준다.

빛의 천사들 보기

많은 믿는 자들이 하나님의 불이나 빛을 나르는 것처럼 보이는 천사들을 만나고 있다. 나는 종종 구체적인 모습은 보이지 않는 그림자 형태의 천사들을 본다. 이처럼 온전히 보이지 않아도 내가 분별할 수 있는 것에 근거하여 행동하는 법을 배웠다. 이렇게 하다 보면 보통 세밀한 것들이 더 많이 드러나며 나의 영적인 감각이 꾸준히 향상된다.

천사들은 여러 가지 다른 방식들로 나타난다. 그들은 빛의 기둥이나 구슬의 형태로 우리 주변의 시야에서 춤추며 천상에 속한 존재임을 암시하듯 신비하고 기묘하게 움직인다. 또 어떤 경우에는 강렬하고 눈부신 섬광으로 나타나 순간적으로 주변을 하늘의 빛으로 가득 채우며 우리에게 하나님의 거룩함을 각인시키기도 한다. 또는 반짝이는 형상으로 나타날 수도 있는데, 존재 전체가 마치 천상의 부드러운 바람처럼 흔들리는 순수하고 눈부신 빛으로 이루어진 듯하다.

이러한 다양한 현상들은 깊은 기도나 묵상 가운데 혹은 강렬한 영적 체험 중에 임할 수 있으며, 종종 깊은 평강과 경외감, 그리고 하나님과 연결되는 느낌이 동반된다. 나는 모든 사람들이 적극적인 믿음과 실천을 통해 이러한 영적 민감함을 발전시킬 수 있다고 굳게 믿는다.

천사들을 활동하게 하기

이와 같은 배경 지식들을 바탕으로, 지금부터 영적 전투에서 천사들의 역할 및 그들과 동역하는 방법을 더 자세히 살펴보도록 하자. 하나님은 현재 당신의 삶을 천사들로 둘러싸고 계신다. 그러므로 영적인 눈을 열어 이러한 주님의 임재가 나타나고 있음을 깨달을 필요가 있다.

영적 전쟁 가운데 천사들을 급파하는 가장 첫 번째 단계는 다음과 같다. 우리는 이러한 전사 천사(warrior angel)들이 어둠의 세력—그리스도께서 승리의 보혈로 이미 값을 치르신 충만한 은혜와 복을 누리며 살아가지 못하게 방해하는—에 기꺼이 맞서 싸울 준비가 되어 있고, 그럴 만한 능력도 충분하다는 사실을 알아야 한다. 성경은 하나님의 천사들이 "섬기는 영으로서 구원 받을 상속자들을 위하여 섬기라고[함께하고 도우라고] 보내심"(히 1:14, 확대역) 받은 자들이라고 분명히 말씀한다. 이러한 천사들이 구원의 상속자인 우리에게 배정되었다는 사실을 아는 것만으로도 원수가 가져올 모든 두려움을 몰아낼 수 있다. 아람의 왕이 이스라엘 백성들을 공격하여 선지자 엘리사가 살고 있는 성을 포위했을 때, 엘리사는 그의 사환에게 다음과 같이 말했다. "두려워하지 말라 우리와 함께한 자가 그들과 함께한 자보다 많으니라"(왕하 6:16).

빛의 전사 천사들과 동역하기

최근 로스앤젤레스에 있는 어느 교회에서 사역하는 동안, 왼편에 있는 회중을 바라보다가 통로 중간에 키가 약 4.5미터나 되는 거대한 천사가 서 있는 모습을 보았다. 처음에는 그 천사의 윤곽만 희미하게 보였지만, 계속 지켜보며 그에 대해 이야기하다 보니 그 모습이 훨씬 선명해졌다. 모습으로 보아 그는 전사 천사였다. 왼손에는 1.5미터 정도 되는 방패를, 오른손에는 커다란 검을 들고 있었다.

이러한 환상에 대한 더 깊은 계시들을 받기 위해 성령으로 기도하기 시작하면서 "주님은 너의 수호자, 주님은 너의 수호자, 주님은 너의 수호자"라는 말씀이 나의 영에 들려왔다. 이 예언적인 체험 가운데 추가적인 계시들이 임하기 시작했다. 나는 이 천사가 영적 전투를 위해 그 교회에 배치된 전사 천사 부대를 상징한다는 것을 알게 되었다. 그래서 그가 활동할 수 있게 공개적으로 허락해 주었다. 그 집회 중에 하나님은 우리를 영적 전투의 스트레스에서 벗어나 승리 안에 거하는 안식으로 부르고 계셨다.

우리도 어둠에서 하나님 나라의 영광스러운 빛으로 들어가도록 부르심을 받았다(벧전 2:9). 우리가 하나님의 축복 속에서 살아가도록 수많은 빛의 천사들이 전쟁의 사명을 수행하며 움직이고 있다. 우리가 임무를 수행하는 거룩한 천사들과 동역하는 한 가지 방법은 아래의 지침을 따르는 것이다. 다음의 구체적인 내용을 참고하라.

1. 당신의 삶 가운데 천사의 존재를 인식하라. 당신은 무엇을 보고, 듣고, 느끼고, 감지하는가? 천사들은 구체적으로 어디에 위치해 있는가? 때로는 천사들이 있는 위치나 그들의 움직임이 영적으로 감지될 것이다. 그들은 현재 무엇을 하고 있는가? 어떤 영적인 활동들이 벌어지고 있는가? (예, 메시지 전달, 치유 사역, 보호 등)

2. 영적인 차원에서 보이는 것들을 소리 내어 설명하라. 예를 들어 여러 사람과 함께 있다면, "저쪽에 천사가 서 있는 것이 보여요. 천

사가 당신들을 향해 손을 내밀고 있어요"라고 말할 수 있다. 당신이 보는 것을 정확히 묘사하라. 과장하거나 더 상세하게 말해야 한다는 부담감을 버리라. 말을 하다 보면, 더 자세한 내용이 임할 수도 있다. 만일 그렇다면 보이는 대로 계속 나누라. 홀로 있을 때 천사가 보이더라도, 여전히 소리 내어 묘사하는 것이 중요하다. 그렇게 하는 것이 그 순간을 포착하여 기억하는 데 도움이 되기 때문이다. 혼자라면 다음과 같이 말할 수 있다. "당신의 모습, 머리와 목, 어깨의 윤곽이 보여요. 당신이 여기 있어서 기뻐요. 내가 당신에 대해 알아야 할 것이 더 있나요?"

3. 그 천사에게 파송된 이유를 질문하라. 이것은 그 천사와 어떻게 교류하고 소통해야 하는지 이해하는 데 도움이 된다. 질문에 대한 답이 들리거나 내면에 임하지 않는다면, 그 천사에게 맡겨진 사역의 단서가 될 수 있는 특별한 세부 사항이 있는지 계속 살펴보고 싶을 수도 있다. 예를 들어 검을 들고 있다면, 그들이 당신을 위하여 싸울 준비가 되어 있는 전사 천사라는 것을 보여준다. 방패를 들고 있다면, 원수의 공격으로부터 당신을 보호하러 왔을 가능성이 높다. 그들을 채우거나 둘러싸고 있는 빛의 색깔도 고려해 볼 수 있다. 이러한 것들도 그들이 어떤 초자연적인 임무를 수행하기 위해 파송 받았는지 보여주는 지표가 될 수 있다.

4. 그리스도 안에서 당신이 받은 권세로 천사들과 대화하고 그들

을 파송하여 사역을 수행하게 하라. 이것은 천사들과 동역할 때 자주 잊어버리는 내용이다. 기억하라. 성경에 의하면, 천사들은 하나님이 말씀하신 대로 움직인다(시 103:20). 우리는 믿는 자들로서 하나님의 음성을 운반하는 자이며, 그분이 맡기신 사명을 위해 천사들을 활동하게 할 수 있는 영적 권한을 부여받았다.

만군의 하나님을 신뢰하라

예수 그리스도께서 주님의 군대의 사령관이라는 사실을 기억하는 것이 대단히 중요하다. 이러한 실재를 보려면 우리의 영적인 눈이 열려야 한다! 아람 왕과의 전쟁 중 엘리사는 겁에 질린 사환을 위해 "여호와여 원하건대 그의 눈을 열어서 보게 하옵소서"라고 기도했다. 성경은 이어서 말씀한다. "여호와께서 그 청년의 눈을 여시매 그가 보니 불말과 불병거가 산에 가득하여 엘리사를 둘렀더라"(왕하 6:17).[3)] 만군의 주 예수님은 영의 차원에서 싸우는 천군 천사들을 다스리고 통치하신다. 우리가 예수님께 집중할 때, 그분의 영광스러운 승리에 대한 비전을 받게 된다. 이처럼 확실한 위치에서 우리는 확신을 가지고 기도하며 우리의 싸움을 위해 천군 천사를 파송해 주신 하나님께 감사할 수 있다. 또한 하나님이 이러한 천사들의 지원을 활성화시킬 수 있는 적절하고 올바른 말씀을 우리에게 주실 것을 신뢰할 수 있다.

우리 주변 천사들의 움직임에 세심하게 주의를 기울이는 것도 중요하다. 때로는 이러한 활동이 명백하게 드러날 수도 있지만, 감지하기 어려운 경우도 있다. 영적으로 깨어 집중하며 하나님의 영과 연결되게 하라. 어디를 가든지 깨어 있으라. 그러다 보면, 분명 주변에 있는 하나님의 천사들을 알아차리기 시작할 것이다. 일단 천사들을 인식하게 되면, 그들을 활성화시켜 섬김을 수행하게 하는 것은 하나님이 우리에게 주신 책임이다. 이것이 바로 빛을 풀어놓는다는 것의 의미 중 하나이다. 또한 나는 기도 시간을 가진 후 영적으로 천사들을 감지하게 된 경우가 많았다. 빛의 천사들은 하나님의 사람들의 기도에 이끌린다(행 12:5~7).

기꺼이 예수님의 이름으로 천사들에게 지시할 준비가 되어 있는가? 이번 장에서 제시한 대로 영적 분별력을 행사한 다음, 그 후에 나타나는 표적과 영적 분위기의 변화를 주시하라. 하나님은 오래전에 모세에게 하신 말씀을 오늘날 우리에게도 하신다. "이제 가라 내가 네 입과 함께 있어서 할 말을 가르치리라"(출 4:12). 때때로 우리는 하나님이 어떤 식으로 기적적인 승리를 주실지 안다고 생각한다. 하지만 그분이 어떻게 일하실 것이라는 우리의 생각은 실제로 승리를 이루시는 방식과는 매우 다른 경우가 많다. 그러니 그분의 뜻에 맡겨 드리자.

열왕기하 6장을 보면, 전사 천사들이 이스라엘의 적과 직접 전투를 벌인 것이 아님을 알 수 있다. 오히려 그들은 엘리사로 하여금 아람 군대의 눈을 멀게 하여 혼란에 빠뜨렸다(18~19절). 그리하여 적군을 다른 방향으로 인도하여 전투가 시작되기도 전에 초자연적으로 승리를 거두는 임무를 완수하였다. 이로써 하나님은 적군이 싸우지도 않고 포기하게 만드심으로써 그들의 계획을 저지하고 승리를 이끄셨다.

하나님의 방식은 보통 사람의 방식들과는 다르다(사 55:8). 우리는 하나님이 그분의 일을 하실 수 있게 허락해 드려야 한다! 그리고 하나님의 승리가 최고의 승리임을 기억해야 한다. 그 과정 중에 걱정하거나 불안해하지 말라. 전사 천사들은 다양한 방법들로 사역하고 섬길 수 있다. 몇 가지 예를 살펴보자.

- 여리고 전투를 앞두고 여호수아에게 "여호와의 군대 대장"이 나타났다. (수 5:13~15)
- 전사 천사들이 뽕나무 사이로 행군하는 소리와 함께 앞서 나아가서 싸웠다. (대상 14:13~17)
- 주님의 천사가 사도들이 갇혀 있는 감옥의 문을 열어 그들을 풀어주었다. (행 5:17~25)

우리는 하나님과 그분의 천사들이 우리를 위해 섬기고 계신다는 것을 신뢰할 수 있다. 하나님은 항상 우리에게 가장 좋은 것을 생각하신다. 무엇이 우리에게 유익한지, 무엇이 우리의 성장에 도움이 되는지 아시며, 처음부터 끝까지 모든 것을 이해하고 계신다. 친구인 데저리 에이어스(Desiree Ayers)는 다음과 같이 말한다. "원수는 음모(plot)를 꾸몄지만, 하나님은 계획(plan)을 세우셨다!" 그렇다. 우리는 그분을 신뢰할 수 있다.

너는 마음을 다하여 여호와를 신뢰하고 네 명철을 의지하지 말라 너는 범사에 그를 인정하라 그리하면 네 길을 지도[곧게 하시고, 그 길을 막는 장애물들을 제거]하시리라 (잠 3:5~6, 확대역)

영적 공격을 받은 후에 능력과 위로 받기

하나님은 우리의 어려운 상황 속에 천군 천사들을 보내어 반전과 초자연적인 승리를 이루실 뿐만 아니라, 영적 공격을 받은 후에도 각 사람들을 섬기도록 천사들을 파송하여 새 힘과 위로, 격려를 주신다.

살기 위해 이세벨 왕비를 피해 도망친 엘리야는 감정적으로도 육신적으로도 탈진해 있었다. 이처럼 그가 어려움에 처해 있을 때, 천사가 찾아와서 그를 섬기며 하늘의 음식과 초자연적인 힘을 제공해 주었다(왕상 19:1~8). 또한 예수님이 광야에서 원수의 시험을 받으신 후 천사들이 와서 그분을 섬겼다. 영양가 있는 음식을 가져와서 예수님의 필요를 섬겼다(마 4:11). 또한 겟세마네 동산에서 체포되어 십자가에 달리시기 전까지 정신적, 감정적으로 큰 스트레스를 경험하고 계시는 예수님께 힘을 더해 드렸다(눅 22:39~43). 그러므로 하나님이 당신의 삶에 보내 주시는 빛의 천사들을 환영하고, 그들이 당신의 영, 혼, 육 전반을 강건케 하도록 파송받은 존재들임을 인식하라.

하나님은 우리가 강건하기를 바라신다는 사실을 깨달으면 마땅히 그분을 찬양해야 한다. 우리의 신뢰를 하나님께 두고, 모든 영광을 그분께 돌리자!

여호와여 영광을 우리에게 돌리지 마옵소서 우리에게 돌리지 마옵소서 오직 주는 인자하시고 진실하시므로 주의 이름에만 영광을 돌리소서 (시 115:1, 확대역)

마귀를 무장 해제시키기

우리는 천사들을 활성화시키는 법은 물론 마귀의 힘과 영향력의 한계를 인식함으로써 그들의 공격을 분별하고 대응하는 법도 배워야 한다. 성경에는 마귀와 악한 영들을 언급하는 구절이 66개나 있다. 어떤 이들에게는 이것이 상당히 많은 것처럼 여겨질 수도 있다. 하지만 천사와 관련된 성경 구절은 적어도 394개라는 사실에 주목하라. 하늘의 빛과 영광이 어둠의 세력보다 훨씬 더 강하다.

기억하라. 사탄이 하나님께 반역하여 하늘에서 떨어질 때, 천사의 3분의 1만 데리고 갔다(계 12:4, 9). 이 말은 천사의 3분의 2가 여전히 거룩하고 활발하게 하나님의 목적과 당신을 포함한 그분의 백성들을 섬길 준비가 되어 있다는 의미이다.

열매 없는 일에 참여하지 않기

진정한 영적 전쟁은 그 지역의 악한 영들의 이름을 부르며, 그들을 묶을 새로운 무기들을 찾고, 그들의 숨겨진 계략들을 찾아내는 일에 끊임없이 몰두하는 것이 아니다. 성경은 우리에게 다음을 분명하게 경고하고 있다.

> 너희는 열매 없는 어둠의 일에 참여하지 말고 도리어 책망하라 (엡 5:11)

안타깝게도 최근 몇 년 동안 악한 영들에 대한 건강하지 않은 집착이 여러 은사주의 교단과 성령 충만한 교회 전반에 큰 걸림돌이 되고 있다. 이것은 마치 사이비 종교들만큼이나 좋지 않은 영향을 끼친다. 세상에는 수백만 가지 신들이 존재한다고 굳게 믿는 종교들도 있다. (사실 이 "신"들은 유익한 영적 존재들로 위장한 악한 영들이다.) 만약 이러한 종교를 따르는 이들에게 그들의 "신"들의 이름을 모두 말해 보라고 한다면, 너무 많아서 다 열거하지 못할 것이다. 슬프게도 이와 비슷한 혼란이 일부 기독교인들의 관심과 마음을 사로잡으려는 모습이 보인다. 그들은 "마귀에 대한 진실을 파헤치고자" 바닥이 보이지 않는 마귀의 수렁에 빠져들어 버렸다. 그들은 "이세벨", "하만", "큰 뱀(파이톤)", "맘몬" 등의 악한 영들을 더 깊이 이해하고자 끊임없이 연구한다. 하지만 정말로 그들에게 필요한 것은 예수님과 그분의 영광의 빛을 보는 것이다!

기억하라. 예수님은 다음과 같이 말씀하셨다.

> 그런즉 너희는 먼저 그의 나라와 그의 의를 구하라 그리하면 이 모든 것을 너희에게 더하시리라 (마 6:33)

우리가 무엇에 집중하든지 그것이 삶 가운데 커지고 많아질 것이다.

몇 년 전에는 모두가 이상하고 기이한 동물의 영에 대해 이야기하는 것 같았다. 캘리포니아에서는 두 여성이 나를 찾아와 자신들이 문어와 오징어의 영에 사로잡혔다고 말했고, 캐나다의 어떤 남성은 자신의 허리에 영적인 뱀이 감겨 있다고 했다. 또한 버지니아에서 열린 야외 캠프 집회에서 설교하고 있을 때에는 어떤 인도인 가족이 절박하게 다가와서 열두 살 된 아들이 귀신에 사로잡혔다며 해결책을 찾고 있다고 말했다. 그들은 이전에 아들을 축사 사역자에게 데려갔다가 "원숭이의 영"에 들렸다는 분별을 받았다고 했다. 그 사역자는 아들의 축사를 위해 가족들이 해야 할 많은 일들, 이를테면 기도와 금식, 특별 헌금, 그리고 특정 축사 사역 집회에 참석하는 것 등을 정리해서 주었다. 하지만 그 모든 것을 다 했음에도, "원숭이의 영"은 여전히 아들의 몸 안에 갇혀 있는 것 같았다.

이 가족의 좌절과 절망이 느껴졌다. 그들은 영적으로, 감정적으로, 육체적으로 지쳐 있었다. 만일 우리가 하고 있는 일이 실제로 귀신을 쫓아내지 못한다면, 그것은 장난을 치고 있는 것에 불과하다.

예수님도 어떤 귀신의 이름을 물으신 적이 있고(막 5:1~17) 그런 존재를 쫓아내려면 먼저 기도와 금식이 필요할 수도 있다(막 9:14~29)고 말씀하셨다. 하지만 (언제나 기도와 금식 가운데 영적으로 준비되어 계셨던) 그분은 단순히 귀신들을 꾸짖고 떠나라고 명하셨을 뿐이었다. 우리는 귀신들에게 이름을 지어 붙이는 것에만 신경 쓰지 말고, 그것들을 쫓아내기 시작해야 한다!

나는 소년에게 진정으로 자유로워지고 싶은지 물었고, 그는 몸을 떨며 그렇다고 대답했다. 소년도 간절히 자유를 원하고, 가족도 그의 삶에 지속적인 변화가 있기를 갈망하고 있었다. 그러나 그들은 축사 사역자라는 사람들에게 너무나도 큰 상처를 받아서 다음에 처방된 치유법이 실제로 효과가 있을지 확신하지 못했다. 이럴 때일수록 그리스도 안에 있는 우리의 권세를 사람들을 위해 사용해야 한다.

그 소년은 원숭이처럼 소리를 지르며 팔을 휘젓고 있었지만, 나는 그에게 내 눈을 바라보며 나를 따라 기도하라고 말했다. 아이와 함께 기도하기 위해서는 담대함과 인내가 필요했다. 하지만 우리가 성령 안에서 확고하다면, 악한 영은 반드시 우리에게 복종해야 한다! 나는 아이에게 내 말을 따라 하라고 말한 다음, 다음과 같이 기도하도록 이끌었다.

[Pray]

예수님의 이름으로 내 몸과 마음에 침입한 모든 악한 영을 다스리는 권세를 취한다. 그 영들에게 명한다. 잠잠하고 당장 나를 떠나가라! 나는 하나님의 빛으로 충만하다. 그러므로 모든 어둠은 나의 영, 혼, 육에서 떠나가라. 나는 자유롭게 되었음을 예수님의 이름으로 선포한다!

기도를 마치자마자, 소년이 바닥에 쓰러졌고 그 즉시 어둠의 세력이 그의 몸을 떠났다. 초자연적인 축사를 지켜보던 모든 이들이 귀신이 떠나갔음을 분명히 알 수 있었다. 소년은 나와 부모님을 올려다보며 평안하고 새롭게 빛나는 얼굴로 "저는 자유로워졌어요!"라고 말했다.

악한 영들을 다룰 때에는 쓸데없이 시간을 낭비할 필요가 없다. 악한 영들을 찾아 헤매는 것은 우리를 유혹과 협박, 그리고 거짓으로 이끄는 원수의 교묘한 덫에 빠뜨릴 뿐이다. 에덴동산에서 뱀이 하와에게 "하나님이 참으로 너희에게 그렇게 말하시더냐"(창 3:1)라고 말한 것을 기억하는가? 악한 영들은 언제나 당신의 생각을 왜곡하여 진리를 믿지 못하게 만든다. 원수는 육적인 인간의 본성이 극적인 것과 갈등, 혼란에 이끌린다는 사실을 잘 알고 있다. 하지만 예수님을 믿는 우리에게는 그리스도 안에서 새로운 본성이 주어졌다. 이 새로운 본성은 우리로 하여금 빛의 자녀로 살아가는 진리를 향해 나아가게 한다.

그러므로 마귀와 대화하려 하지 말라. 그가 뭐라고 대답하더라도 어차피 그것은 거짓말이다. 재차 강조하지만, 악한 영들을 상대하는 것을 즐긴다면 그들을 물리칠 수 없다. 예수님은 언제나 그분의 권세를 사용하여 악한 영들을 잠잠하게 하셨다(눅 4:35, 41, 막 1:25, 34). 앞서 나는 마귀들에 대해 끊임없이 이야기하거나 악한 영들과 자꾸 뭔가를 하려고 하는 건강하지 못한 집착을 가진 사람들이야말로 축사가 필요하다고 말했다. 그런 사람들은 스스로를 그리스도인이라고 부르지만, 가정과 결혼은 망가져 있고, 몸은 병약하며, 마음은 혼란으로 가득하다. 이 모든 것은 그들이 영적 권세에 대해 잘못 이해함으로써 원수의 영향력이 그들의 삶에 광범위하게 침투했기 때문이다.

경험상 이러한 집착을 가진 이들의 영혼은 상처가 많아서 그들의 관점과 상황에 하나님의 진리를 비춰 줄 빛이 필요하다. 이 빛은 산산이 부서진 그들의 마음과 의지, 감정들을 치유하고 회복시킨다. 원수는 이들에게, 어쩌면 그들이 섬기고 사역하려 했던 사람들보다 더 큰 심한 혼란과 파괴를 일으키려 한다. 이런 일이 있어서는 안 되기에, 나는 이 책을 통해 이 문제를 조명하려는 것이다.

이와 같은 사람들이 참되고 지속적인 자유를 얻는 것은 가능하다. 하지만 그것은 그들이 기꺼이 어둠의 왕국과 정반대의 삶을 살고자 할 때 이루어질 것이다. 우리는 복음의 진리에 집중하고 그것을 온전히 받아들여야 한다. 4복음서는 우리가 악한 영들을 쫓아낼 수 있는 실제적이고 참된 능력을 받았다고 말씀하지만, 그렇게 하려면 그리스도 안에 있는 우리의 권세를 사용하며 오직 그분의 말씀만 믿어야 한다. 참된 영적 전쟁에서 중요한 것은 복음뿐이다. 그것은 말이 아닌 능력에 있다!

복음의 진리를 믿고 선포함으로써 우리는 복음의 빛으로 충만한 복음의 삶을 살 수 있게 된다. 바로 이것이 빛의 전사로서 우리의 부르심과 영적 삶 가운데 진정한 진전을 이루며 적극적으로 나아가는 방법이다.

모든 악한 영들을 다스리라

하지만 내가 만난 대다수의 그리스도인들이 귀신을 쫓아내는 것을 두려워한다. 그들은 이런 일에 관여한다는 생각에 이미 겁을 먹는다. 어쩌면 영화나 TV 프로그램들에서 퇴마 장면을 자극적으로 묘사해 왔기 때문일 수도 있다. 그러나 성경은 우리에게 다음과 같이 말씀한다.

> 믿는 자들에게는 이런 표적이 따르리니 곧 그들이 내 이름으로 귀신을 쫓아내며 (막 16:17)

빛의 전사들로서 우리에게는 어둠을 다스릴 책임이 주어졌다. 악한 영들을 쫓아내는 것은 어려운 일이 아니다. 복음서에는 예수님이 귀신을 쫓아내신 모습을 열두 번이나 찾아볼 수 있고, 이 땅을 떠나시기 전에는 그분이 하신 일뿐만 아니라 그보다 큰 일들도 하게 될 것이라고 말씀하셨다(요 14:12). 명심하라. 우리는 이러한 가르침을 되새기며 어둠의 사슬에 묶여 있는 자들에게 자유의 빛을 가져다주겠다고 굳건히 결단해야 한다.

다음은 우리가 마주칠 수도 있는 악한 영들로 권세를 행사해야 할 대상들이다. 나는 보통 성경 말씀에 근거하여 이러한 영들에 대해 설명하는데, 그들을 인식하고 파악하기 위한 것이지 앞서 경고한 바와 같이 그 이름을 부르는 것 자체가 목적이거나, 그들 혹은 그들의 특성에 대해 깊이 파고드려는 것이 아니다.

- 질병 혹은 고통의 영 (눅 13:11~13, 행 10:38, 요일 3:8)

- 우울의 영 (느 8:9~10, 시 30:11~12, 42:5, 잠 17:22, 사 61:3, 눅 4:18)
- 두려움의 영 (시 23:4, 27:1, 사 43:1, 막 5:34~36, 딤후 1:7, 요일 4:18)
- 부정한/더러운 영 (마 10:1, 요 15:3, 롬 6:19, 고전 6:19~20, 엡 5:3, 살전 4:7)
- 분노의 영 (창 4:6~7, 잠 14:29~30, 마 5:21~26, 엡 4:26, 31, 약 1:19~22)

우리는 지금 일어나 빛을 발하면서 원수와 악한 영의 군대들을 다스려야 한다.

예수님의 본을 따르기

이제 예수님이 귀신들을 쫓아내신 사례들을 살펴보며 빛의 전사들로서 그분의 발자취를 따라가자.

- 예수님이 그분의 절대적인 권세를 통해 치유와 자유의 빛을 풀어놓으시자, 질병으로 고통 받던 많은 사람들이 치유 받고 악한 영들로부터 자유함을 얻었다. 성경은 예수님이 "귀신이 자기를 알므로 그 말하는 것을 허락하지 아니하시니라"(막 1:34)고 말씀한다. 우리가 그리스도 안에서 누구인지 알아야 하며, 그렇게 할 때 악한 영들도 우리 삶에 임한 예수님의 권세의 빛을 인식하고 우리가 지닌 그분의 영광의 빛에 복종할 것이다.
- 예수님은 갈릴리 전역을 여행하시며 "그들의 여러 회당에서 전도(preaching)하시고 또 귀신들을 내쫓으셨다"(막 1:39). 기름부음 받은 전도에는 악한 영들을 쫓아내는 능력이 있다. 우리가 하나님의 말씀의 진리를

전하면, 빛을 발하며 원수의 거짓말과 속임수들을 몰아낼 수 있는 능력을 지닌다.

- 예수님이 회당에서 가르치시는 동안, 귀신 들린 남자가 소리 지르기 시작했다. 이렇게 어두움이 드러나자 예수님은 빛을 선포하고 풀어놓으심으로써 그것을 대적하셔야 했다. 성경 말씀은 "예수께서 꾸짖어 이르시되 잠잠하고 그 사람에게서 나오라 하셨다"(막 1:25)고 기록한다. 예수님이 이처럼 단호한 명령으로 빛을 풀어놓으시자 "더러운 귀신이 그 사람에게 경련을 일으키고 큰 소리를 지르며 나갔다"(26절). 구경하던 사람들은 이 초자연적인 위업에 깜짝 놀라며 말했다. "권세로 명하니 더러운 귀신들도 그 명령에 순종을 한다"(27절). 우리가 악한 영들에게 나오라고 명하며 빛을 풀어놓으면, 그들은 나오게 되어 있다. 기록되어 있는 또 하나의 축사는 귀신 들린 어린 소년의 경우로, "예수께서 꾸짖으시니 귀신이 나가고 아이가 그 즉시 나았다"(마 17:18). 그 후 예수님은 악한 영을 제압할 만큼 믿음이 충분하지 못한 제자들을 꾸짖으셨다(19~21절). 믿음 없이 행하는 것은 능력이 없다. 하나님을 기쁘시게 하려면 믿음이 필요하고(히 11:6), 어둠을 몰아내는 것에도 믿음이 필요하다.

- 예수님은 단순히 하나님의 영광의 빛을 발하시며 "더러운 귀신에게 고난받는 자들"(눅 6:18)과 병든 자들이 그분께 손을 대는 것을 허락하심(19절)으로써 가버나움 사람들에게 치유와 축사 사역을 행하셨다. 성경은 그들이 그분께 손을 대자, "능력이 예수께로부터 나와서 모든 사람을 [심각한 질병과 고통으로부터] 낫게 하였다"(19절, 확대역)고 기록한다. 마가복음 3장 10~11절에도 축사 사역이 나타난다. 우리는 하나님의 빛이 우리의 삶을

통해 다른 사람들에게 비칠 수 있도록 그들에게 다가갈 수 있는 열린 마음을 가져야 한다. 우리가 손을 내밀어 축사(구원)의 빛으로 다른 이들의 삶에 손을 댈 때에는 초자연적인 전환 혹은 변화를 기대해야 한다.

- 예수님은 또한 말 못하는 사람(마 9:32~33, 눅 11:14), 눈멀고 말 못하는 자(마 12:22), 가나안 여인의 귀신 들린 딸(마 15:21~28), 허리 굽은 여인(눅 13:10~13) 등에게도 자유의 빛을 풀어놓으시며 어둠을 몰아내는 축사 사역을 행하셨다. 아래에서 최종적으로 마태복음 8장의 예시를 살펴볼 것이다.

성경의 이러한 예들을 읽다 보면, 예수님이 귀신들을 쫓아내실 때마다 그것이 그리 어려운 과정이 아니었음을 알게 될 것이다. 때로는 악한 영들이 저항하려 했지만, 그 과정이 몇 시간이나 며칠이 걸린 적은 없었던 것으로 보인다. 예를 들어 예수님이 가다라 지방의 사납고 거친 두 사람에게서 악한 영을 쫓아내실 때에는 "가라!"는 말씀 한마디면 충분했다. 그러자 귀신들이 그들에게서 나와 근처 언덕에서 풀을 뜯고 있던 돼지 떼 속으로 들어갔다. "그들에게 가라 하시니 귀신들이 나와서 돼지에게로 들어가는지라 온 떼가 비탈로 내리달아 바다에 들어가서 물에서 몰사하거늘"(마 8:32). 예수님은 빛을 풀어놓는 법을 알고 계셨으며, 우리도 그렇게 할 때 사람들을 즉시 어둠에서 해방시키게 될 것이다. 영광 안에서는 모든 것이 자연스럽고 쉬워진다.

그렇다. 축사 사역을 할 때에는 이전과 다른 방식이 필요할 경우도 있고, 영적으로 합당하고 올바른 방법을 찾기 위해 기도하는 시간이 필요할 수도 있다. 상황마다 다르고 독특하지만, 하나님의 빛을 사용해 볼 것을 권한다. 우리는 빛의 전사이며, 하나님의 빛은 원수의 모든 계략에 맞설 수 있는 가장 강력한 무기이다!

예수님이 축사(구원)를 위해 빛을 풀어놓으신 법에 대해 그분의 말씀과 행적을 더 깊이 연구하는 시간을 가지라. 그분을 빛의 전사로서 성경적인 방식으로 귀신을 쫓아내는 "실천 지침", 곧 "롤 모델"로 삼으라. 우리가 그분의 방식대로 행할 때, 그분과 동일한 결과를 보게 되어 있다.

7장
빛의 병거로 행하기

너희가 만약 내가 너희에게 준 명령을 잘 따르고 너희 하나님 여호와를 사랑하고
그분의 모든 길로 행하며 그분을 단단히 붙들면 _신 11:22 (우리말)

◆

7장

　우리는 빛의 전사로서 "초자연적인 빛의 병거"처럼 움직일 수 있다. 이제 나는 그 방법을 알려주려고 한다! 먼저 주님이 택하신 백성 이스라엘에게 약속의 땅에 들어가서 그곳을 누리도록 주어진 신명기 11장 22절 말씀을 살펴보면서 시작하겠다. 하나님의 지시를 요약, 정리하면 다음과 같다. (1) 주 너희 하나님을 사랑하라. (2) 그분의 도를 행하고, (3) 그분을 굳게 붙들라. 이것은 오늘날의 우리에게도 적용된다. 하나님의 아들 예수를 믿는 자들, 즉 "택하사… 그분의 백성이 되게 하신"(살전 1:4, NLT) 자들로서 하나님이 우리에게 하시는 말씀에 주의를 기울여야 한다. 우리가 주님을 사랑하고 성령님의 예언적 지시에 순종하면, 곧 그분의 말씀대로 살아가면, 승리는 우리의 것이다.

유대적 계시: 하나님의 병거가 되라

우리말 역본 신명기 11장 22절의 "그분을 단단히 붙들면"에 해당하는 부분을 킹제임스흠정역에서는 "그분을 굳게 붙들면"으로, 확대역 클래식(또는 한글킹제임스성경)에서는 "그분에게 밀착하면"으로 옮긴다(편집자 주: 개역개정은 "그에게 의지하면"). 유대인들에게 이 구절은 오늘날 우리가 생각하는 것처럼 그저 주님을 마음속에 간직하거나 가끔씩 그분께 주의를 기울인다는 의미가 아니다. 이것은 그분께 "완전히 들러붙다, 매달리다" 또는 그분을 "절대 놓지 않다, 꼭 붙잡는다"는 의미이다. 이것이 바로 우리가 하나님의 빛으로 충만해지고 빛의 전사들로서 다른 이들에게 이 빛을 전파하기 위해 갈고 닦아야 할 삶의 방식이다.

하시드(Hasid) 유대인들의 사고방식에 따라 이 개념을 이해하는 방법 중 하나는 다음과 같다.

…항상 그리고 언제나 하나님과 그분을 향한 당신의 사랑을 기억하라. 그렇게 하여 길을 걷거나 눕거나 일어날 때, 심지어 다른 사람들과 대화할 때에도 결코 그분에게서 마음을 돌리지 않도록 하라. 당신의 내면 가장 깊은 곳은 그들과 함께 있는 것이 아니라 하나님의 임재 안에 있게 하라. 이렇게 높은 영적 경지에 이른 자들의 영혼은 생명의 끈으로 묶여 있으며 이 세상에서도 영생에 참여한다고 말할 수 있다. 왜냐하면 그들 자체가 쉐키나 영광이 거하시는 처소이기 때문이다.[1]

신명기 11장에서 우리가 얻을 수 있는 계시는 다음과 같다. 우리 자신을 온전히 영광께 내어드릴 때에 비로소 영광 그분도 자신을 온전히 우리에게 주셨음을 깨닫게 될 것이다. 우리가 그분을 붙들 때, 그분이 우리 위에, 우리 안에, 우리를 통해, 그리고 우리 주변에 쏟아 부어 주고 계신다는 사실을 알게 될 것이다. 갑자기 모든 곳에 불타는 영광이 있을 것이다.

우리는 앞서 쉐키나의 영광이 어째서 가시적으로 나타난 하나님의 영광인지에 대해 이야기했다. 이것은 영적 기류에 실제적인 변화를 가져오는 임재의 영광이다. 우리가 하나님께 매달리기 시작하면, 천국의 임재 자체를 운반하는 쉐키나의 처소가 된다. 우리가 가는 곳마다 그곳의 본래 기류가 어떠하든지 하나님의 임재가 강하든 약하든, 또는 전혀 느껴지지 않아도 그것을 고양시키는 강력한 (영적) 분위기가 된다. (믿는 자들이 한마음과 한뜻으로 모일 때 급격하게 영적인 능력이 넘치는 분위기가 조성된다는 사실을 기억하라.)

하나님께 달라붙거나 그분을 굳게 붙들고 쉐키나 영광을 받음으로써 "거룩한 임재가 우리 안에 임하여 거하시면서 우리는 하나님의 병거가 된다."[2] 이 말을 잠시 생각해 보기 바란다. 병거는 어떻게 생겼는가? 병거라는 말을 들으면 무엇이 생각나는가? "십계"나 "벤허" 같은 고전 영화들에서 고대 병거(전차)의 모습을 본 적이 있을 것이다. 이들 영화에는 아주 멋진 전차들이 나온다. 금으로 장식하고 전쟁 무기들도 장착되어 있다. 오늘날에는 영화나 박물관, 혹은 인터넷이나 백과사전 등을 찾아보지 않으면 병거, 곧 전차를 보기 어렵다. 이 세상에서는 더 이상 사용되지 않지만, 하나님은 여전히 영적 차원에서 병거들을 사용하고 계신다.³⁾ 병거는 구석에 세워 두는 물건이 아니었다. 이것은 주로 전투용으로 빠르게 움직이는 이동 수단이었다. 즉 속도가 필요한 상황에서 사용되었다.

나는 오늘 당신이 하나님의 병거이며, 그분이 당신의 움직임에 가속도를 더하고 계심을 선포하려 한다. 자연계에서 10년이 걸릴 일을 하나님은 순식간에 이루실 수 있다. 그리스도께서 다시 오실 날이 가까워지면서 시간이 얼마 남지 않았다. 그러므로 더 이상 지체할 여유가 없기에 우리에게는 이러한 긴급성이 필요하다. 하나님은 우리가 성령님의 빛의 속도로 움직이도록, 그분의 임재의 쉐키나 영광으로 움직이도록, 가속화된 방식으로 움직이도록 부르고 계신다.

하나님은 이 땅, 곧 로스앤젤레스, 뉴욕, 멕시코시티, 밴쿠버, 프랑크푸르트, 파리, 헬싱키, 모스크바, 부에노스아이레스, 홍콩, 방콕, 도쿄, 두바이, 카이로, 라고스, 요하네스버그, 시드니, 봄베이, 예루살렘 등 전 세계 곳곳에 천국이 임하기를 간절히 바라신다. 우리가 살아가고 일하는 곳에 천국이 나타나기를 갈망하신다. 더 이상 지체하지 말라! 가속이 임할지어다!

지상에서 천상으로 이동하기

빛의 병거라고 하면, 열왕기하에 나오는 엘리야 이야기가 생각날 수도 있다.

> 여호와께서 회오리바람으로 엘리야를 하늘로 올리고자 하실 때에 엘리야가 엘리사와 더불어 길갈에서 나가더니 (왕하 2:1)

이 구절은 우리가 흔히 멘토와 멘티 혹은 동역자 관계라 부르는 것에 대해 이야기하고 있다. 하나님은 언제나 우리와 주변 사람들의 연결 고리를 마련해 놓으셨다. 그러므로 우리가 올바른 관계를 맺으면, 초자연적인 일들이 일어난다. 본문과 이어지는 구절들에 설명할 내용이 많지만, 바로 11절로 넘어가자.

> 두 사람이 길을 가며 말하더니 불수레와 불말들이 두 사람을 갈라놓고 엘리야가 회오리바람으로 하늘로 올라가더라 (왕하 2:11)

이 구절에 주목하기를 바라는 이유는 빛의 병거에 대해 내가 전하고자 하는 바를 당신이 이해하고 깨달았으면 하기 때문이다. 우리는 이 땅에 쉐키나 하나님의 영광의 임재를 불처럼 타오르는 모습으로 나타내는 거룩한 임재의 운반자이다. 엘리야에게 무슨 일이 일어났는지 보라. 불수레(병거/전차)가 와서 그를 태우고 자연계에서 초자연적 차원으로 데려갔다. 그를 어둠의 차원에서 하늘의 빛의 차원으로, 이 땅의 차원에서 영광의 차원으로 데려간 것이다. 볼 수 있는 눈이 있는 자들은 보고, 들을 귀가 있는 자들은 들으라. 깨달을 수 있는 영이 있는 자들은 이 땅에 빛의 병거가 나타날 때 무슨 일이 일어나는지 깨닫기 시작하라. 우리가 하나님의 병거가 되면, 그분의 능력을 운반하며 이 영역에서 다른 영역으로 이동시키고 변환시키게 된다.

골로새서 1장은 그리스도께서 우리의 삶에 들어오시면 무슨 일이 벌어지는지 이야기해 준다. 이 구절도 주목하라.

> 우리로 하여금 빛 가운데서 성도의 기업의 부분을 얻기에 합당하게 하신 아버지께 감사하게 하시기를 원하노라 그가 우리를 흑암의 권세에서 건져내사 그의 사랑의 아들의 나라로 옮기셨으니 그 아들 안에서 우리가 속량 곧 죄 사함을 얻었도다 (골 1:12~14)

대부분의 역본은 하나님이 "우리를… 옮기셨다(conveyed)"로 번역하고 있지만, 원문의 "메디스테미(methiste-mi)"에는 "(상태, 성질 등을) 바꾸어 놓다, 전환시키다(translated)"의 의미도 있다. 다시 말해 이 차원에서 저 차원으로 이동했다(편집자 주 : 국적과 언어가 달라지는)는 의미이다. 우리는 이미 하나님의 사랑의 아들의 나라로 옮겨졌다.

그렇다. 하나님은 우리를 두나미스(dunamis)의 불을 운반하는 병거로 창조하셨다. 그러므로 우리가 가는 곳마다 주변의 영적 분위기가 달라질 뿐만 아니라 만나는 사람들도 변화시킬 수 있다. 이것은 기적 그 자체이다! 하나님은 우리에게 복음, 곧 좋은 소식을 전하며 우리의 길에 예비해 두신 이들에게 다가가서 섬기고 그분의 빛을 전할 책임을 주셨다. 하나님의 병거로서 어둠, 곧 깊고도 짙은 슬픔과 질병, 그리고 비참한 상황 가운데 있는 이들을 건져낼 수 있는 능력이 있기 때문이다. 성령 안에서 그들을 죄와 어둠, 그리고 악의 자리에서 예수님을 자기의 주님과 구원자로 알게 되는 위치로 이동시켜야 할 책임이 우리에게 주어진 것이다. 그들의 전부가 되시고자 우리를 택하여 그들을 그분의 빛의 왕국으로 이동, 곧 들어 올려지게 하신 것이다.

아직 이러한 사실 자체를 알지 못하는 이들이 하나님의 빛의 병거인 당신을 만나기를 기다리고 있다. 우리는 누군가의 기도에 대한 응답이다. 하나님이 이 땅에 두신 해결책이다. 우리는 복음의 기쁜 소식을 전하는 자이다. 우리에게는 그리스도를 죽음에서 일으키신 바로 그 영이 있다. 빛의 병거로서 우리는 물러설 수 없다. 반드시 그 빛을 풀어놓아야 한다!

그분의 임재를 나르는 자들

빛의 전사들은 가는 곳마다 하나님의 임재를 실어 나르는 병거들이다. 이것은 우리가 더 이상 그분의 임재를 떠나서 살 수 없다는 의미이다. 우리는 날마다 가족과 친구, 그리고 직장 동료들을 위해 영광의 분위기를 갈고 닦아야 한다. 가정과 직장, 우리가 있는 곳에서 그렇게 해야 한다. 물론 어떤 곳에서는 자신의 신앙에 대해 말하는 것이 허용되지 않는다. 괜찮다. 다만 그곳에서 당신의 빛을 비추라. 사람들을 영광으로 인도하는 방법은 여러 가지다. 예수님의 임재를 운반하는 우리가 어떤 공간에 들어서면, 그분이 직접 그곳에 걸어 들어가시는 것과 같다.

하나님의 영광 안에서 노래를 부르거나, 휘파람을 불거나, 입속으로 조용히 흥얼거려도 된다. 심지어 신발 속에서 발가락을 움직이며 하늘을 향해 마음을 올려 드리는 것만으로도 영광 안에서 춤을 출 수 있다. 어느 곳에 있든지 영광의 기류를 풀어내기 위해 할 수 있는 모든 일을 하라.

에스겔 선지자는 천상의 바퀴들로 움직이는 하나님의 "이동식" 보좌를 보았다(겔 1:15~28). 예언적 의미에서 우리도 빛의 병거로서 주님이 인도하시는 새로운 곳에 영광의 빛을 나타내는 이동 수단이 되어 가고 있다. 하나님의 분명한 임재를 운반하는 자가 되겠는가? 가는 곳마다 그분을 모시고 다니겠는가?

우리의 병거 바퀴가 굴러가고 있다. 이것은 하나님의 병거인 우리가 이 땅 곳곳을 다닐 때 그분이 가져오실 전환을 예언적으로 보여준다. 우리가 움직이면, 그러한 전환도 함께 임하는 것이다. 하나님이 앞서 가시며 길을 예비하고 계신다. 그분은 우리 곁에 우리 안에 계신다. 그리고 그분이 지시하신 곳으로 가서 우리를 통해 사역하며 섬기고 싶어 하신다.

우리는 변화와 변혁을 가져오는 쉐키나 영광을 운반하는 자로서 하나님이 인도하시는 대로 움직여야 한다. "저는 그곳에 가고 싶지 않아요. 그곳은 영적으로 너무 어둡고 무거워요"라고 해서는 안 된다. 어디를 가든지 우리가 하나님의 영광을 운반하는 빛의 전사라는 사실을 인식한다면, 영적 전투가 어렵지 않다! 영광은 돌파를 가져온다.

사랑이 동기를 부여한다

하나님은 우리가 불타는 사랑의 병거가 되기를 원하신다. 이 시대에 그분의 신부가 영광스럽게 빛나며 강력하기를 바라신다. 우리가 이처럼 그분의 두나미스로 충만해져서 일어나려면, 그분께, 그리고 그분을 섬김에 있어서 우리 자신을 아낌없이 내어 드려야 한다. 두려움이 종종 우리를 주저하거나 물러서게 만들지만, 사랑은 우리에게 동기를 부여한다. 나아갈 길을 제시한다. 우리 병거의 바퀴를 움직이게 한다. 오늘날 우리 존재와 삶의 모든 영역에서 우리가 얼마나 하나님께 큰 사랑을 받고 있는지, 곧 그분의 사랑에는 결핍이나 부족함이 없다는 것을 알아야 한다.

하나님이 우리에게, 그리고 우리를 통하여 다른 이들에게 부어 주기 원하시는 것에는 부족함이 없다. 그분의 왕국에는 부족함이 없다. 믿음은 사랑으로 역사하기에 우리가 하나님의 풍성한 사랑을 깨닫는 위치에 이르면, 우리 안에 무언가 열리게 된다(갈 5:6). 과거에는 우리가 두려움의 통제를 받았지만, 이제는 아니다! 제넷 오케(Jeanette Oke)의 소설을 원작으로 한 TV 드라마 시리즈 "마음의 부름"(When Calls the Heart)에 나오는 대사처럼, "사랑의 빛은 모든 잃어버린 목소리를 되찾아 준다."[4] 믿음이 솟아나고 있다. 그리고 우리는 하나님의 크신 사랑 안에서 더 높은 차원으로 기능하기 시작하면서 두려움에서 벗어나고 있다. 우리 병거의 바퀴가 움직이고 있다.

기억하라. 지금 우리는 고대의 전차에 대해 이야기하는 것이 아니다. 그것은 영화 "십계"나 "벤허"에 나오는 전차 같은 것이 아니다. 우리는 초자연적이며 훨씬 더 영광스러운 병거이다. 이 병거는 성령의 불로 타오르고 있으며, 그 불은 어디를 가든지 함께한다. 하나님이 우리 안에서, 그리고 우리를 통해 행하시는 일을 받아들여 그대로 행하라.

때로 하나님의 불이 임하면, 그분이 기뻐하시지 않는 것들을 태워버린다. 그렇게 우리를 정결하게 함으로써 정금(순금)과 같이 나오게 하신다(욥 23:10). 그 불이 타오르게 하라. 그분의 병거로 헌신하며 가는 곳마다 타오르는 빛을 운반하라. 이처럼 하나님의 임재가 우리 안에 있을 때, 우리는 그분의 병거가 된다. 우리가 성령님의 임재를 초대하면, 그분은 불과 능력으로 임하신다. 그리고 그분의 능력이 임하면, 기적이 흘러나오기 시작한다. 치유가 일어나기 시작한다. 또한 그분의 능력이 임하면, 우리는 돌파를 가져오는 구원의 통로가 된다.

불, 능력, 그리고 기적

자넷과 앨라배마 버밍햄에서 사는 동안 그곳의 신학교에서 자주 강의하면서 국내외 다양한 지역에서 온 학생들을 가르칠 수 있는 영광을 누릴 수 있었다. 우리가 가장 즐겁게 가르친 수업 중 하나는 초자연적 그리스도인의 삶에 관한 것이었다. "초자연적인 전도"를 가르칠 때에는 성령의 역사하심에 중점을 두었다. 다시 말하지만, 영광 안에서는 애쓰거나 노력하지 않아도 된다. 사실 영광이 임하면, 거의 아무것도 할 필요가 없다. 그저 성령님과 함께 흘러가다 보면, 나머지는 하나님이 이루신다. 그분은 성령님을 통해 우리를 그분 자신에게로 이끄신다.

어느 날 우리는 학생들에게 다음 시간에는 성령세례에 대해 가르칠 것이라고 알려주었다. 우리의 멘토인 찰스와 프랜시스 헌터 부부는 성령세례를 받지 못한 경우에는 아픈 자들을 위해 기도해 주지만, 성령세례를 받은 사람은 그들을 치유하게 된다고 가르쳐 주었다. 이러한 차이를 만드는 것이 바로 성령세례이다. 예수님도 이러한 실재에 대해 직접 예언하셨다.

> 내가 진실로 진실로 너희에게 이르노니 나를 믿는 자는 내가 하는 일을 그도 할 것이요 또한 그보다 큰 일도 하리니 이는 내가 아버지께로 감이라 (요 14:12)

> 오직 성령이 너희에게 임하시면 너희가 권능을 받고 예루살렘과 온 유대와 사마리아와 땅끝까지 이르러 내 증인이 되리라 하시니라 (행 1:8)

앞서 언급했듯이 예수님이 사도행전 1장 8절에서 말씀하신 능력은 두나미스, 즉 기적을 일으키는 능력이며, 우리는 성령이 임하실 때 그 능력을 받게 된다. 이 헬라어 "두나미스"에서 "다이너마이트"(dynamite)와 "다이내믹"(dynamic: 강력한, 활동적인)이라는 말이 나온 것이다. 하나님의 두나미스는 다이너마이트처럼 폭발적이다. 이것은 하나님 나라의 실재를 매일의 상황 속에 풀어내는 강력한 힘, 능력이다.

예수님이 직접 우리에게 이 능력을 약속하셨다. 우리는 그분의 말씀을 신뢰할 수 있다. 수많은 믿는 자들이 기적과 능력을 구하며 하나님을 바라보고 있다. 예수님은 우리가 성령으로 충만하면 권능을 받을 것이라고 말씀하셨다. 성령이 임하실 때, 능력도 함께 임한다. 그리고 우리가 하나님의 영으로 충만하면, 그 능력이 우리 안에서, 우리를 통해 역사하기 시작해야 한다. 우리에게는 하나님의 빛이 있기에 그 빛을 발산하기 시작해야 한다.

어쩌면 이 문제를 바라보는 우리의 관점, 방식을 바꿔야 할 수도 있다. 더 많은 기적과 능력을 구하는 것이 아니라 하나님의 영을 더 많이 구해야 하는 것이다. 매일 매시간, 성령님이 임하셔서 우리를 채우시도록 초청하자. 지속적으로 우리를 그분의 정체성으로 채우시도록 허락해 드리자. 하나님이 그분의 영과 함께 임하실 때, 우리의 삶 속에 폭발적인 두나미스의 능력을 얻게 된다. 이러한 두나미스의 능력이 역사하면 우리는 가는 곳마다 효과적인 증인이 될 수 있다. 이제는 우리가 능력의 문, 기적을 행하는 자, 빛의 전사, 빛의 병거이기 때문이다.

예수님이 믿는 자들에게 성령이 부어질 것을 예언하셨을 때, 얼마나 많은 사람들이 듣고 있었는지 정확히 알 수는 없지만, 적어도

120명이 그분의 지시에 순종하여 이 능력을 받기 위해 예루살렘에 머물렀다는 것은 분명하다. 순종하고 기다린 이들 120명이 바로 오순절날에 성령을 받은 사람들이었다. 하나님의 지시에 따르는 자들은 그분이 주시는 열매, 곧 결과를 받게 되어 있다.

많은 이들이 자신의 삶 가운데 하나님이 어떤 일을 행하지 않으신다고 불평하는데, 어쩌면 하나님의 분명한 지시에 순종하지 않기 때문일 수도 있다. 우리 자신을 주님의 뜻에 일치시키고 그분과 그분의 영광을 굳게 붙잡음으로써 그분의 강력한 임재를 나르는 불타는 병거가 되어야 한다. 그분의 임재를 떠나서는 이러한 결과를 기대할 수 없다. 사업상의 이유나 가족을 양육하기 위해 그분의 임재를 떠날 수 없으며, 그렇게 할 필요도 없다. 우리가 무엇을 하고 어디에 있든지 우리가 그분의 임재 안에 있다는 사실을 기억하라. 우리가 가는 곳마다, 그리고 하는 일마다 그분의 강력한 임재 안에 머물러 있어야 한다.

접점 만들기

빛의 병거로 행하면서 우리가 변화와 변혁을 가져오는 방법들 중 하나는 접점을 만드는 것이다. 신학교에서 가르치던 학생들 중 한 명인 제이크 시코(Jake Secor)는 다음과 같이 말했다. "교수님이 성령세례에 대해 가르칠 거라고 말씀하셨을 때, 저는 그것을 오랫동안 갈망하고 있었어요. 제가 다음 수업에서 성령세례를 받게 될 것을 그 자리에서 깨달았죠." 제이크가 우리 말을 취하여 자기 것으로 삼아 영적인 접점을 만들었음을 깨닫고 매우 기뻤다.

우리의 말은 접점이 될 수 있기에 중요하다. 우리가 공중에 선포하는 말에는 능력이 있고 그것을 운반한다. 그렇기 때문에 하나님의 말씀을 선포해야 하고, 그분과 그분이 하시는 일에 대해, 그리고 그분이 어떻게 행하시는지에 대해 말해야 한다. 우리의 말은 빛을 풀어놓는다. 그리고 그것은 접점이 되어 주변 사람들로 하여금 "그래, 방금 저 사람이 이렇게 말했으니 그것을 받아들여야지" 하고 말하게 만든다.

의사들이 불치병이라고 포기한 질병이나 통증으로 고통 받고 있는 친구나 환자가 있는가? 우리는 빛의 병거로서 그러한 영적 기류에 빛을 선포하는 목소리가 되어 줄 수 있다. 하나님이 하신 말씀을 선포하기 시작하면서 치유의 빛을 임하게 할 수 있다. 그들에게 복된 소식을 선포하라. "그가 채찍에 맞으므로 우리는 나음을 받았도다"(사 53:5). 우리가 입을 열면, 마치 혀에서 불꽃이 뿜어져 나오는 것처럼 성령의 불이 질병과 연약함, 고통을 태워 없애고 치유의 영광을 풀어놓는다. 할렐루야!

오늘 하나님은 우리가 접점이 되어 두나미스의 능력이 우리의 삶을 통해 흘러 들어가고 나오기를 바라신다. 그것이 말이든, 헌금이든, 성경 말씀이든, 예언적 행동이든지 접점을 만들어 두나미스의 빛이 생생하고 실제적으로 전달되게 하라. 영광은 양방향으로 강하게 역사한다. 우리는 성령님이 행하시는 일에 기꺼이 동참해야 한다. 영광

7장 빛의 병거로 행하기 ◆ **229**

안에서는 지체할 수 없다. 성령님의 운행하심을 분별하고 그분께 온전히 자신을 내어 드리라. 그분을 굳게 붙잡고 놓지 말라.

우리의 삶에 막연하고 추상적으로 접근하면, 그 어디에도 도달할 수 없고 그 어떤 것도 이룰 수 없다. 하지만 구체적이고 실제적인 것에 집중할 수 있다면, 하나님이 우리나 우리가 마주하는 상황들에 대해 품고 계신 비전을 받을 수 있다면, 그래서 그 비전을 위한 접점을 만들 수 있다면, 바로 그곳에서 두나미스의 능력이 나타나게 된다.

예수님이 "오직 성령이 너희에게 임하시면 너희가 권능(두나미스, 기적을 행하는 능력)을 받고"라고 말씀하신 것을 기억하라(행 1:8). 우리가 실제적인 것에 집중할 수 있다면, 그리고 이 말씀을 믿는다면, 우리 내면에서 이러한 능력이 폭발하는 기회를 만들게 된다! 제이크가 그랬던 것처럼 접점을 만들라. 하나님이 행하시는 일을 받아들이고, 우리가 그분의 영광을 나르는 자, 그분의 불병거가 될 거라는 사실을 그분께 말씀 드리라.

능력의 폭발!

신학교 학생들에게 성령세례에 대해 가르치던 날, 우리는 사도행전 1장 8절의 약속에서 오순절날 성령의 임하심에 이르는 사도행전 2장까지 관련 성경 구절들을 제시하였다. 성령님은 오순절에 바람과 불로 임하셨다. 바람은 낡은 것을 날려버리고 새로운 것을 가져오기 위함이었다. 이 바람이 믿는 자들을 채우며 새로운 소망을 불어넣었다.

성령의 바람은 오늘날에도 여전히 불고 있다. 그것은 치유와 해방을 가져오고 기적을 일으키고 있다. 이러한 성령님의 바람이 당신을 움직이도록 허락해 드리라. 이 바람을 타고 아주 오랫동안 존재해 온 문제의 해결책이 지금 당신에게 임하고 있다. 성령의 급속한 역사로 당신은 곧 응답 받게 될 것이다. 더 이상의 지연은 없다! 치유를 받으라. 재정적 자유를 얻으라. 당신의 가정을 향한 기적을 받아들이라. 당신의 사업을 향한 기적을 받으라. 하나님이 생명의 숨결을 불어넣으실 때에는 새로움과 생생함, 그리고 소망의 회복이 임한다.

우리가 학생들에게 성령세례를 받으라고 초청하자, 네 명의 학생이 앞으로 나왔다. 제이크도 그중 한 명이었다. 우리는 네 명 모두에게 기도해 주었다. 그런데 제이크에게 손을 얹었을 때에 마치 폭탄이 터지는 것 같았다. 그는 성령세례를 받을 만반의 준비가 되어 있었기에, 그의 이마에 손을 대기만 했는데도 성령님이 바로 임하셨다. 갑자기 하늘의 언어가 그에게서 흘러나오기 시작했다. 그렇게 성령의 흐름을 풀어놓았는데, 그것이 한 시간을 넘어 두 시간 동안 이어졌다. 멈출 수가 없었다.

그날은 목요일이었고 그 주의 마지막 수업이었다. 그런데 그다음 주 화요일 수업 시간에도 제이크는 여전히 방언을 하고 있었다. 누군가 그에게 그것에 대해 물었더니 "멈출 수가 없어"라고 대답했다고 한다. 그렇게 질문에 답하는 경우가 아니면, 계속 방언을 하고 있었다. 그는 주말 내내 그리고 그다음 주까지도 계속 이와 같이 넘쳐흐르고 있었다.

그의 유일한 문제는 훌륭한 침례교 가정 출신이라는 점이었다. 그의 가족이 다니는 교회에서는 더 이상 방언은 존재하지 않는다고 가르치고 있었다. 그럼에도 제이크는 목요일에 집에 가서 자기에게 일어난 일을 동생에게 전하며 관련된 성경 구절들을 보여주고 안수했다. 그러자 동생도 성령을 받고 방언을 말하기 시작했다. 이제 그 집안에는 방언을 말하는 사람이 두 명이 되었고, 가정을 하나님의 불로 가득 채우고 있다.

화요일에 학교로 돌아온 제이크는 계속해서 방언을 말하면서 공중에 예언을 선포하고 있었다. 건반을 치며 사역하고 있는데 학장인 팀 벡(Tim Beck) 목사님이 자넷에게 다가와서 "하나님이 운행하실 수 있도록 오늘 계획을 바꿔야겠어요"라고 말했다. 그는 1, 2, 3학년 모든 학생들에게 하나님의 새로운 터치를 받고 싶다면 앞으로 나오라고 초청했다. 이에 우리는 제이크를 보내어 다른 학생들에게 안수해 주도록 했다. 머지않아 한 명 한 명 모두가 하나님의 불로 충만해졌다. 그들을 통해 흘러나오는 하나님의 능력이 정말 놀라웠다. 대부분이 성령의 능력 아래 바닥에 쓰러져 영광 안에서 놀라운 시간을 보냈다.

성령님이 어디에서 운행하시는 분별하라

그 후로는 더 이상 이전과 같이 학교를 운영할 수 없게 되었다. 하나님이 다른 일을 하라고 우리를 부르고 계셨다. 그저 건물 안에 머물며 하나님이 주시는 것을 우리만을 위해 간직하고 있을 수 없었다. 하나님이 우리의 삶에 가져다주시는 것은 모두 씨앗의 형태로, 그것을 적절한 사람, 장소, 분위기에 뿌려야 할 책임과 함께 주어진다. 우리는 성령 안에서 씨앗을 뿌릴 기름진 땅을 분별할 수 있을 만큼 예민해야 한다. 그래야 수확이 이루어지고, 그 수확이 또 다른 씨앗을 가져오게 된다.

하나님이 우리에게 말씀하고 계셨고, 우리는 학교에서 벌어지고 있는 일을 학교 밖으로 가지고 나가야 했다. 멀지 않은 곳에 거대한 버키즈 주유소가 있는데, 사실 주유소라기보다는 휴게소계의 디즈니랜드 같은 곳으로 없는 것이 없는 상당히 번화한 곳이다. 우리는 학생의 반은 버키즈로, 나머지 반은 고속도로 맞은편에 있는 쇼핑몰로 보냈다. 곧 학생들은 버키즈와 쇼핑몰에서 빛을 풀어놓기 시작했고, 그 빛은 능력과 영광으로 그곳의 영적 분위기를 바꿔 놓았다. 그들이야말로 빛의 병거들이었다! 어떤 이들은 구원을 받았고, 어떤 이들은 치유 받았으며, 또 어떤 이들에게는 축사가 이루어졌다.

제이크는 버키즈에서 다른 학생들과 함께 사역했다. 그곳에서 사람들에게 복음을 전하다가 믿는 자들이지만 아직 성령세례를 받지 못한 자들을 만났다. 다행히 그들은 성령세례를 받는 것에 열려 있었다. 제이크는 그들에게 손을 얹고 계속 방언으로 말하면서 하나님의 능력을 풀어놓았다. 그러자 그들이 성령으로 충만해졌다! 얼마 지나지 않아 그들은 처음으로 방언을 말하게 되었다.

하나님이 학생들 가운데 행하시는 일을 보고 신이 나서 이후 사역하러 가는 곳들에서 이 일을 간증하기 시작했다. 그다음 주말에는 톰 디로렌조(Tom DiLorenzo)와 전도자인 마리아 바디아(Maria Vadia)가 보스턴에서 주최하는 영광의 날들(Days of Glory) 집회에 초청받아 사역하였다. 그 집회에서 나는 버밍햄의 신학교에서 하나님이 어떻게 역사하고 계신지 전하기 시작했다. 우리가 기꺼이 그 불을 퍼트리고자 한다면, 하나님은 우리와 다른 이들에게 불을 지피실 것이다. 우리가 회복되어 다른 신자들이 지핀 공동체의 불길에 우리의 불을 합치면, 우리의 도시에 부흥이 임할 것이다.

나는 보스턴의 집회에 참석한 사람들 중 아직 성령세례를 받지 못한 이들을 초청하여 이 선물을 받을 기회를 주었다. 그런 다음 예배팀에게 내가 사람들에게 사역하는 동안 기름부음이 있는 음악을 연주해 달라고 요청했다. 찬양팀에게는 내가 받은 감동대로 아주 간단한 지시만을 내렸다. "사람들이 성령세례를 받고 있으니 영어로 노래하지 않았으면 해요. 영어로 찬양하면, 그것이 방해가 될 거예요." 나는 그들을 향해 왼손을 흔들며 "영으로 노래하세요" 하고 말했다. 그들은 내 말을 이해하고 곧 영으로 노래하기 시작했다. 그들의 노래는 초자연적인 분위기를 조성했고, 나는 기도를 위해 나아온 사람들에게 안수하며 돌아다녔다. 그들 모두가 새로운 기도의 언어를 받아 방언으로 기도했다. 매우 강력한 기도의 시간이었다.

다음 날, 보스턴 집회의 주최자들 중 한 명인 프리실라가 내가 머물고 있는 호텔 레스토랑으로 찾아와서 "아이들이 매우 신이 났어요" 하고 말해 주었다. 나는 물었다. "어떤 아이들이요?" 알고 보니 그녀는 예배팀에 대해 이야기하고 있었다. 사실 그들은 아이들이 아니라 대략 스물에서 마흔다섯 살 사이의 어른들이었다.

"그들은 정말 신이 났어요." 그녀가 다시 말했다.

나는 "정말 잘됐네요"라고 대답했다.

"오, 이번 집회를 정말 기뻐하고 있다고요."

나는 다시 "멋지네요"라고 답했다.

그녀는 "아뇨, 제 말은 그들 중 누구도 성령세례를 받은 적이 없었다고요. 단 한 명도요"라고 강조하며 말했다. "그들은 성령세례를 구하며 갈망하고 있었어요. 그런데 당신이 그들을 바라보고 손을 흔들며 '영으로 노래하세요'라고 말하자, 그 자리에서 성령세례를 받고 난생 처음으로 천국의 방언으로 노래하기 시작한 거예요. 이제 그들은 이전에 한 번도 해보지 않은 방식으로 예배를 드리고 있어요." 이 말을 들은 나 역시 말할 필요도 없이 매우 신이 났다! 불은 번지게 된다.

초자연적인 차원으로 들어가는 관문

성령의 두나미스 능력이 바로 지금 역사하고 있다. 이 능력이 당신의 삶 가운데 폭발하여 당신을 대적하던 모든 영적 어둠을 완전히 소멸시키게 하라. 삶의 어느 영역에서든 당신의 진보와 발전을 방해하며 꿈쩍도 하지 않는 것처럼 보이던 모든 것을 제거하라. 두나미스의 능력이 지금 이 순간 그러한 방해물들을 제거하고 당신을 완전한 자유와 해방으로 인도하기 위해 흐르고 있다.

몇 년 전, 성경 교사 빌리 브림(Billye Brim)이 말했다. "조슈아, 방언을 말하는 것은 초자연적인 차원으로 들어가는 관문입니다." 이것은 사실이다. 방언을 말하는 것은 성령의 다른 모든 초자연적 은사가 임하는 문, 통로가 되는 경우가 많다. 나는 방언이 능력의 문이라고 생각한다. 두나미스는 우리가 성령 안에서 더 높은 차원으로 나아가서 활동하며 더 높은 차원의 초자연적 표현과 더 높은 차원의 기사와 이적을 나타낼 수 있게 한다.

성령 안에서 기도하라. 당신의 속사람을 일깨우라. 두나미스가 당신 안에서 흘러나오게 하라. 두나미스가 흐르기 시작하면, 소리가 나기 시작하는데, 그것은 방언으로 기도하거나 찬양하는 소리일 것이다. 그것은 성령님의 소리이다. 빛을 풀어놓으라!

이러한 소리와 함께 많은 돌파가 임하고 있다. 관계 영역의 돌파, 사역 영역의 돌파, 과거에 너무나도 완고했던 이들에게는 구원의 돌파, 그리고 해방(축사)의 돌파가 임하고 있다! 지금 무언가가 변화되고 있다. 하나님의 영으로 그것에 대해 예언한다. 두나미스의 돌파가 임하고 있다. 예수님의 능하신 이름 안에서 그것이 지금 풀어지고 있다.

바로 지금 하나님은 우리에게 그분의 영광 안에서 전진하고, 그분의 능력 안에서 탁월해지며, 그분의 병거―그분의 불을 운반하고 그분의 빛을 풀어놓는 자들―가 되어 두나미스 안에서 이 영역에서 다음 영역으로 나아갈 기회를 주고 계신다. 그분은 우리의 삶에 그분의 선하심과 기적들을 더하기 원하시는데, 이 일은 우리가 그분께 시선을 집중하고, 그분을 구하며 굳게 붙잡고, 성령님과 함께 움직일 때 일어나게 된다.

하늘의 목적

신학교 학생들과 지역사회 전반에 성령의 부어짐이 나타난 후 캘리포니아에서 사역을 하고 있는데, 제이크에게서 문자를 받았다. 놀랍게도 "오늘 교회에서 하나님의 불을 경험했어요! 성령님이 강력하게 저를 치셔서 말 그대로 (좋은 의미에서) 불에 타는 것 같았어요. 그때 묵직하면서도 평안한 하나님의 영광을 느꼈어요." 그는 그때까지도 몇 주째 쉬지 않고 방언으로 말하고 있었고 여전히 하나님의 불이 붙어 있었다.

제이크는 그날 교회에서 있었던 다른 일들에 대해서도 언급했는데, 그중 한 가지가 특히 기억에 남는다. "그것을 경험하면서 분명 아주 큰 나팔소리를 들었어요." 제이크는 그것이 무슨 의미인지 물었고, 나는 하나님이 그에게 메시지를 주시는 것이니 다음 구절을 읽어보라고 했다.

이 일 후에 내가 보니 하늘에 열린 문이 있는데 내가 들은 바 처음에 내게 말하던 나팔소리 같은 그 음성이 이르되 이리로 올라오라 이후에 마

땅히 일어날 일들을 내가 네게 보이리라 하시더라 (계 4:1)

빛의 병거가 되면, 천국을 경험하는 열린 문으로 들어갈 수 있는 위치에 서게 된다. 우리 안에서 타오르는 하나님의 불에 감사하며 새로운 불을 달라고 구하라.

[Pray]

주님, 우리는 어제의 불에 만족하지 않습니다. 우리는 오늘도 주님을 위해 타오르기를 갈망합니다. 우리는 더 강렬하고 밝게 타오르기 원합니다. 주님의 영으로 오셔서 우리 안에서 타오르소서. 주님의 불은 거룩함을 가져다줍니다. 주님의 불은 모든 죄를 몰아내고 우리의 삶을 정결케 합니다. 또 모든 미지근함과 영적인 냉담함을 몰아냅니다. 주님의 불은 우리가 주님의 일을 행할 수 있게 해줍니다. 기적을 일으키는 능력을 풀어놓고 잘 번져서 주변 사람들에게 이릅니다. 우리 안에서 타오르소서. 우리는 많은 이들을 주님의 빛의 왕국으로 데려가기를 갈망합니다. 그러니 우리를 주님의 빛의 병거들로 삼아 주소서.

오늘 하나님은 새로운 방식으로 당신에게 불을 지피기 원하신다. 부흥의 불과 능력으로 불을 지피고 싶어 하신다. 성령의 불꽃을 지피셔서 그분의 선하심과 은혜, 자비의 증거인 표적과 기사가 되기를 바라신다. 하나님이 당신에게 불을 지피셔서 타오르도록 당신의 영혼에 새로운 불이 임하게 하라!

당신이 하나님의 횃불을 들고, 그분의 불, 그분의 빛을 들고 거리로 나가는 모습, 증거로 구별되는 모습이 보인다. 이웃과 지역사회로 들어가면서 여러 가정과 아파트 건물에 불꽃을 가져오는 모습이 보인다. 이것이 바로 성령이 임할 때 우리가 그분의 증인이 될 것이라는 예수님 말씀의 실현이다. 왜냐하면 바로 그곳에 하나님의 능력이 풀어지기 때문이다.

성령님의 뜻대로 그분이 당신을 통해 흘러가도록 허락해 드리라. 그리고 그 흐름을 느껴보라. 그 흐름과 함께 진동하라. 지금 이 순간에도 당신의 내면에서 무언가 일어나고 있다. 그것이 흘러가게 하라.

그 흐름과 연결되기

얼마 전 나는 단순하지만 깨달음을 주는 방식으로 빛의 전사들에게 반드시 필요한 영적 교훈을 배웠다. 샤워하려고 욕실에 들어가서 수도꼭지를 틀었는데, 수압이 약해 물이 제대로 나오지 않았다. 정말 이상한 일이라는 생각이 들었다. 아내와 딸에게 각자 화장실을 확인해 보라고 했더니 문제없다고 대답했다. 왜 이런 일이 일어났는지 궁금했다. 가까스로 샤워를 마치고 그날 늦게 배관공을 불러야겠다고 마음먹었지만, 너무 바빠서 하지 못했다.

다음 날 아침 샤워하러 갔더니 전날보다 수압이 더 약해진 것 같았다. 그 후 일을 보러 나갔다가 집에 돌아와서 욕실 수도꼭지를 확인해 보았더니 이번에는 물이 아주 조금만 나왔다. 상태가 심각해서 이

제 정말 배관공을 불러야 했다.

갑자기 샤워기 헤드(head)에 문제가 있을지도 모르겠다는 생각이 들었다. 샤워기 헤드를 완전히 제거한 다음 다시 물을 틀었더니 이번에는 시원하게 쏟아졌다. 그 순간 성령님이 나에게 이렇게 말씀하셨다. "너에게 능력이 있지만, 네 머리(head), 곧 생각이 옳지 못하면 그 흐름이 약해지게 된다. 너는 무엇이든 손에 넣을 수 있지만, 나의 뜻과 합당하게 일치해야 한다. 그리고 그것은 네 머리에서 시작된다." 말할 필요도 없이 나는 나가서 샤워기 헤드를 새로 구입했고, 물의 흐름은 다시 완벽해졌다!

두 귀 사이의 공간, 즉 머리는 우리가 사는 내내 걸어가게 될 가장 큰 전쟁터이다. 이것은 생각과 마음의 전투이다. 하나님은 우리가 누구인지에 대해 올바른 생각을 갖기를 바라신다. 나는 그리스도 안에서 우리의 정체성, 즉 우리가 하나님 안에서 누구이고, 또 무엇을 누릴 수 있는지 아는 천국의 정체성을 말하는 것이다. 우리는 연약하고 패배한 모습으로 살아가도록 부름 받지 않았다. 하나님은 우리가 부름 받은 곳에 굳게 서서 그분이 인도하시는 대로 그분의 빛 가운데 행하며 그분의 능력을 흘려 보내게 하셨다. 우리는 빛의 전사, 즉 하나님의 빛의 병거이다!

8장
빛 안에서 올라가기

내가 보니 왕좌가 놓이고 옛적부터 항상 계신 이가 좌정하셨는데 그의 옷은 희기가 눈 같고 그의 머리털은 깨끗한 양의 털 같고 그의 보좌는 불꽃이요 그의 바퀴는 타오르는 불이며, 불이 강처럼 흘러 그의 앞에서 나오며 그를 섬기는 자는 천천이요 그 앞에서 모셔 선 자는 만만이며 심판을 베푸는데 책들이 펴 놓였더라
_단 7:9~10

8장

    천국은 하나님의 빛의 세계이다. 천국의 모든 것이 넘쳐흐르는 찬란한 빛으로 가득하다. 다니엘은 "옛적부터 항상 계신 이"가 수백만의 찬란한 천사들에 둘러싸여 "불의 바퀴가 달린 불로 된 보좌" 위에 앉아 계시고 그분의 거룩한 임재에서 "불의 강"이 흘러나오는 모습을 보았다. 이 한 번의 만남으로도 정말 많은 빛(불)을 보게 된다! 성령님은 지금까지 알지 못했던 하나님의 영광의 환상 속으로 우리를 끌어올리셔서 그분의 빛을 계시해 주기 원하신다.

거룩한 교전(交戰)에 투입되다

    2021년 10월 14일 자정이 지나 잠자리에 들 준비를 하고 있는데 갑자기 이메일을 확인하고 싶은 충동을 느꼈다. 전날 받은 이메일들을 확인하다가 오후에 해외에서 사역하는 친구가 보낸 이메일 한 통을 발견했다. 아내의 중요한 수술이 중부 표준시(미국과 캐나다 중부, 멕시코 대부분 지역에서 사용하는 시간대)로 새벽 1시에 예정되어 있으니 기도해 달라는 긴급 요청이었다. 시계를 확인해 보니 기적처럼 새벽 1시 정각이었다. 성령님이 친구의 아내를 위해 깊이 중보하도록 이 순간을 계획하셨다는 것을 깨달았다. 처음에는 침대에서 기도할 생각이었지만, 성령님은 더 깊고 강한 기도를 위해 일어나라는 감동을 주셨다. 나는 이 부르심에 순종하여 간절히 기도했고, 주님으로부터 구체적인 기도 제목들을 받았다. 기도한 후 친구에게 격려의 이메일을 보냈는데, 곧바로 긴박함이 감지되면서 계속 기도해야 한다는 강한 충동을 느꼈다.

기도 제목은 분명했다. 암이 흔적도 없이 제거될 것을 믿으며 수술 중에 합병증이 생기지 않을 것을 선포하고 예수님께 집도하는 의사들의 손을 인도해 달라고 구했다. 그리고 빠른 회복을 구하면서 기적의 간증으로 하나님께 영광을 돌리게 될 것을 기대했다. 긴박감이 느껴져서 침실에서 부엌으로 이동하여 큰 소리로 기도했다. 방언으로 기도하는 동안 중보기도의 강렬함이 나의 육신을 압도했다. 눈을 감고 싱크대에 기대어 있는데, 갑자기 내 영이 어느 밝은 방으로 들어 올려졌다. 처음에는 눈이 부셔서 앞이 잘 보이지 않았지만, 마침내 영적인 눈이 적응을 하고 보니 수술이 진행 중인 수술실 위에 있었다.

집도의와 세 명의 보조 의료진, 그리고 수술대 위에서 밝은 빛으로 빛나고 있는 친구의 아내가 보였다. 수술하는 모습이 생생하게 보이지는 않았지만, 효과적으로 중보하기에는 충분했다. 어떤 멜로디가 내 영을 가득 채우면서 친구의 아내를 향한 예언적 선포를 노래하기 시작했다.

너의 몸은 온전해질 것이다.
어떤 암도 너를 괴롭히지 못할 것이며,
어떤 어려움도 너에게 임하지 않을 것이다.

노래하면서 부엌에 있는 내 육신의 몸으로 의식이 돌아오는 것이 느껴졌다. 나는 계속해서 방언으로 노래했다. 그러자 내 영이 다시 한번 수술실로 들어 올려졌고, 이번에는 집도의의 손에 의식이 집중되었다. 의료진의 마음과 손을 인도해 달라는 또 다른 예언적 노래가 주어졌다.

내가 그들의 마음과 손을 인도하고 있다,
내가 그들의 마음과 손을 인도하고 있다,
내가 그들의 마음과 손을 인도하고 있다,
나의 완전한 역사와 계획으로.

이 천상의 중보기도는 수술이 완벽하게 진행될 것이라는 깊은 확신을 주었다. 꽤 오랜 시간이 지난 후 내 영은 몸으로 돌아왔지만, 기도해야 한다는 압박은 계속되었다. 계속해서 중보하자, 내 영이 세 번째로 병원으로 옮겨져 처음에 받은 예언적 노래를 다시 불렀다.

너의 몸은 온전해질 것이다.
어떤 암도 너를 괴롭히지 못할 것이며,
어떤 어려움도 너에게 임하지 않을 것이다.

이 마지막 중보기도 후 평강이 나를 덮으면서 이제 쉬어도 된다는 것을 알았다. 친구에게 오늘 밤은 이만 물러가겠다고 이메일을 보냈더니 그는 진심 어린 감사를 표했다. 병원에서도 (내가 이메일로 보내 준) 성령이 주신 노래를 계속 부를 것이라고 했다. 침실로 돌아와 보니 자넷이 깨어 있었다. 그래서 방금 일어났던 일을 그녀와 나눌 수 있었다. 자넷은 하나님이 그러한 환상을 통해 밤새 그 친구를 세심하게 돌보아 주셨다는 사실에 기뻐했다.

새벽 3시 30분에 비로소 잠자리에 들었지만, 성령님의 능력으로 오전 6시 30분에 상쾌한 기분으로 일어나 신학교에서 찬양을 인도할 준비를 마쳤다. 이러한 영적 여정은 피곤하기보다는 오히려 나를 회복시켜 활력이 넘치게 해 주었다. 그날의 일과를 준비하고 있는데, 친구로부터 수술이 성공적으로 끝났다는 소식과 함께 기도에 대한 깊은 감사를 전하는 이메일을 받았다. 그는 수술이 계획대로 잘 진행되어 암세포가 흔적도 없이 제거되었고 의사들도 긍정적으로 보고 있다고 전했다. 그는 이렇게 말했다. "이제 원수의 공격이 완전히 끝났다고 믿어. 암은 우리의 발아래 있고, 이 모든 일로 큰 영광과 수많은 기적이 나타날 거야!"

선지자 친구가 보낸 또 다른 메일도 있었는데, 주님이 나를 그분과의 더 깊은 만남을 위해 준비시키고 계신다는 내용이었다. 이것은 중보기도의 능력에 대해, 그리고 하나님의 더 높은 관점에 우리 자신을 내어 드리는 것이 얼마나 중요한지 다시금 깨닫게 해 주었다. 빛의 전사인 우리에게는 직면하는 영적 전투에 가장 효과적인 무기가 주어졌다. 성령님은 영적 전투를 위한 천국의 빛의 전략을 우리에게 주셨는데, 이것은 필승의 전략이다!

그날 아침, 신학교에 도착하여 성령 안에서 기도하면서 내가 경험한 바로 그 영광을 학생들도 누릴 수 있도록 새 노래를 받았다. 성령님의 감동으로 가사가 바로 임했다.

회오리바람, 영광의 회오리바람,
소용돌이치며 영적 분위기를 바꾸네.
회오리바람, 영광의 회오리바람,
우리를 들어 올려 하나님이 위에서 행하고 계시는 일을 보여주네.

예언적 환상은 나의 공급.
예언적 환상은 나의 공급.
성령님, 주님의 마음과 뜻을 계시해 주소서.
우리가 주님의 바퀴 안에서 함께 돌게 하소서.

이 노래를 찬양팀과 다른 학생들에게 소개한 후, 우리는 한 시간 동안 자발적으로 경배하고 천국을 경험하는 시간에 들어가며 영광에서 영광으로 나아갔다(고후 3:18). 이것은 한 번의 영적 체험이 어떻게 또 다른 체험으로 이어지는지, 그리고 그러한 체험이 우리 삶을 향한 그리스도의 비전의 빛 안에서 어떻게 우리를 앞으로, 위로 지속적으로 이끄시는지 깨닫게 해 주었다.

예언의 말씀은 예언적 가능성을 풀어놓는다

몇 년 전부터 공적 사역 가운데 하늘의 방언을 풀어놓은 후 그것을 통변하여 주님의 메시지를 정확하게 전달하는 순간들을 경험하기 시작했다. 최소 다섯 차례에 걸쳐 성령님은 그분 안에서 여행하는 것에 대한 통찰을 주셨다. 나는 이러한 예언의 말씀들이 이 마지막 때에 그리스도의 몸 된 교회를 위해 주어졌다고 믿는다. 이것은 기꺼이 순종하여 성령님께 매우 특별한 방식으로 쓰임 받을 준비가 되어있는 빛의 전사들을 위한 말씀이다. 첫 번째 사건은 텍사스 톰볼에서 설교하는 동안 일어났는데, 성령님이 나를 통해 계시해 주신 내용은 다음과 같다.

주님이 말씀하신다. "성령 안에서 옮겨지는 것은 너에게 흔한 일이 될 것이다. 성령 안에서 이동하는 것은 내가 나의 영으로 너희에게 열어주는 문이다. 너는 그저 안으로 들어와서 내려 놓으라. 내가 움직이도록 허락하라. 내려 놓고 내가 너를 운반하도록 허락하라. 내려 놓고 내가 너를 위해 마련해 둔 장소로 데려가도록 허락하라. 자연계에서 제약을 발견할 때 낙담하지 말라. 초자연적인 차원에는 세상이 알지 못하는 움직임이 있다. 과거에 기록된 적 없는 문, 통로가 있다. 그러나 이제 너희는 기록하기 시작할 것이다. 성령의 움직임과 그 방법들, 순식간에 내 백성을 끌어올려 내가 인도하는 곳들로 데려가는 방식을 계시하기 시작할 것이다."1)

몇 달 후 오순절 기간에 애리조나 챈들러에서 열린 집회 첫날 밤 이전에 받은 메시지에 기반한 또 다른 예언의 말씀을 받았다.

나의 영을 의지하고 나에게 기대라. 그리고 내가 어떻게 너희를 움직이기 시작할지 지켜보라. 내가 너에게 주는 계획 안에서 쉬라. 내가 너를 원수가 알지 못하는 길로 안내하며, 사람의 눈에 보이지 않는 터널들로 다니게 하리라. 그리고 내 영 안에서 문을 열어 주어 네가 이곳에서 저곳으로 이동하기 시작할 것이다.2)

같은 해 말 뉴햄프셔 킹스턴에서 사역하던 중 또다시 예언의 영이 임하여 다음의 말씀을 선포하기 시작했다.

오늘 밤 여러분에게 영광의 영역이 열렸습니다. 초자연적인 영광의 문이 여러분에게 주어지고 있습니다. 성령 안에서 문이 확장되며 활짝 열리고 있습니다. 그리고 다음과 같이 부르짖는 소리가 들립니다. 주님이 말씀하십니다. "올라오라, 올라오라, 이전보다 더 높이 올라오라. 나는 너희에게 내 마음을 보여주기 원하고, 그것을 계시해 주고 싶다. 그렇다, 내 뜻과 나의 길을 너희에게 전하고 싶다. 또 너희가 나에게 순복하여 너희 자신을 내어줄 때, 나는 너희에게 점점 더 많은 것을 주기 시작할 것이며, 너희 자신이 천국의 방식으로 움직이고 있다는 사실을 깨닫게 될 것이다. 하늘의 통찰력, 하늘의 지혜, 내 영의 인도로 움직이게 될 것이다.

이 일은 성령 안에서 이루어질 것인데, 내가 너희의 육신도 이곳에서 저곳으로 이동시킬 것이다. 한곳에서 기도하기 시작하면, 갑자기 다른 곳에서 기도하고 있는 너희 자신을 발견하게 될 것이다. '이상한 일'이라고 말하지 말고 '주님, 이곳에서 제가 하게 될 일이 무엇인가요? 제가 거룩한 사명을 받았음을 알고 이해합니다'라고 하라.

그리하면 내가 너희에게 말하고 너희를 인도하기 시작하리라. 너희에게 할 말을 주고 나의 손길이 필요한 자들을 보여줄 것이다. 두려움이 너희의 사명을 가로막지 못하게 하라. 오히려 믿음이 솟아나 내가 너희에게 맡긴 일을 성공적으로 수행할 수 있게 하라. 너희를 움직이고 옮겨 놓을 때에도 내가 너희를 인도하는 이임을 알라. 너희의 여정 가운데 내가 너희를 안전하게 지킬 것이다. 내가 너희 안에서 머물러 있듯이(rest) 너희도 내 안에서 쉬라(rest). 그리고 내가 행할 일을 지켜보라."[3)]

몇 주 뒤 로스앤젤레스에서 사역하는 동안, 주님은 이어서 또 다른 예언의 말씀을 주셨다.

주님의 영이 오늘 밤에도 여러분에게 이렇게 말씀하십니다. "내가 빌립에게 임하여 순간적으로 그를 사로잡아 이곳에서 저곳으로 들어 올리기 시작한 것처럼, 오늘날에도 나의 영을 풀어놓아 너희를 거룩한 만남과 사역의 자리로, 적절한 때에 적절한 장소로 데려가고 있다.

보아라. 내가 나의 영으로 너희를 움직이기 시작할 것이다. 나의 영이 임하는 것이 느껴지기 시작할 때, 내가 너희 스스로 할 수 없는 일들을 너희를 위해 행하기 시작하더라도 놀라지 말라. 너희가 걸어가지도, 여행하지도 않은 곳에 있는 것을 발견하게 될 때, 놀라지 말라. 다만 그 순간에 거룩한 만남을 위해 내가 너희를 그곳에 두었음을 알라. 나의 영이 반드시 너희에게 임할 것이다. 복된 소식을 전하라고 내가 너희에게 분명하게 기름을 부었다. 그렇다, 너희의 손에 치유가 임하고, 기적이 풍성하게 흘러나오기 시작할 것이다. 그렇다, 나의 영이 너희를 움직이기 시작하면, 나의 영과 함께 행하라. 지금은 마지막 때, 그러므로 나의 교회를 영화롭게 할 것이라."[4]

나는 하나님이 한 번 말씀하실 때 반드시 귀담아들어야 한다는 것을 배웠다. 하나님이 두 번 말씀하신다면 그것은 무언가를 확증해 주시는 것이므로 그것을 행할 준비를 해야 한다. 그러나 하나님이 어떤 일에 대해 세 번 이상 말씀하신다면, 긴급한 일이므로 믿음을 활성화시켜 그분이 말씀하시는 일을 즉각적으로 행해야 한다.

예언은 문을 연다

성령님은 이러한 예언의 말씀을 집회의 영적 기류에 풀어놓으심으로써 "들을 귀" 있는 자들에게 빛의 통로를 열어주셨다. 이로 인해 믿는 자들이 그러한 흐름에 참여할 수 있는 보이지 않지만 매우 실제적인 영적 통로이자 네트워크가 형성되었다. 영적으로 깨어 있던 이들은 이러한 빛의 통로들과 연결되어 예언적 말씀을 받아들이고 그것에 반응할 수 있게 되었다. 나는 여러 차례에 걸쳐 이러한 예언의 말씀을 공개적으로 선포하였는데, 그때마다 그곳의 분위기가 기대감으로 가득 차서 초자연적인 체험들이 나타날 수 있는 비옥한 토양이 조성되었다.

개인적으로 천국을 경험하는 일이 크게 증가했을 뿐만 아니라, 우리의 사역 가운데 그런 일을 경험했다는 간증들도 많아졌다. 이들은 한밤중 꿈속에서 혹은 낮 동안에 생생한 환상을 통해 "영 안에서 이동/여행하는" 놀랍고도 특별한 경험들을 보고했다. 영 안에서 들어 올려져 이동한 곳에서 다른 이들에게 기적적으로 사역하면서 하나님의 임재와 목적이 더욱 강하게 느껴졌다고 설명했다. 이러한 간증들은 예언의 말씀이 초자연적인 차원과 이 땅의 차원 사이에 분명하고 실제적인 다리를 놓았다는 사실을 확인시켜 주었다.

믿는 자들은 초자연적인 통로를 이용할 수 있다

믿는 자들이 천국을 체험하고 초자연적 빛의 통로를 이용하는 것은 새로운 일이 아니다. 이것은 신약은 물론 구약에서도 찾아볼 수 있는 내용이다. 나는 이 마지막 때에 하나님의 백성들 사이에서 이와 같은 이들이 크게 증가할 것이라고 믿는다. "믿음은 천국의 화폐"라는 말을 들어 본 적이 있을 것이다. 나는 이것이 진리이며, 앞으로 우리가 천국을 더 많이 체험하게 될 것이라고 믿는다. 하나님의 백성들이 새로운 믿음으로 깨어나 천국의 실재들과 연결되는 영광을 그분으로부터 받고 있다. 새로운 믿음이 새로운 빛의 길을 열어주고 있다. 성경은 믿음이 없이는 하나님을 기쁘시게 할 수 없다고 가르친다(히 11:6). 그리고 경험상 하나님 나라에서 큰 일들을 행하기 위해서는 반드시 엄청나게 큰 믿음이 필요한 것은 아니다.

예수님은 겨자씨 한 알만큼의 지극히 작은 믿음도 산을 옮길 수 있다고 가르치셨다(마 17:20). 천국이 제공하는 것은 그게 무엇이든 언제나 믿음으로 받을 수 있으며, 여기에는 천국을 체험하는 것도 포함된다. 겨자씨 한 알만 한 믿음이 산을 옮길 수 있다면, 틀림없이 당신의 영을 이 땅에서 천국으로, 그리고 다시 이 땅으로 이동시킬 수 있다. 성경 시대부터 지금까지 영적인 것을 추구하는 자들은 환상과 계시를 받았으며 하늘의 차원으로 들어 올려졌다. 야곱, 엘리야, 스가랴, 에스겔과 같은 고대 성경 속 인물들을 생각해 보라. 그들은 모두 하늘의 차원을 엿보았다(창 28:10~19, 왕상 18:9~12, 슥 3:1~5, 겔 3:10~15).

그분의 영광의 빛 가운데 옮겨짐

신약에는 그리스도인을 가장 극렬하게 박해하던 사울(이후 바울이라고 불리는)이 "홀연히 하늘로부터 그를 둘러 비추는 빛"과 예수님이 그에게 하신 말씀으로 인해 큰 충격을 받는 모습이 나타난다(행 9:1~18). 그 한 번의 만남이 그의 운명을 영원히 바꾸어 놓았고, 그 후에 "셋째 하늘"에서 또 다른 체험을 하게 되었다(고후 12:1~4). 예수님의 사역과 희생, 부활, 그리고 지상에서의 지속적인 역사 등 그분이 누구신지에 대한 계시를 통해 하나님의 빛이 이 땅을 비추고 있으며, 우리가 하늘의 영역으로 옮겨질 수 있는 초자연적인 통로를 만들어내고 있다. 요한이 수많은 초자연적인 경험들 중 하나에 대해 뭐라고 말했는지 살펴보자.

> 이 일 후에 내가 보니 하늘에 열린 문이 있는데… (계 4:1)

요한은 어떤 문을 보았다. 천국의 문에 대해 이야기할 때, 나는 "포털"(portal)이라는 표현을 사용하는 것을 좋아하는데, 영적인 차원에서 이것이 어떻게 보이는지 시각적으로 더 잘 설명하기 때문이다. 보통 문이라고 하면, 사람들은 직사각형의 나무로 된 틀에 걸쇠와 경첩, 문고리가 달린 모습을 생각한다. 가운데 작은 창문이 있는 경우도 있을 것이다. 하지만 내가 영으로 보는 천국의 문은 이와는 다르다. 그것은 밝은 빛이 소용돌이치는 열린 공간처럼 보인다. 생동감이 넘치며 신성한 천국의 에너지로 가득 차 있다. 더 높은 무언가로 들어오라고 우리를 초청한다. 요한은 계속해서 자신이 엿본 영광의 차원에 대해 묘사하는데, 그는 무언가를 보았을 뿐만 아니라 무언가를 들었다.

> 내가 들은 바 처음에 내게 말하던 나팔소리 같은 그 음성이 이르되 이리로 올라오라 이후에 마땅히 일어날 일들을 내가 네게 보이리라 하시더라 내가 곧 성령에 감동되었더니 보라 하늘에 보좌를 베풀었고 그 보좌 위에 앉으신 이가 있는데 (계 4:1~2)

하늘에는 소용돌이치며 열려 있는 문이 있었고, 어떤 음성이 요한에게 말했다. "이리로 올라오라…!" 요한은 그 문을 보았고 초대하는 소리를 들었다. 성령님은 빛의 전사인 우리도 이 문을 보기 바라신다. 예수님은 열린 문이시며, 우리에게 올라오라고 손짓하고 계신다 (요 10:9). 빛의 성령님이 오늘날 우리에게 초대장을 전하고 계신다. 더 높이 올라오라 부르고 계신다. 우리는 오직 주어진 안내 지도에 따라 움직일 수 있다. 그리고 이것이 바로 영광의 차원이 놀라운 이유이다. 영광 안에서 우리는 천국의 지시를 받아 더 높은 시각, 관점을 받게 된다.

지금 매우 실제적인 영적 전투가 벌어지고 있지만, 우리는 이 땅의 군인들과 같은 방식으로 싸우도록 창조되지 않았다. 영광 안에서 우리의 승리는 이미 결정되었다. 우리는 예수님 안에서 이미 승리한 자들이다. 빛의 전사로서 날마다 하늘의 계시가 있는 곳으로 올라오도록 초청받고 있다. 계속해서 하늘에 열려 있는 문을 바라보며, 천국의 보좌에 승리 가운데 앉아 계신 주님을 알도록 부르시는 그분의 음성에 반응하기로 선택해야 한다. 이것은 우리 안에 확신과 믿음을 세워 주며 승리 안에 머물러 있게 한다.

날마다 천국을 체험하는 것도 가능하다. 이 말이 당신의 믿음을 확장시킬 수도 있다. 그것이 바로 핵심이다. 하나님은 우리를 더 높은 곳으로 초청하시며 과거에는 알지 못했던 것을 넘어서도록 확장시키고 계신다. 앞으로 이 땅에는 온갖 어둠과 악이 가득하겠지만, 우리는 이미 영광의 차원에서 해결책을 받았다. 빛의 영역이 바로 그것이다. 빛은 영적 전투의 승리 전략이다. 원수가 이 땅에서 속임수를 쓰며 혼란을 일으키려 할 때, 우리는 그 위로 올라가서 보좌에서 임하는 천국의 전략을 받는다. 이러한 방식으로 우리는 천국을 이 땅에 가져오기 시작하며, 그것이 모든 차이를 만든다.

나의 천사들이 나를 천국으로 데려가다

몇 년 전, 10월의 어느 수요일 늦은 밤에 비행기로 샌프란시스코에 도착했다. 나는 선지자 페기 콜(Peggy Cole)의 초청을 받아 캘리포니아 퍼시피카에서 열리는 예언 집회에서 다른 저명한 강사들과 함께 설교하고 사역했다. 이 집회를 고대하고 있었지만, 그 주에 경험하게 될 놀라운 일들에는 전혀 준비가 되어 있지 않았다.

비행기에서 내린 후 렌터카를 타고 내가 묵을 호텔까지 직접 운전했다. 도착하자마자 너무 피곤해서 잠자리에 들 준비를 하고 누웠더니, 곧바로 깊은 잠에 빠져들었다. 그런데 몇 시간 후, 갑자기 나의 천사 세 명이 나를 깨웠다. 이들은 나의 삶과 사역 가운데 항상 나와 동행하는 주요 천사들이다. 이전에도 만난 적이 있어서 그들의 이름과 사명을 알고 있었지만, 이렇게 급하게 나를 깨웠다는 사실에 놀랄 수밖에 없었다. 정말 오랜만의 만남이었는데, 어떤 임무를 가지고 이 방에 찾아온 것이 분명했다. 그들은 나를 천국으로 데려오라는 하나님의 지시를 받았다고 했다.

즉시 나는 성령님 안에 있었고 천사들이 나를 천국으로 데리고 갔다. 천사들이 영광의 차원에서 사람들을 천국으로 데려가는 경우가 있다. 내가 육신 안에 있었는지, 육신을 벗어나 있었는지는 확실하지 않다. 사도 바울이 그 부분을 염려하지 않았던 것 같아서 나도 크게 신경 쓰지 말아야겠다고 생각했다. 하지만 수년간 그 일을 생각할 때마다 혼란스러웠다. 그것이 너무나도 실제적으로 느껴져서 마치 내가 여전히 육신 안에 있는 것 같았기 때문이다.

천국에 들려 올라가던 날 밤 내가 보고, 듣고, 경험한 것들 대다수는 도저히 말로 형언할 수 없다. 그 모든 아름다움과 장엄함은 말로 다 표현할 수 없을 정도였다. 이들 천국의 것들은 너무나도 거룩해서 이 땅의 언어나 비유로 설명할 수 없다. 내가 본 것들 중에는 말하면 안 되는 것들도 있고, 성령님이 허락하시면 나중에 말할 수는 있겠지만, 아직도 나의 영 안에서 온전히 이해하기 위해 노력하고 애쓰는 것들도 있다. 하지만 그날 밤 호텔 방으로 돌아오자마자 즉시 털어놓고 싶었던 한 가지가 있다. 빛을 풀어놓는 것과 관련이 있기에 여기에서 그것을 나누고자 한다.

하늘의 빛에 대한 계시

천국에 있는 동안 거대한 방으로 인도되었는데, 그곳에서 주님이 접혀 있는 커다란 종이를 건네주셨다. 사람을 보듯이 주님을 볼 수 없었기 때문에, 그분이 어떤 모습이었는지는 말해 줄 수 없다. 하지만 그분의 임재가 느껴졌고 나와 함께 계신 분이 그분임을 알았다. 그분이 내 손에 쥐여 주신 종이 겉면에는 "별들의 지도"라고 적혀 있었다. 할리우드 기념품 가게에서 파는 영화배우들의 집이나 다른 유명 장소들을 찾아볼 수 있는 지도가 연상됐다.

지시에 따라 그 종이를 펼쳐 보았더니, 캘리포니아주가 그려져 있었다. 한순간에 지도 곳곳에서 작은 불빛들이 반짝이며 나타나기 시작했다. 불빛들이 켜지는데, 북쪽에서 남쪽으로 캘리포니아 지도 전체에 밝게 빛나는 별들처럼 나타났다. 그러다가 갑자기 캘리포니아 남쪽 상공에 이 밝은 별들의 무리가 형성되기 시작하는 모습이 보였다. '잠깐만!' 나는 속으로 생각했다. '로스앤젤레스야! 로스앤젤레스 위에 별 무리가 형성되고 있어. 로스앤젤레스의 엔터테인먼트 지역 곳곳에 별들이 생겨나고 있어!'

내가 보고 있는 이 모든 장면에 놀라워하며 그곳에 서 있는데, 별들이 계속해서 나타났다. 그들은 매우 밝게 빛나고 있었다. 그 순간 그 지도를 손에 들고 깨달은 것은 하나님의 영광이 캘리포니아주 전역에 임하고 있으며, 특히 엔터테인먼트 산업에서 그분이 초자연적인 일을 행하고 계신다는 것이었다. 이 별들은 하늘에 열려 있는 빛나는 문들로, 하나님의 빛이 직접 그 땅을 비추며 영향을 끼치고 있었다. 나중에 기도하면서 이 빛나는 문들이 그 지역에서 하나님의 빛의 능력과 임재로 불타오르게 될 실제 사람들을 예언적으로 보여준 것임을 깨닫게 되었다.[5] 전날 밤 내가 성령 안에서 본 것들에 대한 정말 놀라운 확증이었다!

이러한 체험은 기도와 찬양, 그리고 대규모 예언 집회를 통해 미디어와 엔터테인먼트 산업을 향한 하나님의 마음을 구하는 우리 사역의 촉매제가 되었다. 먼저 우리는 파라마운트 픽처스의 스튜디오에서 대규모 찬양 집회들을 개최하여 성령 안에서 본 것을 활성화시키는 첫걸음을 내디뎠다. 이어서 버뱅크에 있는 월트 디즈니 스튜디오 상영관에서 디즈니 직원들과 다른 엔터테인먼트 관계자들이 참여한 가운데 성경 공부를 시작했다. 또한 우리는 수년 동안 워너 브라더스 스튜디오 야외 촬영장에서 영성 세미나를 주최했다. 더불어 성령님은 우리가 사역할 수 있었던 유명한 연예인들과 문화적 영향력을 가진 이들에게 은혜를 베풀어 주셨다.

우리는 이러한 영적 체험을 통해 받은 천국의 지시에 따를 때 일어나는 영적 영향력을 목격하고 있다. 지난 20년 동안 우리는 캘리포니아 전역에서 일어난 영적 부흥에 동참해 왔으며, 더 많은 영적인 영화들이 제작되고, 기독교 프로그램들이 최고 시청률을 기록하며, 예배 음악들이 최고의 음악상을 수상하는 등, 엔터테인먼트 산업을 통해 하나님의 은총의 빛이 풀어지는 것을 목격했다. 천국이 할리우드를 침노하고 있으며, 우리는 하나님이 계속해서 행하실 모든 일들을 이제 막 목격하기 시작했을 뿐이다. 그날의 체험에 대한 자세한 내용과 그 예언의 약속들을 성취하기 위해 주님이 우리에게 주신 추가적인 계시들은 나의 책 《능력의 문》에서도 나누었다.[6]

천국 체험 시험해 보기

다음 장에서는 믿음으로 꾸준히 천국에 올라갈 수 있게 해주는 계시적이고 성경적인 열쇠들을 알려줄 것이다. 이러한 체험들은 당신의 시야를 더 높여 주고 효과적인 영적 전투의 전략들을 제공하여 궁극적으로 원수보다 앞서 나아가게 할 것이다. 그리하여 원수가 당신을 방해할 기회를 잡기도 전에 그를 막을 수 있게 될 것이다.

영광의 빛의 차원에서는 원수의 계략들이 드러나고 그의 사악한 계획들이 폭로된다. 우리는 빛의 전사로서 우리의 부르심과 사역 가운데 성공적으로 전진하는 데 초자연적인 우위를 점하게 될 것이다. 이러한 체험 혹은 만남은 대낮에 환상으로 임할 수도 있고, 밤중에 꿈속에서 일어날 수도 있다. 어떤 것들은 너무나도 현실적으로 느껴져서 실제로 그곳에 있었다고 맹세할 수 있을 정도이다. 그 방식이 어떠하든지 그것이 정당하다는 사실을, 그리고 당신이 두려워할 이유가 전혀 없다는 것을 알기 바란다.

때때로 사람들이 "유체이탈" 현상을 경험했다고 할 때, 그것은 신비주의 주술(occult) 행위를 통해 그 영혼이 자의적으로 초자연적 체험을 하는 것, 이른바 "아스트랄계(astral plane, 요가에서 말하는 육체와 분리된 영적 세계)"를 여행하는 것을 말한다. 그리스도인들에게 이러한 행위는 불법이며 영적으로 위험하다. 하지만 내가 여기서 언급하는 내용은 절대로 그런 것이 아니라는 사실을 분명히 한다.

거짓된 영적 체험과 참된 영적 체험의 차이는 속된 것이냐 거룩한 것이냐의 문제이다. 전자는 자기 자신을 의지하지만(원수는 이것을 이용한다), 후자는 하나님을 의지한다(그러면 성령님이 우리의 영에 응답하신다). 우리는 "자기 의지"로 이것들을 경험하는 것이 아니다. 오히려 우리 삶을 향한 하나님의 완벽한 계획을 알기에 그분의 예언적 말씀에 우리 자신을 내어 드리며 그분의 약속을 굳게 붙잡는 것이다.

참된 믿음은 자기 자신이 아니라 하나님을 신뢰하는 것이다. 우리는 "하나님, 주님의 뜻이 제 삶에서 이루어질 것입니다"라고 기도하며, 그분의 초자연적인 인도하심을 구한다. 하나님은 그분이 "나의 영광이시요 나의 머리를 드시는 자"라고 말씀하셨다(시 3:3). 그러므로 그분이 나를 그분의 영광으로 운반하셔서 내 삶의 부르심을 성취하기 위해 반드시 필요한 모든 경험 속으로 들어 올리시도록 허락해 드릴 것이다. 이것이 바로 그분의 뜻이다.

어떤 이들은 이렇게 반문할 수도 있다. "만약 제가 속고 있는 것이라면 어떻게 하죠?" 나는 모든 영적 체험들을 하나님의 말씀의 진리로 시험해 볼 것을 권한다. 그렇게 하면 진리의 영과 거짓의 영을 분별할 수 있다. 영들을 시험해 보라(요일 4:1~6). 성경 말씀에 의하면, 우리는 특정 지침에 따라 그것이 참된 것인지 분별할 수 있다. 당신의 영적 체험은 다음의 진리들과 일치하는가?

1. 예수 그리스도께서는 육신을 입고 오셔서 갈보리 십자가에서 그분의 사역을 이루심으로 우리를 죄에서 구원해 주셨다.
2. 예수 그리스도는 높임 받으신 참 하나님이시며 모든 것의 주님이시다.
3. 예수 그리스도 안에서 우리는 하나님의 자녀이다.
4. 그분의 자녀인 우리는 예수 그리스도를 통해 승리하였다.
5. 하나님의 말씀은 그분의 궁극적인 권세 그 자체이다.

믿는 자들에게는 많은 영적 체험들이 허락되었다. 그것은 천국에 있는 지역이나 저택, 방들만큼이나 다양하지만, 다시 한번 말하는데 위 지침들을 통해 그것들을 확실하게 시험해 볼 수 있다. 모든 영적 체험은 말씀을 확증하여 마음에 더욱 선명한 깨달음을 준다. 결코 말씀과 충돌하지 않는다. 다음 장에서 이러한 계시를 더 깊이 살펴볼 준비를 하면서 다음의 기도를 함께 드리자.

[Pray]

주님, 빛의 길을 열어주심으로 지금 이 순간 이곳에서 천국의 것들을 경험할 수 있도록 허락해 주시니 감사합니다. 예수님, 감사합니다! 우리의 눈이 초자연적인 영광의 영역을 깨우치기를 갈망하기에 하늘의 환상을 구합니다. 주님, 오늘날 주님이 계시해 주시는 것들을 분명하게 보고 정확하게 들을 수 있도록 우리의 영적인 눈과 귀를 열어주시니 감사합니다. 하나님, 주님이 무엇을 어떻게 행하실 것인지 우리의 모든 고정 관념들을 없애 주소서. 성령님께 전적으로 순복합니다. 우리를 세상의 사고방식에 얽매이게 하는 모든 제약과 방해, 산만함, 걸림돌들을 제거해 주실 것을 담대히 구합니다. 또한 하나님 아버지, 아버지께서 지금 계시해 주시는 편안한 영광의 흐름에 감사드립니다. 예수님의 이름으로 주님이 계시해 주시는 영광에 감사드립니다. 능하신 주님의 이름으로 기도합니다, 아멘!

9장
빛의 경로로 들어가기

◆

9장

예수님은 다음과 같이 기도하라고 가르쳐 주셨다. "뜻이 하늘에서 이루어진 것같이 땅에서도 이루어지이다"(마 6:10). 지금 어디에서 살아가고 있든 예수님은 그곳을 천국이 내려와 매우 실제적으로 나타나는 장소로 여기기 바라신다. 지난 수년 동안 나는 여러 지역에서 살아보는 특권을 누렸는데, 각각의 장소에서 다음과 같이 기도했다.

- 뜻이 하늘에서 이루어진 것같이 캘리포니아 샌디에이고에도 이루어질지어다.
- 뜻이 하늘에서 이루어진 것같이 플로리다 스프링힐에도 이루어질지어다.
- 뜻이 하늘에서 이루어진 것같이 온타리오 런던에도 이루어질지어다.
- 뜻이 하늘에서 이루어진 것같이 브리티시컬럼비아 랭글리에도 이루어질지어다.
- 뜻이 하늘에서 이루어진 것같이 온타리오 벌링턴에도 이루어질지어다.

- 뜻이 하늘에서 이루어진 것같이 앨라배마 버밍햄에도 이루어질지어다.
- 뜻이 하늘에서 이루어진 것같이 캘리포니아 팜스프링스에도 이루어질지어다.

각자가 살고 있는 지역을 위해서도 이 기도를 드릴 수 있다.

- 뜻이 하늘에서 이루어진 것같이 ＿＿＿＿＿＿에도 이루어질지어다.

나는 그리스도의 제자이며, 당신도 그렇다고 믿는다. 예수님은 그분의 제자들에게 이렇게 기도하라고 가르치셨다. 나는 영의 차원에서 이 기도가 하나님의 빛과 영광으로 천국의 회오리바람을 일으켜 소용돌이치도록 허락한다고 믿는다. 이것은 마치 모든 것을 뒤집어엎고 우리를 위로 끌어 올리는 거룩한 토네이도와 같다. 천국이 임할 때, 우리는 끌려 올라가게 된다!

최근 어떤 집회에서 영광의 임재 가운데 사역하고 있는데, 한 여성이 주님의 강력한 손길을 경험했다. 그녀는 나중에 다음과 같은 편지를 보내왔다.

다 같이 예배를 드릴 때 제가 빛 가운데 위로 올라가는 것이 느껴졌어요. 그것은 그때까지 제가 경험했던 것과는 완전히 달랐어요. 영광 속으로 더 높이 들어 올려질수록, 더욱더 하나님께 모든 영광을 돌리고 싶었어요. 그리고 곧 제가 하나님의 보좌 앞에 서 있음을 깨달았어요. 난생 처음으로 하나님의 사랑이 저를 완전히 채우는 것을 느꼈습니다. 그 후 다시 육신으로 돌아왔을 때, 모든 것이 이전과 같지 않을 것임을 깨달았어요. 제 삶 속에 하나님의 사랑과 평강, 선하심이 가득 채워지는 것을 느꼈어요. 그리고 15년 넘게 고통받았던 만성 통증이 완전히 사라졌어요. 저는 이것이 오직 주님의 임재 안에서만 일어날 수 있다는 사실을 압니다.

하나님의 빛 안에서 우리는 이와 같은 일들이 일어날 것을 기대할 수 있다. 예수님의 가장 위대한 기도들 중 하나가 요한복음 17장 24절에 기록되어 있다.

> 아버지여 내게 [선물로] 주신 자도 나 있는 곳에 나와 함께 있어 아버지께서 창세전부터 나를 사랑하시므로 내게 [선물로] 주신 나의 영광을 그들로 보게 하시기를 원하옵나이다 (확대역)

"내게 주신 자도 나 있는 곳에 나와 함께 있어…" 예수님은 지금 어디에 계실까? 십자가에 매달려 고통 받고 계신가? 지금 그분은 어디에 계신가? 그렇다. 성경이 "하나님의 나라가 너희 안에 있느니라"고 선언하고 있기에 믿는 자들은 그분이 우리 안에 계신다는 것을 안다(눅 17:21). 그러나 나는 예수님이 우리 마음의 보좌에 앉아 계시면서 동시에 아버지의 우편에도 앉아 계신다는 것을 당신이 인식하기를 바란다(행 2:33, 히 1:3, 12:2, 벧전 3:22). 예수님은 우리가 아버지의 우편에 함께 있기를 기도하셨다. 그러므로 우리가 빛 가운데 위로 올라가는 것이 하나님의 뜻인 것은 분명하다. 그리고 여기에는 현재뿐만 아니라 우리가 영원히 하나님과 함께할 미래도 포함된다고 믿는다(엡 2:6).

천국을 체험하는 데에는 다양한 방법들이 있지만, 이 모든 것들은 예수 그리스도와의 개인적이고 친밀한 관계를 통해서 시작된다(요 14:6). 하지만 우리가 원하는 것은 단순히 무언가를 체험하는 것이 아니라, 바로 그분 자신이다. 더 높은 차원에서 그분과 함께하는 것이 우리 마음의 소망이어야 한다.

성경에는 천국을 체험하는 다양한 방식의 올라감이 기록되어 있다. 다음은 몇 가지 예들이다.

- 야곱과 스가랴는 꿈과 환상을 통해 천국을 보았다(창 28:12, 슥 1:8, 3:1~5). 당신도 꿈이나 환상 가운데 천국으로 들어 올려질 수 있다.
- 엘리야는 회오리바람을 타고 하늘로 올라갔고, 에스겔은 불이 번쩍이는 큰 구름을 동반한 "폭풍"을 타고 하늘로 올라갔다. 엘리야는 말 그대로 회오리바람에 들려 올라간 반면, 에스겔은 초자연적인 폭풍에 하늘이 열리면서 영광의 차원을 볼 수 있었다(왕하 2:11~12, 겔 1:1, 4). 당신도 이와 비슷한 방식으로 들어 올려지는 특별한 예언적 경험을 할 수 있다.
- 예수님은 구름을 타고 하늘로 승천하셨다(행 1:9). 우리도 하나님의 영광의 구름 속으로 들어갈 때, 더 높이 들어 올려질 것을 기대해야 한다.

에녹은 하나님과 동행했다

천국 체험의 본질을 더 자세히 살펴볼 준비를 하면서 창세기 5장 22~24절의 선지자 에녹에 관한 흥미로운 성경 구절을 생각해 보자.

므두셀라를 낳은 후 에녹이 300년을 하나님과 동행하며[늘 교제하며] 아들과 딸을 낳았다. 그래서 그는 삼백육십오 세를 살았더라. 에녹은 그렇게 [늘 교제하며] 하나님과 동행했다. 그러자 [하나님이 집으로] 그를 데려가셔서 세상에 있지 않았다 (확대역)

"그는 삼백육십오 세를 살았다!" 이것이 그리스도의 완성된 사역 이전 더 낮은 언약 아래에서 이루어진 일임을 인식하기 바란다. 예수님의 보혈로 맺어진 새 언약 아래 있는 오늘날의 우리는 얼마나 더 큰 영광을 누릴 수 있겠는가! 에녹과 그 후손들의 삶 속에서 그들을 붙들고 이끌어 주신 하나님의 능력이 놀랍다. 하지만 여기서 초자연적 열쇠는 에녹이 하나님과 동행했다는 것이다. 우리가 하나님과 동행하면 초자연적인 일이 일어날 수밖에 없다. 에녹은 하나님을 가까이하는 삶을 선택했다. 하나님께 너무 가까이 다가갔기에 결국 하나님의 임재라는 능력의 문에 완전히 삼켜져 더 이상 이 땅에 존재하지 않게 되었다. 하나님과 너무나도 친밀하게 동행했기에 곧바로 하늘의 영광 안으로 걸어 들어가게 되었다.

천국의 도전

몇 년 전, 에녹과 관련하여 위 성경 구절을 읽다가 365라는 숫자에 대해 성령님이 도전을 주시는 것을 느꼈다. 그분은 나에게 물으셨다. "네가 살아가는 매년 365일을 나와 동행하기를 원하느냐?" 물론 나는 "그렇습니다, 주님!"이라고 대답했다. 하지만 최근 이 말씀을 마음속으로 묵상하고 있는데 주님이 또 다른 질문을 하시는 것이 느껴졌다. "조슈아, 너는 365일 동안 나와 천국에서 만나 동행하겠느냐?" 주님은 나를 더 높은 차원으로 부르며 도전하고 계셨다. 나도 동일한 질문을 던지고 싶다, "당신은 365일 천국을 체험하며 기꺼이 주님과 동행하겠는가?"

이제 영광의 빛 안에서 하늘로 들려 올라가는 네 가지 열쇠들을 살펴보자.

하늘로 올라가는 열쇠
#1: 영광을 초청하라

우리는 영적인 차원으로 들려 올라가는 것이 성령님의 갈망임을 안다. 그러므로 성령 안에서 기도함으로써 하나님의 영광을 초청할 수 있다. 그렇게 하면, 우리의 마음이 준비되고 우리의 동기가 하나님의 마음과 일치하게 된다. "내 원대로 마시옵고 아버지의 원대로 되기를 원하나이다"(눅 22:42). 방언이 다른 성령의 은사들과 초자연적인 체험들을 활성화하는 관문이라는 빌리 브림의 말을 기억하라. 나는 방언을 많이 할수록 나의 머리, 곧 생각에서 벗어나 (내 영이 위치한) 마음으로 더 잘 들어갈 수 있다는 것을 알게 되었다. 성령으로 기도하는 것은 더 깊은 체험으로 들어가서¹⁾ 하나님의 영광의 빛 가운데 더 높이 올라가기 위한 핵심적인 준비이다. 성령 안에서 기도하면서 당신을 채우고 둘러싸는 하나님의 선명한 임재를 인식하기 시작하라. 이것은 다음 열쇠와 더 쉽게 연결되도록 돕는다.

하늘로 올라가는 열쇠
#2: 자아의 죽음

이 열쇠는 당연하게 여겨질 수도 있는데, 천국에 가는 단 하나의 방법은 바로 당신이 죽어야 한다는 것이다! 믿는 자가 육신적으로 죽으면 천국에 간다는 것은 분명한 사실이다. (물론 어떤 의미에서는 낮은 차원에서 살아가다가 더 높은 차원의 존재가 되는 것이기에 믿는 자들은 결코 죽지 않는다고 말할 수도 있다.) 성경은 "한 번 죽는 것은 사람에게 정해진 것이요"라고 하며(히 9:27), 육신을 떠나면 주님과 함께 있게 된다고 말씀한다 (고후 5:8). 이들 구절들은 모두 육신의 죽음에 대해 이야기하고 있지만, 그것은 지금 우리가 집중하려는 것이 아니다. 그보다는 사도 바울이 "나는 날마다 죽노라"고 말한 개념이다(고전 15:31). 그는 매일 자아가 죽는 진정한 희생제사에 대해 이야기하고 있다. 이것은 반드시 해야 하는 선택이며, 오직 우리만이 스스로 내릴 수 있다. 이렇게 말한 바울도 셋째 하늘에서 영적 체험을 했다는 사실을 기억하라. 자아의 죽음은 천국을 체험하는 열쇠이다.

우리는 그리스도를 영접하고 구원 받았을 때 새로워진 우리의 영에 혼과 육을 일치시킴으로써 자아를 죽일 수 있다. 성령님의 인도하심을 받는 우리의 영은 우리의 혼과 육이 하나님의 거룩함을 닮도록 이끈다.

> 내가 그리스도와 함께 십자가에 못 박혔나니 그런즉 이제는 내가 사는 것이 아니요 오직 내 안에 그리스도[메시아]께서 사시는 것이라 이제 내가 육체 가운데 사는 것은 나를 사랑하사 나를 위하여 자기 자신을 버리신 하나님의 아들을 믿는 [그분을 붙잡고 의지하고 전적으로 신뢰하는] 믿음 안에서 사는 것이라 (갈 2:20, 확대역)

우리는 그리스도와 함께 십자가에 못 박혔고, 또한 그리스도와 함께 부활하여 "새 생명 가운데 행할 수 있게"(롬 6:4) 되었다. 새 생명 안에서 행하기 위해서는 앞서 논의한 자아의 희생제사가 필요하다. 믿는 자들이 완전한 희생제사로 자신을 구별하여 드리는 방법에는 두 가지가 있다. (1) 혼의 희생제사, (2) 육신의 희생제사. 영적으로 말하자면, 우리는 혼과 육의 세속적 욕망을 완전히 묻어버리고 모든 영역 가운데 성령님의 역사하심에 전적으로 헌신하는 것이다.

1. 혼의 희생제사

이것은 우리의 마음과 의지, 감정들을 하나님의 뜻에 온전히 내어 드리는 것이다. 이렇게 함으로써 우리 혼의 세상적인 욕망이 아니라 영광의 충동에 이끌리기로 선택하게 된다.

> 너희는 이 세대[외적이고 표면적인 문화]를 본받지 말고 오직 마음을 [새로운 생각과 새로운 태도로] 새롭게 함으로 [완전히] 변화를 받아 [너희를 향한] 하나님의 [관점에서의] 선하시고 기뻐하시고 온전하신 뜻이 무엇인지 분별하도록 하라 (롬 12:2, 확대역)

2. 육의 희생제사

이것은 우리의 육신을 주님을 섬기는 데 헌신하는 것이다. 우리의 성전(몸)으로 주님을 높여 드리고, 영적인 예배의 일환으로 우리를 그분께 온전히 드리는 것이다. 우리의 영에서 시작된 것은 결국 우리의 육신적 표현으로 나타나게 된다.

> 그러므로 형제들아 내가 하나님의 모든 자비하심으로 너희를 권하노니 너희 몸을 하나님이 기뻐하시는 거룩한[구별되어 드려진] 산 제물로 드리라 이는 너희가 드릴 [합당한] 영적 예배니라 (롬 12:1, 확대역)

이러한 제사들과 관련된 다음의 성경 구절들도 살펴보라. 눅 9:23~24, 벧전 4:1~2, 갈 5:24, 롬 6:8, 11~14.

하늘로 올라가는 열쇠
#3: 나의 영적 위치 알기

이것은 하늘의 차원과 영적으로 연결되기 위해 반드시 필요한 또 하나의 열쇠이다. 먼저 그리스도 안에서 자신의 영적 위치를 인식한 다음, 전 존재를 그것과 일치시켜야 한다. 자신을 그리스도의 빛 안으로 불러 올리라.

에베소서 2장에 나타난 사도 바울의 계시적 통찰에 일치시키면 모든 것이 달라질 것이다. 에베소서 2장 전체를 연구해 볼 것을 적극 권한다. 여기서 바울은 그리스도께서 승천하셔서 아버지 우편에 앉으셨을 때, 우리도 영적으로 그분과 함께 올라가서 하늘의 영역에 함께 앉혀졌다고 말한다.

> 그리스도[메시아, 기름부음 받은 자]와 함께 우리를 일으키셔서 [그의 앉으심에 동참하도록] [우리 존재의 순결함으로] 그와 함께 하늘에 앉게 하시니 (엡 2:6, 확대역 클래식)

하나님은 우리가 보좌의 (방의) 관점을 갖기 원하시는 것이 분명하다. 왜냐하면 그곳이 바로 우리가 그리스도와 함께 영적으로 앉혀진 장소이기 때문이다. 천국은 우리의 영이 이미 그곳에 위치해 있음을 깨달을 때 더 쉽게 임한다. 그러므로 이제 이것을 깨닫기만 하면 된다. 그리고 다음 열쇠를 실천할 때 깨달음은 쉽게 임한다.

하늘로 올라가는 열쇠
#4: 빛에 잠기라

"잠겨 있으면(soaking)" 영적으로 집중하게 된다. 혹시 무슨 말을 들었든지 하나님의 영광의 빛에 잠기는 것은 성경적인 일이다. 잠긴다는 것은 쉽게 말해 하나님의 임재 안에서 안식하며 그분을 온전히 받아들이기 위해 마음을 여는 것이다. 시편 46편 10~11절(확대역)에서 다윗은 다음과 같은 말을 남겼다. "너희는 가만히 있어 내가 하나님 됨을 알지어다[인식하고 이해할지어다]… 만군의 여호와께서 우리와 함께하시니 야곱의 하나님은 우리의 피난처[높은 망대요 요새]시로다." 영광의 빛에 잠길 때 우리는 예수 그리스도의 주 되심을 인식하고 그분의 천국의 임재 안에서 안식하게 된다. 임재에 잠기는 것의 이점은 다음과 같다.

1. 변화

햇빛을 쬐는 것이 육신과 정신 건강에 도움이 되는 것과 마찬가지로, 영광의 빛에 잠기면 우리는 안팎으로 변화된다. 우리의 마음을 부드럽게 하고 예수님을 더 많이 닮게 하며, 스스로는 할 수 없는 방식으로 우리를 변화시킨다. 영광의 차원에서 하나님께 우리 자신을 내어 드릴 때, 우리는 그분의 영광의 임재로 변화된다(고후 3:18).

2. 평강

영광의 빛 안에서 시간을 보내면 우리의 삶에 평강과 고요함, 평온함이 임한다. 그 빛 안에서는 예수님의 임재가 우리의 문제들보다 더 크게 느껴지면서 안식을 가져오는 천국의 관점, 시각을 부여받게 된다(시 17:15, 29:11, 출 33:14).

3. 기쁨

영광의 빛에 잠기면 말로 표현할 수 없는 기쁨으로 가득 차게 된다. 종종 우리 존재의 가장 깊은 곳에서부터 저절로 웃음이 터져 나오거나 압도적인 내면의 행복감을 느끼게 된다. 하나님의 빛 안에 있는 것은 정말로 큰 기쁨을 가져다준다!(시 16:11, 21:6, 느 8:10)

4. 치유와 축사

많은 이들이 영광의 빛에 잠겨 있는 동안 신체와 감정, 그리고 영의 치유를 경험한다. 기름부음 받은 음악에는 우리의 가장 깊은 곳까지 하나님의 빛을 전달하는 능력이 있다. 다윗이 사울 왕을 위해 기름부음 받은 수금을 연주할 때, 사울은 치유와 축사를 받았다(삼상

16:15~23).

5. 천국 체험

영광의 빛에 잠기는 것은 우리의 삶을 영원히 바꿔놓을 하나님과의 강력한 만남으로 이어질 수 있다. "하나님을 가까이하라 그리하면 너희를 가까이하시리라"(약 4:8)고 한 야고보의 말을 기억하라. 하나님의 빛에 잠겨 열린 마음으로 그분께 가까이 다가가면, 성령님이 새롭고 강력하게 임하시도록 허락해 드리게 된다(시 36:8, 엡 1:3).

많은 사람들이 매일 저녁 잠들기 전에 경배와 찬양 음악에 잠기는 것을 좋아한다. 그렇게 하면 잠을 자는 동안에도 평안한 영적 분위기가 조성되어 긴장을 풀고 날마다 천국을 체험할 준비가 된다. 우리의 육신은 당연히 쉼을 필요로 하지만, 우리의 혼과 영은 깨어 활동하며 밤새 천국의 차원을 탐험할 수 있다. 내가 빛에 잠기는 것을 정말로 좋아하는 이유는 그것이 안식과 연결되어 있기 때문이다. 쉼의 자세를 취할 때, 우리는 영적으로 더 깨어 있을 수 있다. 서두르지 말고 오히려 하나님의 빛의 분위기에 흠뻑 젖어 있으라.[2]

천국 체험 준비하는 법

이 메시지를 전하면서 나를 통해 강력한 기름부음이 흘러가는 것이 느껴진다. 이 지침을 따르고 하나님의 영광의 빛에 온전히 자신을 내어 드린다면, 틀림없이 천국의 체험 속으로 올라가는 자신을 발견하게 될 것이다. 가장 큰 도전은 무언가를 보려고 억지로 애쓰지 않는 것이다. 다시 말하지만, 천국을 체험하는 마지막 열쇠인 "빛에 잠기는 것"은 결국 쉼, 안식을 의미한다. 쉼의 자세를 취하면, 그것이 쉽게 임하게 된다. 고군분투하며 애쓰거나 억지로 하려 하지 말고 그저 안식하며 받아들이기만 하면 된다.

나는 가끔 긴장을 풀어주는 마사지를 받으러 가는 것을 좋아한다. 팜스프링스에 발 마사지를 아주 잘하는 곳이 있는데, 특히 걷는 일이 많은 선교 여행 뒤에 가면 정말 좋다. 마사지를 받을 때마다 기대하든 아니든 마음이 쉽게 풀어지면서 신성한 흐름 속으로 들어간다. 편안히 기대어 쉬면서 내 혼이 영 안에서 보기 시작한다. 갑자기 내 상상의 스크린 위로 자연스럽게 솟아난 여러 가지 아이디어와 이미지, 인상들이 흘러가기 시작한다는 말이다. 억지로 이렇게 하는 것이 아니다. 오히려 그 반대이다. 그리고 이번 장에서 제시한 천국 체험의 열쇠들을 따르면, 동일한 일이 훨씬 더 높은 수준으로 일어난다. 영광을 초청하여 자아가 죽어 하늘의 영역에서 그리스도와 함께 앉혀진 자신의 영적 위치와 연결되면, 빛 가운데 올라가서 천국을 인식하게 된다.

하나님의 빛이 우리 마음속을 비추며 우리를 들어 올려 천국 체험이 시작되면, 그분의 생각이 우리 혼에 스며들 것을 기대할 수 있다. 이것은 하나님이 우리의 마음을 새로운 생각들로 채워 주시고, 우리의 뜻을 재정비하여 그분의 갈망을 느낄 수 있게 하시며, 거룩한 웃음, 정화의 눈물, 황홀한 기쁨, 깊은 사랑의 헌신 등으로 우리의 감정을 움직이실 수 있다는 말이다. 아무런 노력 없이도 새로운 아이디어를 받고, 새로운 감정들을 느끼며, 하나님의 음성을 듣고, 이전에는 보지 못한 것을 보기 시작할 것이다. 심지어는 영의 차원에서 어떤 맛을 느끼거나 냄새를 맡게 될 수도 있다.

며칠 전 로스앤젤레스에서 사역하고 있는데, 그 교회 앞쪽 절반 전체가 압도적인 꽃향기로 가득 차기 시작했다. 이것은 그리스도의 향기들 중 하나이다. 영광의 차원에서 천국을 경험하면서 꽃, 바닐라, 계피, 몰약, 유향, 백향목, 불에 그을린 나무 또는 다른 여러 가지 향기들을 맡는 것은 매우 흔한 일이다. 또한 입에서 꿀이나 단맛이 느껴지는 경우도 많은데, 이것은 예언적으로 하나님의 말씀이 계시처럼 흘러가기 시작한다는 의미이다. 이러한 초자연적인 현상들에 주의를 기울이고 감사하라. 그것들을 그저 "내 생각일 뿐"이라거나 "상상"이라며 무시하지 말라. 주님 앞에 나아가 받을 준비가 되었다면, 바로 그런 일들이 일어나기 시작할 것이다. 하늘의 문으로 들어가는 것에 대해서는 예수님이 누가복음 11장에서 하신 말씀을 기억하라.

> 내가 또 너희에게 이르노니 구하라 그러면 너희에게 주실 것이요 찾으라 그러면 찾아낼 것이요 문을 두드리라 그러면 너희에게 열릴 것이니 구하는 이마다 받을 것이요 찾는 이는 찾아낼 것이요 두드리는 이에게는 열릴 것이니라 너희 중에 아버지 된 자로서 누가 아들이 생선을 달라

하는데 생선 대신에 뱀을 주며 알을 달라 하는데 전갈을 주겠느냐 너희가 악할지라도 좋은 것을 자식에게 줄 줄 알거든 하물며 너희 하늘 아버지께서 구하는 자에게 성령을 주시지 않겠느냐 하시니라 (눅 11:9~13)

"하물며 너희 하늘 아버지께서 구하는 자에게 성령을 주시지 않겠느냐!" 천국 체험으로 들어가고자 할 때, 하나님이 우리를 잘못된 길로 인도하지 않으실 것을 신뢰할 수 있다. 그분은 우리의 요청을 들으셨다. 그러므로 우리가 그분의 빛 안에서 안식할 때 천국의 문을 기꺼이 열어주실 것이다. 그러나 그분이 생각이나 아이디어, 아름다운 이미지를 통해 우리를 하늘의 차원으로 안내하시기 시작할 때, 반드시 보이는 것을 기쁘게 받아들이고 그것들에 대해 감사드려야 한다.

빛의 계시들

믿음으로 하나님의 말씀에 순복할 때 초자연적인 일들이 일어나기 시작한다. 그분이 말씀하시면, 우리의 영이 귀 기울인다. 이렇게 하여 우리는 하늘의 뜻과 목적 안으로 들어 올려질 준비가 된다. 우리는 그분의 영광의 빛 안에서 올라가는 법을 배워야 한다. 에스겔의 예언적 체험을 통해 이것에 대한 더 깊은 계시를 받을 수 있다.

서른째 해 넷째 달 초닷새에 내가 그발 강가 사로잡힌 자 중에 있을 때

에 하늘이 열리며 하나님의 모습이 내게 보이니 (겔 1:1)

여기서 정말 놀라운 점은 에스겔이 포로 생활 중이었음에도 초자연적인 자유의 통로를 발견했다는 것이다. 성경은 하늘이 열리고 그가 하나님의 환상을 보았다고 말씀한다. 지금 어떤 상황에 처해 있든 상관없다. 어쩌면 덫에 걸리거나, 사로잡혀 있거나, 속박된 것처럼, 끔찍한 상황에 갇혀 묶여 있는 것처럼 느껴질 수도 있다. 하지만 하늘이 열려 있다면, 탈출구를 찾을 수 있다. 하나님의 영광에 대한 비전을 받기 시작하면 된다. 지금 당장 열린 하늘에 대한 환상을 받기 시작하라. 그렇다, 영 안에서 하늘이 열리게 하라. 열린 하늘에는 열린 땅이 필요하다. 바로 지금 이 땅에서 마음을 열면, 열린 하늘을 경험할 수 있다. 하나님께 다음과 같이 말씀드리기만 하면 된다. "제 마음과 혼과 생각이 열려 있습니다. 하나님, 저는 주님을 향해 완전히 열려 있습니다. 제 영이 주님을 향해 열려 있습니다. 주님께 그리고 주님을 위해 열려 있습니다." 그렇다, 우리도 열린 하늘의 실재와 연결될 수 있다. 하늘은 우리를 위해서도 열려 있다.

어쩌면 당신은 질병에 갇혀 있는 것처럼 느껴질 수도 있다. 치유의 환상으로 하늘을 열라. 성령님이 온전함에 대한 환상, 위대한 의사이신 예수님에 대한 환상을 일으키고 계신다. 그렇다. 그분은 우리의 영, 혼, 육을 회복시켜 주시는 위대하신 분이다. 그분은 영광의 왕이시다. 예수님은 만유의 주님이시다. 예수님의 이름으로 치유를 받으라!

어쩌면 당신은 끔찍한 금전 상황에 갇혀 재정적으로 묶여 있다고 느낄 수도 있다. 하지만 지금 이 순간에도 우리는 들어 올려지고 있다. 더 높이 올라가라! 열린 천국의 환상 속으로 들려 올라가라. 흘러넘치는 풍요와 제한 없는 공급을 바라보라. 하나님의 선하심에는 끝이 없다. 그분은 "은도 내 것이요 금도 내 것이니라"(학 2:8) 말씀하셨다. 하나님을 신뢰하라. 영광의 분위기 가운데 두 손을 들고 열린 하늘에서 쏟아져 내리는 축복의 비를 받으라. 영광의 차원에서 그것을 볼 수 있다면, 이제 당신에게 필요한 모든 것에 대해 그저 하나님께 감사하라. 우리의 모든 필요들은 그리스도 예수님을 통해 하늘의 영광 안에서 그분의 풍성하심대로 채워진다(빌 4:19). 하늘이 열렸으니 주님을 바라보라. 삶 가운데 그분이 높임 받으시는 모습을 바라보라. 만왕의 왕, 만주의 주되신 분을 바라보라. 이러한 신성한 실재에 대한 환상을 받으라. 그렇게 함으로써 우리는 신성한 일치와 조화 속으로 들어가서 빛 가운데 올라갈 준비를 하게 된다.

나는 지금 당신을 위해 다음과 같이 기도하기 원한다.

[Pray]

주님, 주님의 백성들이 열린 천국의 환상 속으로 들어가서 높이 들리신 주님의 모습과 주님 앞에서 경배하는 천군 천사들을 보게 하시니 감사합니다. 그렇습니다, 주님, 우리로 하여금 하늘의 영광을 보고 주님의 영광의 놀라운 경이로움을 목격하게 하시니 감사합니다. 주님은 아름답고 거룩하시며 승리와 권세로 보좌에 앉으셨습니다. 우리가 모든 영광 안에서 주님을 뵙게 하소서!

청지기가 되어 관리하라

하나님은 우리에게 무언가를 주실 때마다 청지기가 되어 그것을 잘 관리하기를 바라신다. 여기에는 천국 영역의 체험들도 포함된다. 빛 가운데 체험하는 것을 선한 청지기가 되어 잘 관리하는 방법과 관련된 몇 가지 지침들로 이번 장을 마무리하고자 한다.

예수님께 영광을 돌리라

첫째로, 천국 체험은 우리가 주목받기 위해 주어지는 것이 아니다. 이 점을 기억할 필요가 있다. 모든 관심은 예수 그리스도께 집중되어야 한다. 그분이 중심이시다. 다음과 같이 말해서는 안 된다. "모두 나를 보세요! 내 말 좀 들어보세요. 제가 아주 멋진 천국의 환상들을 봤어요." 빛의 전사들로서 우리는 어디를 가든지 항상 그리스도의 빛을 비추기 위해 노력해야 한다. 그분이 전부이시기에 모든 것이 그분을 위한 것이다. 천국의 일들에 대해 무관심하거나 경솔하게 말하지 말라. 영적인 체험들은 소중하고 귀하게 여겨야 한다. 거룩한 것으로서 조심스럽고 존귀하게 다루어야 한다.

성령님의 인도하심에 따라 나누라

둘째로, 이러한 체험들을 숨겨서는 안 된다. "그래, 이것은 나에게 주어진 것이니 아무에게도 말하지 않을 거야. 그냥 둘 거야"라고 하지 말라. 물론 모든 것을 다 나누지는 못할 수도 있다. 바울은 셋째 하늘을 방문했던 일에 대해 다음과 같이 말했다. "말로 표현할 수 없는 말을 들었으니 사람이 가히 이르지 못할 말이로다"(고후 12:4). 영적인 체험들에는 지금 나눠도 되는 것도 있지만, 나중을 위해 아껴둬야 할 것, 어쩌면 마음속에만 간직할 뿐, 절대로 공개적으로 나눌 수 없는 것도 있다. 하지만 궁극적으로 천국의 체험들은 다른 이들에게 그 계시를 전할 뿐만 아니라 제대로 관리할 책임도 함께 임한다.

따라서 계시를 받고 잠시 앉아서 하나님이 보여주시거나 말씀하시는 것에 대하여 깊이 생각하고 묵상해야 될 때도 있다. 그러나 또한 성령님의 지시에 따라 그것(또는 그 일부)을 다른 이들과 나누는 것에도 열려 있어야 한다. 이러한 체험들을 나누려면 적절한 대상, 장소, 시기, 분위기를 분별하는 것이 중요하다. 물론 모든 사람이 우리가 본 것들을 들을 영적 준비가 되어 있지는 않을 것이다. 그러나 준비된 사람들이 있으며, 그들은 우리의 천국 체험들에 대해 듣기를 고대하고 있을 것이다. 우리의 간증은 그들도 더 큰 영적 깨달음을 얻게 하는 촉매제가 될 수 있다.

살아 있는 본이 되라

성령 안에서 보는 것에는 말로 표현할 수 없거나 말할 수 없는 것들도 있다. 괜찮다. 모든 천국 체험은 우리 안에 새로운 차원의 영적 성장을 일으켜야 한다. 이것이 영적 체험을 잘 관리하는 선한 청지기가 되는 세 번째 열쇠이다. 천국의 차원에서 빛의 임파테이션을 받으면, 그 빛이 우리를 들어 올려 관점을 변화시킨다. 우리는 그러한 변화를 굳게 붙잡고 영적 체험 가운데 더욱 예수님을 닮아가도록 해야 한다.

사람들이 우리가 살아가는 모습을 볼 때에 예수님의 빛 안에서 그분과 함께하고 있다는 사실이 증거되어야 한다. 천국 체험의 상세한 내용들 일부는 오직 당신만을 위한 것일지라도, 그러한 체험의 증거는 주변 사람들에게 분명하게 드러나게 되어 있다. 사도 바울은 자신이 천국에서 본 것들에 대하여 다 이야기할 필요가 없었다. 그의 삶 자체가 천국에서 경험한 빛을 생생하게 보여주는 본이 되었기 때문이다. 예수님의 임재 안에 있었다면, 그것은 사람들에게 명백히 드러나게 되어 있다. 그 빛을 운반하며 발하게 되어 있다. 어디를 가든 그 빛을 풀어놓게 된다.

바울은 신약성경의 거의 4분의 1을 기록하였다. 특히 그가 원래 예수님을 따르는 자들을 박해하고 그들의 메시지를 증오했다는 점을 고려하면, 이것은 정말 놀랍고도 위대한 업적이다. 그는 다메섹 도상에서 처음으로 체험한 하나님의 영광의 빛에 의해, 그리고 이후의 천국 체험들을 통해 변화된 것이 분명하다.

계시를 받아 적으라

넷째로, 다른 사람들에게 말로 증거하고 하나님이 우리 삶에 가져오신 변화들을 보여주는 것을 넘어 성령님은 우리가 받은 천국 체험의 계시나 예언적 메시지들을 기록하여 영광의 영역에서 무엇을 보았는지 묘사하라고 요구하실 것이다. 선지자 하박국은 다음과 같이 기록했다. "여호와께서 내게 대답하여 이르시되 너는 이 묵시를 기록하여 판에 명백히 새기되 달려가면서도 [쉽고 빠르게] 읽을 수 있게 하라"(합 2:2, 확대역).

나는 에스겔의 천국에 관한 환상과 요한이 밧모 섬에서 받은 계시들이 기록되어 우리가 오늘날 그것들을 읽을 수 있음에 무척 감사한다. 이들은 천국 보좌가 있는 공간과 그 모든 영광을 목격하였고 자기들이 본 것 일부를 기록하였다. 그들의 천국 체험은 대대로 전해져서 사람들이 읽거나 들을 수 있었다. 이러한 계시들이 중요한 이유는 그것이 우리의 삶을 변화시키기 때문이다. 이 계시들이 기록으로 남아 있기 때문에 많은 이들이 지금도 그것을 알고 복을 받을 수 있는 것이다.

만일 우리가 말로 설명할 수 없는 것을 보았다면, 어떻게 그 환상을 받아 적을 수 있을까? 우리의 영에 그 이미지가 남아 있다면, 그것을 그림이나 회화 같은 예술적 방식으로 묘사하거나 다른 사람과 협력하여 시각적으로 구현해낼 수도 있을 것이다. 또 그러한 체험이나 환상의 일부를 말로 표현할 수 있다면, 그것에 대해 이야기하거나 노래 혹은 시 형태로 녹음할 수도 있다. 간단하게 스마트폰을 꺼내어 녹음하면 된다. 나는 운전 중에 성령님으로부터 새 노래를 받을 때면, 길가에 차를 세운 다음, 곧바로 휴대폰을 꺼내어 녹음한다. 그렇게 하지 않으면, 그것들을 잊어버릴 수도 있기 때문이다. 또 어떤 때에는 설교 메시지나 책에 대한 새로운 아이디어 같은 것이 생각나는 경우도 있다. 처음에는 별것 아닌 것 같지만, 그 생각이 씨앗이 되어 더 깊은 계시가 흘러나오는 발판이 될 수도 있다.

계시를 기록하는 일은 복잡할 필요가 없다. 가장 중요한 것은 하늘에서 받은 것을 어떤 식으로든 기록하는 것이다. 주님 안에서 전진하며 그분 안에서 성장할 때, 그리고 그분이 우리를 영광에서 영광으로 옮기실 때, 중요한 세부 사항들을 잊어버릴 수도 있기 때문이다. 그러므로 당신이 본 환상을 기록하라. 하나님이 우리에게 그분의 말씀을 기록된 형태로 주신 데에는 이유가 있다. 참고용으로 기록하거나 녹음해 두지 않으면, 사람들이 잊어버리게 될 것을 아셨기 때문이다.

이 모든 것 가운데 성령님과 동행하는 것이 가장 중요하다. 하나님이 우리에게 주신 천국의 보화들을 잘 관리하고 기꺼이 다른 이들과 나눌 때 매우 놀라운 일들이 일어난다. (기록했든 녹음했든) 우리의 단순한 말, 음악, 또는 예술 작품은 다른 이들에게 영감을 주어 영광의 결실을 배가시킬 수 있다.

10장
찬양의 빛으로 분위기 바꾸기

온 땅이여 여호와께 즐거운 찬송을 부를지어다 기쁨으로 여호와를 섬기며 노래하면서 그의 앞에 나아갈지어다 _시 100:1~2

10장

주님께 즐거운 찬송을 불러 드려야 할 자는 누구일까? 온 땅이다!(시 100:1) 여기에는 나와 당신, 그 누구도 예외 없이 모두가 포함된다.

찬양 가운데 우리의 목소리는 빛을 풀어놓는 "파장"이 된다! 우리가 입을 열면, 우리의 영 안에 있는 그리스도의 빛이 주변의 대기에 풀어진다. 우리는 이와 같은 방식으로 성령님과 동역하여 우리의 삶과 세상에 변화를 일으킬 수 있다.

성경에서 '찬양'에 해당하는 히브리어 중 하나가 "할랄"(halal)이다 (시 111:1). 이 단어의 의미들 중 하나가 놀랍게도 "밝게 비추다"이다.[1] 나는 이것을 다음과 같이 이해한다. 우리가 하나님을 찬양할 때, "그분의 빛을 발하면서" 어둠을 몰아내고 영적 분위기를 변화시키는 것이다.

찬양은 불을 켜는 스위치와 같다! 그것은 무겁거나 우울한 감정을 흩어버리는 "밝은 분위기"를 풀어놓는다. 찬양의 분위기 가운데 사람들의 마음은 더 가볍고 즐거워지며, 생기와 활력이 넘치고, 하나님의 일들을 향한 믿음으로 충만해진다.

성령님의 찬양 의례

성령님은 우리에게 하나님의 치유와 해방의 빛을 받아들이는 일종의 영적 원칙과 절차(protocol)를 주셨는데, 바로 여기에 찬양이 포함된다. 그래서 우리에게 다음과 같은 지침이 주어진 것이다.

> 기쁨으로 여호와를 섬기며 노래하면서 그의 앞에 나아갈지어다
> (시 100:2)

이것이 바로 성령님의 의례이다.
왕이나 왕비, 대통령, 총리 등 높은 사람이 등장할 때에는 참석자들이 따라야 할 정해진 의전이 있다. 여기에는 그들의 행동 방식, 곧 할 수 있는 것과 할 수 없는 것, 그들에게 기대하는 것과 허용되지 않는 것뿐만 아니라 그들의 복장과 무슨 말을 하고 하지 말아야 하는지도 포함된다.
오래전 자넷과 함께 미국을 위해 매우 구체적으로 기도를 하고 있었는데, 하나님이 나에게 꿈을 주셨다. 꿈속에서 나는 대통령 취임식에 참석해 있었다. 내가 있는 곳은 뒤쪽에 있는 사적인 공간, 일반

적인 상황에서는 들어갈 권한이 없는 장소였다. 성령 안에서 이 장면을 본 후, 우리는 이 환상에 대해 기도했고, 하나님은 그것을 조금씩 성취해 가시기 시작했다.

성령님이 내게 보여주신 것 때문에 우리는 믿음으로 취임식 전에 워싱턴 D.C.에 있는 호텔을 예약했다. 그러자 하나님이 우리에게 필요한 인맥들을 연결해 주시기 시작했다. 성령님이 우리에게 주신 임무는 행사 전날 밤 호텔 연회장에서 밤새도록 기도하며 방언으로 찬양하는 것이었다.

하나님의 기적적인 개입으로 우리는 실제로 행사 몇 주 전에 취임식 동안 국회의사당에 앉을 수 있는 기회를 얻게 되었다. 그런데 워싱턴에 도착하여 호텔에 체크인을 하고는 대통령실에서 주관하는 파티 중 하나에 초대받았다는 이메일을 받았다. 일반인에게는 공개되지 않고 초대받은 사람만 참석할 수 있는 파티였다. 워싱턴의 유력한 정계 인사들로 가득 찬 장소에 있게 된 것이다. 그런데 그 초대장에는 어떤 지침, 즉 해야 할 일들과 하지 말아야 할 일들이 정리되어 있었다. 항상 따라야 할 의례 또는 원칙들이 있는 것이다.

이렇게 생각해 보자. 우리에게 만왕의 왕, 만주의 주, 영광의 왕이신 전능하신 하나님 앞에 설 수 있는 특혜가 주어졌다. 시편 100편은 우리가 그분의 임재에 들어갈 때 지켜야 할 올바른 의례와 원칙을 간략하게 보여 준다. 그것은 계속해서 노래, 곧 찬양하라는 것이다. 하나님을 찬양하는 노래를 부르고 있으면, 우리는 그분이 찾고 계시는 것을 소유하게 되며, 그분께 합당한 영광을 돌리게 된다.

하나님의 소리

찬양은 믿음의 소리이며, 우리는 믿음을 통해 하나님의 조명을 받게 된다. "믿음은 바라는 것들의 실상이요 보이지 않는 것들의 증거니"(히 11:1). 빛 때문에 보이지 않는 것을 볼 수 있게 되는 것처럼, 믿음도 우리가 육신의 감각들을 넘어 하나님의 실재를 인식할 수 있게 해준다. 이러한 예시들을 성경에서 찾아보면, 하나님의 많은 운행하심이 영적인 소리들을 통해 이 땅에 풀어졌음을 발견하게 된다. 우리가 이해해야 할 핵심은 다음과 같다. 우리의 입술에서 나오는 하나님의 소리, 특히 찬양과 관련된 소리에는 그분의 빛으로 분위기, 기류를 변화시키는 능력이 있다.

기름부음 받은 사람의 소리에는 마치 세상을 창조하신 하나님의 음성처럼 창조력이 있다.

예루살렘에서 열린 솔로몬의 성전 봉헌식에는 노래하고 나팔 부는 소리가 울려 퍼지면서 하나님의 영광의 구름이 임했다. 찬양은 영광을 가져온다. 여호사밧 왕이 강한 적과 마주했을 때, 그의 군대는 오합지졸에 불과했다. 수적으로 열세였을 뿐만 아니라 무기나 장비도 없었다. 패배가 확실해 보였다. 하지만 그들이 가지고 있는 것이 있었다. 바로 찬양이었다. 여호사밧 왕과 모든 백성들이 주님께 간절히 기도한 후, 주님이 그들을 위해 싸우시고 승리를 가져다주실 것이라는 확신을 얻자, 왕에게 계시가 임했다. 그래서 그는 군 지휘관들에게 전투에서 승리하려면 어떻게 해야 하는지 지시를 내렸다.

> 백성과 더불어 의논하고 노래하는 자들을 택하여 거룩한 예복을 입히
> 고 군대 앞에서 행진하며 여호와를 찬송하여 이르기를 여호와께 감사
> 하세 그의 인자하심이 영원하도다 하게 하였더니 (대하 20:21)

왕은 지휘관들에게 찬양하는 자들을 앞서 보내라고 명령했다. 그렇다. 찬양이 최우선이다. 영광의 차원에 대해 이 차원에서 저 차원으로 이동하는 것에 대해 이야기할 때, 하나님의 운행하심을 체험하기 원한다면, 그분이 요구하시는 것을 기꺼이 내어 드려야 하는데, 그것이 바로 찬양이다. 빛의 전사들은 찬양하는 자들이다! 찬양은 믿음의 언어이기 때문에 찬양이 최우선이다. 믿음이 없이는 하나님을 찬양할 수 없고, 믿음이 있다면 찬양의 소리를 내야 한다.

경배(또는 예배)하는 자들을 먼저 보내는 것은 이스라엘의 군 지휘관들에게 어리석은 일처럼 보였을 수도 있다. 그럼에도 그들은 그렇게 했다. 찬양하는 자들이 그들만의 무기를 들고 싸우는 자들보다 앞서 나갔다. 경배하는 자들이 노래하는 자들, 악기를 연주하는 자들과 함께 그들의 깃발을 들고 담대하게 맨 앞에서 행진하는 모습이 눈에 선하다. 그 결과 어떤 일이 일어났는가?

> 그 노래와 찬송이 시작될 때에 여호와께서 복병을 두어 유다를 치러
> 온 암몬 자손과 모압과 세일산 주민들을 치게 하시므로 그들이 패하였
> 으니 (대하 20:22)

이 놀라운 기적은 어떻게 일어났을까? 하나님의 백성들의 찬양이 하늘로 올라가서 초자연적인 차원의 무언가를 활성화시켰고, 그로 인해 하늘에서 빛의 전사 천사들, 곧 천군 천사들이 파송되었다. 여호사밧이 직면한 이 불가능해 보이던 전투가 하나님의 전투가 되면서 하늘의 군대가 파견되었고, 적들은 무엇이 자기들을 공격하는지 알지 못했다(대하 20:23~30).

하나님의 천군 천사에 맞서 이길 자가 누구인가? 우리 하나님은 언제나 승리하신다. 이것은 우리가 패배자가 아니라 승리자라는 말이다. 왜냐하면 우리가 이기는 편에 있기 때문이다. 하나님은 우리를 대적하지 않으신다. 그분은 우리를 위하시는 분이다(롬 8:31). 우리는 밑바닥이 아니라 꼭대기, 곧 최고가 될 운명이다. 꼬리가 아니라 머리이며, 위에만 있고 아래에 있지 않게 된다(신 28:13). 우리는 그리스도 예수를 통해 "정복자들보다 더 나은 자들"(롬 8:37, 킹흠정)이 된다.

"정복자들보다 더 나은 자들"이라는 말은 실제로 무슨 의미일까? 정복자는 전투에서 이긴 사람을 말한다. 그렇다면 어떻게 그 이상이 될 수 있을까? 다음 상황을 생각해 보자. 권투 경기를 본 적이 있는가? 주요 시합 혹은 경기에서 승리하면 큰돈을 벌 수 있다. 분명 피도 흘리고 멍도 들고 많이 아플 것이다. 또는 맞고 의식을 잃거나 영구적인 손상을 입을 위험도 있다. 하지만 많은 사람들이 돈을 벌기 위해 싸운다. 상금을 받아 집으로 돌아가는 권투 선수는 아내를 데리고 나가서 마음껏 쇼핑할 여유를 누릴 수 있다. 이 남자는 정복자이지만 그의 아내는 정복자보다 더 나은 자이다. 결국은 그 아내가 부수적인 혜택들과 특권, 축복을 누리기 때문이다. 아내는 정복자와의 관계 때문에 특혜를 받지만, 직접적인 싸움의 고통과 아픔을 견딜 필요가 없다. 마찬가지로 우리도 그리스도 예수 안에서 정복자보다 더 나은 자들이다. 그분이 싸움에서 승리하셨는데 보상은 우리가 받는다.

여호사밧 왕이 찬양하라는 명령을 내리고 그의 군대가 예배자들을 앞세워 나아갔을 때, 그들은 싸울 필요도 없었다. 적군들은 서로 맞서 싸우다가 결국 서로를 쳐 죽였다(대하 20:23). 일반적으로는 불가능한 승리였다. 그들은 어떻게 그처럼 압도적으로 불리한 상황에서 승리한 걸까? 소리가 앞서 나아갔기 때문이다. 또한 이스라엘 백성들은 "정복자들보다 나은 자들"로서 적군이 남기고 간 귀한 전리품들도 많이 거두었다. 이스라엘 백성들은 전투에 앞서 하나님을 찬양했을 뿐만 아니라 승리한 후에도 그분을 송축하고 찬양했다(25~28절).

찬양의 힘을 보여주는 또 다른 예로, 신약에서 바울과 실라가 빌립보에서 매를 맞고 감옥에 갇히는 장면이 있다. 그들은 불법을 저지르거나 다른 사람들에게 위험한 존재이기에 감옥에 갇힌 것이 아니었다. 그들은 복음을 전파하면서 선한 일을 하고 있었는데, 귀신 들린 여종을 자유롭게 해주었다는 사실에 분노한 그녀의 주인들이 백성과 관리들을 선동하여 그들을 대적한 것이었다(행 16:16~24). 이 여종이 마침내 자유롭게 되었다는 사실에 모두가 크게 기뻐했을 것이라고 생각하겠지만, 우리가 하나님의 초자연적인 영역에서 활동하기 시작하면, 종교의 영이 요동치게 된다. 종교의 영은 자신이 통제할 수 없는 것은 무엇이든 무시하려는 경향이 있다. 그 여종이 자유를 얻었기 때문에 그 주인들은 더 이상 점을 쳐서 돈을 벌도록 그녀를 통제할 수 없게 되자, 화가 났던 것이다.

우리가 사람들을 어둠에서 자유롭게 해줄 때에 모두가 기뻐하는 것은 아니라는 사실을 깨달아야 한다. 때로는 기대했던 사람이 기뻐하지 않는 모습을 보고 놀라게 될 것이다. 그들이 하나님을 위해 일한다고 생각했는데, 이제는 아니라는 사실을 알게 된다. 그들은 그저 당신을 이용하고 있었을 뿐이다. 하지만 하나님은 언제나 당신 편이다. 할렐루야!

어느 순간 우리는 다른 사람들이 분노하더라도 옳은 일을 위해 설 것인지 결정해야 한다. 선한 일을 하다가 매를 맞고 감옥에 갇힌다고 상상해 보자! 이러한 일은 실제로 일어난다. 옳은 일을 했음에도 잘못된 결과를 얻은 것처럼 느껴질 수도 있다. 자신이 한 일을 되돌아봐도 도대체 어디에서 잘못된 것인지 알 수 없다. 주님이 명하신 대로 하고 있다고 생각했는데, 왜 감옥에 갇힌 것처럼 느껴질까? 포기하거나 낙심하지 말라. 하나님이 중요한 일을 이루고 계신다. 그분은 자신의 권세 안에서 진리와 함께 설 자들, 담대하고 강하고 용감하게 하나님의 초자연적인 영역에서 활동할 자들을 찾고 계신다. 기억하라. "만일 하나님이 우리를 위하시면 누가 우리를 대적하겠는가"(롬 8:31).

그러므로 그 과정을 그분께 맡겨 드리라. 멈추지 말고 그분을 찬양하라! 바울과 실라는 빌립보의 감옥에 갇혀 있었다. 한밤중이었고 그들의 손과 발에는 차꼬가 채워져 있었다. 이제 그들은 어떻게 해야 할까? 도대체 무엇을 할 수 있을까? 그들은 감옥에 앉아 불평만 늘어놓을 수도 있었지만, 그렇게 하지 않았다. 그들은 감옥 안에서도 자신들이 하나님의 뜻과 그분의 완벽한 계획 안에 있다는 것을 알았다. 바울이 실라를 향해 다음과 같이 말하는 모습을 상상해 보라. "실라, 내 손에는 열쇠가 없지만 우리 입에는 열쇠가 있어. 같이 하나님을 찬양하자!"

실라가 그의 말에 동의하자, 그들은 찬양하며 영의 노래를 부르기 시작했다. 이렇게 그들은 어두운 감옥 속에서도 찬양하고 기도하고 또 찬양했다. 그렇게 할 때, 그들의 찬양 소리가 천국의 무언가를 열어버렸고, 영적인 기류가 바뀌기 시작했다. 우리의 찬양도 분위기를 변화시킬 수 있다. 우리의 소리가 전능하신 하나님의 임재 속으로 우리를 인도해 들이고 그분의 천군 천사들을 활동하게 만들 수 있다.

바울과 실라가 내는 소리 때문에 영광의 임재가 그 감옥을 강타하면서 갑자기 감옥 밑의 땅이 진동하기 시작했다. 그 진동이 너무도 강력해서 감옥 문들이 열리고 모든 죄수들의 차꼬가 풀렸다. 그로 인해 바울과 실라가 자유롭게 되었을 뿐만 아니라 간수와 그의 온 가족도 구원을 받게 되었다(행 16:25~34). 이 이야기는 하나님이 우리의 삶에서 어떻게 역사하시는지 예언해 준다. 우리의 시선이 중요한 것들에 고정되어 있다면, 하나님이 우리를 위대함으로, 곧 꼬리가 아닌 머리로, 밑바닥이 아닌 최정상으로, 아래가 아니라 위에 있게 부르셨다는 사실을 깨달으면, 승리도 임하게 되어 있다. 하나님의 은총과 축복들이 우리에게 임했다. 그분은 이때를 위해 우리에게 기름을 부으셨다. 빛을 풀어놓으라!

우리가 직면하고 있는 상황들은 실수가 아니다. 하나님이 우리를 빛의 전사로, 빛을 풀어놓는 자로, 영적 기류를 바꾸는 자로 그 상황에 세우신 것이다. 이 사실을 깨달을 때, 이것이 우리가 아니라 하나님이 이 땅에서 이루시고자 하시는 일과 관련이 있음을 알게 될 것이다. 우리가 풀어놓는 것 때문에 우리의 간증으로 인해 많은 이들이 구원받게 될 것이다. 하나님이 우리의 삶 가운데 이루고 계시는 일들 때문에 많은 사람들이 구원받을 것이다. 하지만 그에 앞서 소리가 있어야 한다. 찬양을 통해 빛을 풀어놓는 것을 멈추지 말라!

여호수아와 여리고 전투에 대해 생각해 보자. 하나님은 여호수아에게 신성한 지침을 주셨는데, 이러한 지시에 귀 기울이는 것은 대단히 중요하다. 하나님이 당신에게 하시는 말씀과 다른 사람에게 하시는 말씀이 매우 다를 수 있다. 성령의 일들은 결코 틀에 박힌 것처럼 똑같지 않다. 특정 목록에 따르고 정해진 행동을 한다고 해서 모두가 동일한 결과를 얻는 것이 아니다. 우리 하나님은 대단히 관계 중심적인 분이다. 예수 그리스도께서는 우리와 개인적인 관계를 맺고 싶어 하신다. 그러한 관계 가운데 우리가 그분의 음성을 듣고, 곧 그분의 지시들을 경청한 후, 말씀하신 대로 순종하여 그분이 풀어 주시는 빛을 받기를 바라신다.

여호수아는 주님의 지시에 따라 다음과 같이 행했다. 이스라엘 군대가 엿새 동안 매일 한 번씩 여리고 성을 도는 동안 제사장들은 쇼파르, 곧 양각나팔을 불며 언약궤 앞에서 걸었다. 그리고 일곱째

날에는 군대와 제사장들이 성벽을 일곱 번 연속으로 돌았다. 일곱 번 돈 후에는 쇼파르를 "길게 불었고"(수 6:5), 군대는 "큰 함성"(5, 20절)을 질렀다. 그리고 무슨 일이 벌어졌는가? 성벽이 무너졌다(수 6:1~20). 빛은 언제나 승리한다.

이 사건은 시편 44편 3절을 떠올리게 한다.

> 우리 선조들이 이 모든 전쟁을 다 이기었으니
> 그들의 힘이나 재주나 전략 때문이 아니라
> 주 임재의 광채가 앞서 나가고
> 주의 강력한 능력이 나타나서 그리된 것이라
> 주께서 그들에게 승리 주기를 즐겨하셨으니
> 그들을 크게 기뻐하신 까닭이라! (TPT)

하나님이 극복하실 수 없을 만큼 어렵고 까다로운 장애물은 없다. 또한 그분이 해결하실 수 없을 만큼 힘겨운 상황도 존재하지 않는다. 인생에서 직면하는 많은 상황들에 대해 우리는 다음과 같이 말한다. "이런 상황에서 하나님이 도대체 어떻게 역사하실지 전혀 모르겠어. 불가능해 보여." 그러나 하나님께는 불가능이 없다는 사실을 항상 기억하라. 하나님께는 모든 것이 가능하다(막 10:27).

물론 우리가 하나님으로부터 이렇게 불가능한 일들을 받으려면 그분과의 동역, 곧 관계가 필요하다. 우리 자신을 그분께 내어 드리며 그분의 방식, 길들에 순복하며 따라야 한다. 이런 상황 가운데 하나님은 너무나도 자주 우리에게 담대히 서서 소리를 내라고 말씀하신다. 그렇게 하면, 나머지는 하나님이 이루신다. 하나님이 누구이시며 그분 안에서 우리가 누구인지 신뢰함으로써 그렇게 할 수 있다. 시편 100편은 우리에게 "여호와께 즐거운 찬송을 부를지어다"(1절), "노래하면서 그의 앞에 나아갈지어다"(2절)라고 격려한다. 그리고 이어서 다음과 같이 말씀한다.

> 여호와가 우리 하나님이신 줄 너희는 알지어다 그는 우리를 지으신 이요 우리는 그의 것이니 그의 백성이요 그의 기르시는 양이로다 (3절)

"그분은 하나님이시다!" 우리는 진정으로 이 사실을 알고 있는가? "그는 우리를 지으신 이요 우리는 그의 것이니." 정말로 이것을 아는가? 이 진리는 모든 것을 올바른 관점으로 바라보게 한다. 우리는 하나님이 아니다. 그분이 하나님이시다. 다시 말해 규칙을 만드는 것은 우리가 아니라 그분이시다. 그분이 지시를 내리시면 우리는 그분의 인도하심을 따를 뿐이다.

"우리는 그의 백성이요 그의 기르시는 양이로다." 정말로 이 진리를 아는가? 아직 모르고 있다면, 계속해서 그분을 찬양하며 성령님이 이 진리를 우리의 내면 가장 깊은 곳에 각인시켜 주시도록 허락해 드리라.

감사와 찬양이 의례와 원칙에 포함된다

시편 100편은 계속해서 찬양 의례에 대해 알려준다.

감사함으로 그의 문에 들어가며 찬송함으로 그의 궁정에 들어가서 그에게 감사하며 그의 이름을 송축할지어다 (시 100:4)

"감사함으로 그의 문에 들어가며." 지금 이 모습을 상상할 수 있는가? 황금 문이나 포털이 우리 앞에 있고, 감사라는 합당한 의례, 의식을 통해 그 안으로 들어갈 수 있다고 하나님이 말씀하고 계신다. 감사함으로 그분의 문으로 들어가라. 우리는 감사의 태도를 갈고 닦아야 한다.

나는 메시지 성경에서 시편 100편 전체를 표현하는 방식이 마음에 든다.

모두 일어나 하나님께 박수갈채를!
웃음을 한 아름 안고 노래하며 그분의 앞으로 나아가라.
너희는 알아 두어라, 주께서 하나님이심을.
우리가 그분을 만든 것이 아니요, 그분께서 우리를 지으셨다.
우리는 그분의 백성, 그분이 보살피시는 양 떼.
그분의 성문에 들어갈 때 잊어서는 안될 말, "감사합니다!"
마음을 편히 하고, 찬양을 드려라.

그분께 감사드려라. 그분께 경배하여라.

하나님은 한없이 아름다우신 분, 넘치도록 사랑을 베푸시는 분,

언제나, 영원토록 성실하신 분.

모든 표현이 마음에 들지만, 특히 2절과 4절이 마음에 든다. 2절은 "노래하며 그분의 앞으로 나아가라"고 말씀한다. 소리를 내는 것, 이것이 바로 열쇠이다. 그리고 4절은 "그분의 성문에 들어갈 때 잊어서는 안될 말, '감사합니다!'"라고 말씀한다. 이제 우리는 하나님의 임재로 들어갈 수 있는 암호를 알게 되었다. 그것은 "감사합니다"이다. 즉 감사의 마음이다. 그분을 향한 올바른 마음가짐이다.

오늘날 우리는 수많은 새로운 기술이 빠르게 개발되는 모습을 목격하고 있다. 최신 기술 중에는 우리의 음성을 인식하여 활용하는 것도 있다. 말만 하면, 휴대폰이나 집, 그리고 우리 삶의 다른 영역들에 곧바로 접근할 수 있다. 우리의 음성 명령으로 이 땅의 것들을 말 그대로 "잠금 해제"할 수 있게 된 것이다.

하지만 "음성 인식" 기능은 전혀 새로운 것이 아니다. 하나님은 일찍부터 그분의 백성들에게 이것을 사용하라고 지시하셨다. 우리는 이제 막 자연계에서 그 쓸모를 발견하고 있을 뿐이다. 하지만 바로 이것이 영적인 의미에서 시편 100편이 말씀하는 내용이다. 감사와 찬양을 말하라. 그러면 주님의 성문과 궁정에 들어갈 수 있게 된다. 성령 안에 있는 것들을 잠금 해제하는 것이 바로 우리의 목소리이다. 또한 나는 우리 각자가 고유한 지문을 지니고 있는 것과 마찬가지로, 하나

님이 주신 저마다의 독특한 소리가 있다고 믿는다. 인류 역사상 그 누구도 동일한 소리를 지닌 적이 없었다. 이것은 하나님의 빛의 전사들에게 주어진 영적인 소리이다.

이처럼 하나님은 우리에게 고유한 음성 지문, 곧 성문(聲紋, voiceprint)을 주셨는데, 그 이유 중 하나가 다른 누구도 열 수 없는 문을 우리가 잠금 해제할 수 있게 해주시려는 것이다. 우리는 오직 자신만의 열쇠를 지니고 있으며, 이것은 하나님이 우리를 위해 마련해 놓으신 영광의 차원을 열어줄 것이다. 성령 안에서 이것이 보이는가?

우리는 감사함으로 하나님의 문에 들어가고, 감사하는 마음가짐으로 그분의 포털에 들어가며, 찬양으로 그분의 궁정에 들어간다. 시편 100편은 5절은 다음과 같이 마무리된다.

> 여호와는 선하시니 그의 인자하심이 영원하고 그의 성실하심이 대대에 이르리로다

하나님은 모든 찬양을 받으시기에 합당한 분이다. 그러므로 우리는 그분께 감사드리고 그분의 이름을 송축해야 한다. 원수가 가장 막고 싶어 하는 일이 있다면, 그것은 바로 예수님의 이름을 송축하는 것이다. 또 원수가 다른 무엇보다도 분노하는 일이 있다면, 예수님의 이름이 높임 받으시고 하나님의 이름이 그분의 백성들 가운데 높이 들리는 것이다. 다른 어떤 것보다 원수를 질투하고 발작하며 분노하게 만드는 일이 있다면, 하나님의 백성들이 그분의 위대하심을 인식

함으로써 원수의 방해와 괴롭힘, 그리고 장애물들을 전혀 신경 쓰지 않고 예수님께만 온전히 시선을 집중하는 것이다.

천국 체험을 위한 추가적인 의례와 원칙들

시편 103편에서 다윗은 하나님을 찬양하고 높이는 또 하나의 본을 보여주면서 영광의 차원에서 어떻게 살아가야 하는지 본질적으로 설명한다. 나는 당신이 이 진리를 자신의 것으로 취하기를 바란다. 나는 우리가 교회에서 공동체로 모일 때에만 영광의 영역을 경험하기를 바라지 않는다. 이것은 우리가 어디를 가든지 함께 하는 임파테이션으로, 말 그대로 우리 삶의 영적인 기류, 분위기를 변화시킬 수 있다. 우리는 그리스도 예수 안에서 새롭게 살아가는 방식을 발견할 수 있다. 예수님이 대가를 치르신 권세와 승리 안에서 살아갈 수 있다.

다윗은 시편 103편을 다음과 같이 시작한다.

> 내 영혼아 여호와를 송축[진정으로 감사하며 찬양]하라 내 속[의 가장 깊
> 은 곳]에 있는 것들아 다 그의 거룩한 이름을 송축하라 (확대역)

시편은 정말 아름다운 책이다. 어떤 것들은 그 말씀이 너무 감미로워서 액자에 담아 아이들 방에 걸어 놓기도 한다. 그러나 시편은 또한 강력하기도 하다. 다윗은 계시의 사람이었다. 시편을 지어 노래할

때, 그것은 단순히 공상에서 나온 것이 아니었다. 그는 주님과의 개인적인 만남, 체험들을 통해 말하는 것이었다. 그는 시대를 앞서간 예언적인 사람이었다.

빛의 전사들은 예언적인 은사를 가지고 활동하기 때문에 시대를 앞서가는 경우가 많다. 다른 이들은 나중에야 이해할 수 있는 것을 지금 알고 있다고 해서 사람들의 오해를 살까 두려워하지 말라. 하나님을 찬양하고 경배하며 그분의 임재 안으로 들어 올려졌을 때 성령 안에서 보았기에 우리는 오늘 그 실재 안에서 살아가기로 선택하는 것이다. 우리가 영 안에서 본 것들을 붙잡고 "끌어내리라". 우리는 사실상 우리의 미래를 지금 당장 살아갈 수 있다.

다윗은 말 그대로 자기 자신에게 하나님을 찬양하라고, 믿음으로 신성한 일치와 조화를 회복하라고 명령한다. 그는 진리의 영으로 자신의 위치를 바로잡으라고 스스로에게 지시한다. 우리는 모두 자신이 여전히 신성한 조화와 일치를 이루고 있는지 자주 점검하고, 필요하다면 성령으로 우리의 위치를 바로잡아야 한다.

이어서 다윗은 다음과 같이 말한다.

> 내 영혼아 여호와를 송축[진정으로 감사하고 찬양]하며 그의 모든 은택을 [하나도] 잊지 말지어다 (시 103:2, 확대역)

여기서 다윗은 자신의 혼, 곧 마음과 뜻, 그리고 (자신이 느끼고 행동하는 방식 등) 감정을 향해 범사에 주님을 송축하라고, 이 진리 안에 굳게 서라고 명령한다. 그는 스스로에게 말한다. "그분의 은택을 잊지 말라." 그리고 이어서 그분의 은택에 대해 이야기하기 시작한다.

그가 네 모든 죄악을 사하시며 (시 103:3)

이것은 그리스도를 통하여 우리의 죄가 용서받은 것에 대해 말씀한다.

네 모든 병을 고치시며 (3절)

이것은 우리 육신의 치유에 대해 이야기한다.

네 생명을 파멸에서 속량하시고 인자와 긍휼로 관을 씌우시며 좋은 것으로 네 소원을 만족하게 하사 네 청춘을 독수리같이 새롭게 하시는도다 (4~5절)

이것은 하나님이 시간의 영향을 뒤집으셔서 세월이 흐르지 않는 영광의 차원으로 들어가는 것에 대해 말씀한다. 다윗은 예수 그리스도를 통해서만 임하는 구원을 노래한다. 그는 물리적인 시간의 흐름 가운데 다른 모든 사람보다 천 년이나 앞서 있다. 예수님이 이 땅에 오셔서 우리를 위해 십자가에서 자신을 내어 주시기 10세기 전 사람이라는 것이다. 다윗은 어떻게 이런 노래를 부를 수 있었던 걸까? 그에게 흔들리지 않는 영원한 진리를 계시해 주신 주님을 만났기 때문이다.

다윗은 심지어 그리스도께서 십자가에 달리실 것도 내다보았다. 시편 22편 1절을 포함한 다른 시편들을 다시 읽어보라. 다윗의 일부 시편들에는 그리스도께서 그분의 십자가 죽음과 부활을 통해 성취하실 일들을 매우 구체적으로 묘사하고 있다. 어떻게 된 일일까? 그가 믿음의 눈으로 보고 있었기 때문이다. 베드로는 오순절날에 설교할 때에 시편 16편을 언급하며 다윗에 대해 다음과 같이 말했다.

> 미리 본 고로 그리스도의 부활을 말하되 그가 음부에 버림이 되지 않고 그의 육신이 썩음을 당하지 아니하시리라 하더니 이 예수를 하나님이 살리신지라 우리가 다 이 일에 증인이로다 (행 2:31~32)

다윗은 그리스도의 십자가 죽음을 내다보았을 뿐만 아니라 부활까지 전체 그림을 다 보았다. 만일 성령 안에서 다른 이들이 보지 못한 것들을 보게 된다면, 다른 이들이 아직 부르지 않은 노래를 부를 수 있다. 다른 이들이 아직 하지 않은 말을 할 수 있다. 이유가 뭘까? 우리가 이미 예언적으로 그것을 보았기 때문이다. 감사와 찬양으로 하나님의 임재 안으로 들어가 성령 안에서 그것을 깨달았기에 자신의 모든 것으로 하나님을 송축하는 것이다. 또한 우리는 성령 안에서 보는 것을 소유할 수 있다. 우리가 할 일은 그것을 굳게 붙잡고 받아들인 다음 끌어내려 "현재의" 실재로 만드는 것이다. 이것이 바로 찬양의 빛으로 영적 기류를 바꾸는 방법이다.

다윗이 어떻게 아직 일어나지도 않은 일을 "볼" 수 있었는지 여전히 궁금하게 여길지도 모르겠다. 시간은 물리적인 요소이지만, 영의 차원, 곧 영광의 차원은 영원하다. 예수 그리스도는 "세상의 기초가 놓인 이래로 [희생제물로] 죽임당한 어린양"이시다(계 13:8, 한글킹제임스). 십자가 사건이 일어나기 전에 이미 영의 차원에서 그 일이 이루어졌다는 말이다. 모든 것은 먼저 영에서 나온 다음, 자연계에서 나타난다.

이처럼 하나님이 가족이나 건강 또는 재정에 대한 계시를 주실 때, 그 순간부터 성령 안에서 바라보라. 이 땅의 시선으로 보면 낙담하고 우울해지게 되어 있다. 하지만 성령 안에서 하나님이 어떻게 뜻하고 예정하셨는지 바라보면, 그러한 하늘의 비전이 우리를 앞으로 나아가게 하고 우리 안에 새로운 소리, 새로운 노래, 새로운 찬양을 만들어낼 것이다. 그러면 다른 이들이 아직 하지 않은 말을 할 수 있게 된다. 예를 들어 다른 사람들의 눈에는 우리 삶의 결핍과 부족한 것들만 보일 수 있다. 하지만 우리는 이미 앞으로 임할 풍성함을 보고 있다. 성령 안에서 하나님의 풍성한 공급하심을 보게 되면, 우리는 그것을 선포하고 기뻐하며 하나님께 감사드릴 수 있다. 우리에게 닥치는 모든 상황 가운데서 그분을 찬양할 수 있게 된다. 그러면 그러한 찬양이 갑자기 영적인 기류를 바꾸어 이 땅의 현실을 예언적으로 변화시킨다.

다윗은 다른 이들이 아직 알지 못하는 것에 대하여 노래하고 있었지만, 그는 그것이 무엇인지 알았다. 그리고 그것을 알고 있었기에 자신의 혼에 그것과 일치되도록 명령할 수 있었던 것이다.

그러므로 찬양의 빛으로 영적인 기류를 바꾸려면 우리의 혼을 다스려야 한다. "내 영혼아 여호와를 송축하며…"(시 103:2). 우리의 혼을 다스리지 않으면, 도리어 혼이 우리를 다스리려 할 것이다. 반드시 우리의 마음과 생각을 다스려야 한다. 이것은 우리가 인생에서 맞닥뜨리게 되어 있는 가장 큰 전투이다. 마음과 생각을 다스리지 못하면, 가상의 시나리오와 거짓된 상황들, 심지어 비난까지 만들어내기 시작한다. 그러다가 어느 순간 진리나 실재와는 전혀 상관없는 악한 생각의 흐름에 빠져든다. 그리고 결국은 그러한 생각대로 될 것이라고 이미 결정지어 버린다. 이후로는 "대저 그 마음의 생각이 어떠하면 그 위인도 그러하기에"(잠 23:7) 악한 결말대로 현실을 살아가게 된다.

그 대신 하나님이 우리의 마음과 생각의 문을 그분의 말씀, 진리로 채우시도록 허락해 드리라. 그리고 그분의 진리가 임할 때 그것을 소리 내어 외치며 다른 이들에게 말하기 시작하라. 우리의 미래를 위해 할 수 있는 가장 위대한 일은 우리 삶을 향한 하나님의 약속을 찾아내어 그것을 노래하고, 말하고, 다른 이들과 나누기 시작하는 것이다. 그것을 자주 소리 내어 말하고 그 진리 안에서 계속 살아가라. 당신의 찬양이 영적인 기류를 바꾼다!

찬양의 빛이 리버티에게 치유를 풀어놓다

몇 년 전 여름, 리버티가 심각한 육체적 공격을 받았다. 혀가 극심하게 부어올라 숨을 제대로 쉴 수 없을 정도였다. 토론토에 있는 어린이 중환자실에서 20일 이상 머물게 되어 우리도 증상이 나아질 때까지 밤낮으로 함께 지냈다. 매일 의사가 회진을 돌 때면, 나는 리버티의 문제가 무엇인지 물었다. 의사의 대답은 보통 다음과 같았다. "따님에게 왜 이런 일이 일어났는지 우리도 아직 모릅니다." 리버티의 상태는 물리적 요인이나 해결책이 없는 것처럼 보였다.

리버티의 혀가 정상 크기보다 몇 배나 부어오르더니 결국 검게 변했고 의사의 소견도 좋지 않았다. 리버티는 이 모든 상황에도 긍정적인 태도를 유지하려고 노력했지만, 상상할 수 있듯이 매우 두려운 상황이었다. 혀를 입 안에 집어넣을 수도 없었고, 당연히 그런 상태로는 노래도 부를 수 없었다.

리버티는 몇 년 전에도 이러한 공격을 받은 적이 있었다. 당시에도 병원에 입원해 중환자실에 있었지만, 하나님이 치유해 주셨다. 의사들이 뭐라고 하든 우리는 이번에도 그렇게 해주실 것을 알았다. 나쁜 소식을 받아들이지 않고 하나님이 치유하신다는 약속을 계속해서 붙잡았다. 아내도 이러한 상황에 두려워하지 않았고, 나 역시 어떤 두려움도 받아들이지 않았다.

하나님이 치유해 주실 것을 알았지만, 찬양으로 영적인 분위기를 조성하고 리버티가 있는 공간에 치유의 빛을 풀어놓으려면 우리가 함께 있어야 했다. 의사와 간호사들이 분주하게 병실을 드나들고 삑삑거리는 의료기기 소리에 조명이 꺼졌다 켜졌다 하는 소란스러운 상황에서 어떻게 그것이 가능한지 궁금하게 여길지도 모르겠다. 우리는 리버티 곁에 머물면서 "치유를 받으라"(Receive Your Healing)와 "성령의 스파"(Spirit Spa) 음반을 계속 틀어놓고 성경에 기록된 하나님의 치유 약속들을 선포했다.

리버티가 처음 중환자실에 들어갔다가 퇴원한 후, 친구인 스티브 스완슨(Steve Swanson)과 함께 스튜디오에서 "치유를 받으라" 음반을 녹음했다. 처음에는 리버티를 병원에서 나오게 해주신 바로 그 성령의 기름부음으로 다른 사람들을 축복하기 위해 이 음반을 만든 것이었다. 그런데 이 음반이 순식간에 전 세계로 퍼져 나가면서 수백만 명에게 도움을 주었다. 녹음 당시에는 리버티가 동일한 문제로 다시 병원에 입원하여 이 음반이 필요하게 될 줄 몰랐다. 24시간 내내 리버티의 병실에 있을 수는 없었기에 휴식을 취하거나 식사하러 갈 때에도 음반을 계속 틀어놓았다. 리버티는 그렇게 기름부음 받은 음악에 맞춰 하나님의 말씀을 선포하는 나의 목소리를 계속 들을 수 있었다.

우리가 계속해서 영적 분위기를 바꾸며 찬양의 빛을 통해 하나님을 향한 믿음을 표현하자, 리버티는 마침내 이 알 수 없는 병에서 완전히 회복되었다.

리버티가 머물던 커다란 중환자실에는 우리 외에 세 가족이 더 있었다. 그곳에서는 우리의 존재 자체가 마치 선교적 사명 같았다. 그 음악은 리버티뿐만 아니라 다른 가족들에게도 도움이 되었다. 우리는 처음부터 다른 가족들에게 허락을 구하고 우리의 치유 음반을 틀었다. 어쨌든 그곳은 공공 의료시설이었고 모두가 같은 병실에 있었기 때문이다. 감사하게도 그들은 흔쾌히 음반 트는 것을 허락해 주었을 뿐만 아니라, 우리가 전하는 하나님의 치유 기적 이야기에도 귀 기울여 주었다. 우리는 빛의 전사들로서 어디에 있든지 빛을 풀어놓도록 초자연적으로 보냄 받았다는 사실을 인식해야 한다. 찬양의 빛으로 영적인 분위기를 바꿔 보라!

보좌로부터 번쩍이는 번개

우리가 하나님을 찬양하기로 선택할 때, 그것은 또한 그분의 보좌가 되기로 결정하는 것이다(시 22:3). 요한계시록 4장 5절은 하나님의 보좌로부터 번쩍이는 번개에 대해 이야기한다. 하나님을 찬양할 때, 그 순간 우리의 삶에서 영적인 번개가 번쩍인다. 이것은 영적인 분위기를 크게 바꿔놓는다. 한때 어둡던 것들이 갑자기 빛이 폭발하는 가운데 드러난다. 그래서 주님을 찬양하는 동안 갑자기 우리의 영과 마음에 "빛이 임하며" 하늘의 정보가 순간적으로 다운로드 되는 경우가 많다. 이런 일은 찬양하고 경배하는 가운데 자주 일어나는데, 교회에서 다 같이 예배드리든 집에서 혼자 예배드리든 마찬가지이다. 우리 몸이 어디에 있는지는 중요하지 않지만, 영적인 위치는 중요하다. 우리의 마음이 하늘의 보좌가 될 정도로 하늘을 향해 높이 들어 올려질 때, 영광의 차원에서 자연계로 흘러나오는 천국의 모습을 기대할 수 있다.

우림과 둠밈은 고대 이스라엘의 대제사장이 하나님의 뜻을 판별하는 수단으로 사용하던 것들이다(출 28:30).[2] 히브리어로 둠밈은 "완전함"을 의미한다.[3] 우림과 둠밈처럼 하나님의 빛이 우리의 마음을 비출 때, 우리는 깨달음의 조명을 받게 된다.

찬양의 빛으로 영적 분위기를 바꾸는 4가지 방법

이제 찬양이 우리의 영적 분위기를 바꾸는 네 가지 방법에 대해 설명하려 한다.

1. 찬양은 우리의 영적 분위기를 변화시킨다

모든 것은 성령 안에서 시작되어 성령으로부터 우리의 영에 이어 혼으로, 그리고 우리의 혼에서 자연계, 곧 물질계나 재정 등으로 흘러 들어간다. 이처럼 찬양은 무엇보다도 우리의 영적 분위기를 변화시킨다.

우리는 하나님이 때때로 그분의 백성들에게 허락하시는 모든 영적 체험을 감사하게 여긴다. 하지만 어떤 이들은 간혹 천국의 영광 속으로 끌어 올려져 셋째 하늘에 있는 보좌의 방에서 그분을 뵙게 된다. 이것은 영광스러운 일이다. 이들은 돌아와서 자기 경험을 들려주는데, 누가 이런 주장을 할 때 그것이 진실로 주님을 체험한 것인지 아니면 허황된 상상에 불과한지 성령 안에서 분별할 수 있다. 실제로 주님으로부터 임한 것이라면, 정말 놀랍고 근사한 일이다. 듣다 보면, 천국에 있는 보좌의 방으로 들려 올라가고 싶어지는 경우도 있다.

이러한 소망을 주님께 구했을 때, 그분은 우리가 생각했던 것과는 다를 수도 있지만 매일 매일 그것이 성취될 수 있음을 보여주셨다. 우리는 위로 끌어 올려져서 자신이 처한 삶에서 벗어나기를 바라지만, 예수님은 다음과 같이 기도하라고 가르쳐 주셨다.

> 나라가 임하시오며 뜻이 하늘에서 이루어진 것같이 땅에서도 이루어지이다 (마 6:9~10)

많은 경우 우리는 이 땅을 벗어나려고 애쓰지만, 앞서 언급한 바와 같이 하나님은 오히려 이 땅에 침노하고 싶어 하신다. 우리가 하나님이 창조하신 대로 스스로 문, 통로가 되면, 그분은 우리가 내어 드리는 모든 기회의 문을 통해 흐르시며 우리와 다른 이들의 삶의 분위기를 변화시켜 주실 것이다. 우리의 갈망은 셋째 하늘에 있는 보좌의 방을 체험하는 것이 아니라, 다음과 같아야 한다. "하나님, 주님의 백성들의 찬양 가운데 거하시고 그 위에 좌정하신다고 말씀하셨으니, 저는 이처럼 힘겹고 끔찍한 상황에서도 주님을 찬양하기로 결심합니다. 바로 이곳에 찬양의 보좌를 세우고 그 보좌의 방에 서서 주님의 영이 저를 통해 흘러 이 필요를 채우시도록 하겠습니다."

우리가 삶 가운데 하나님을 찬양하며 그분의 보좌를 쌓기 시작하면 어떤 일이 일어날까? 나는 성경에 나타난 하나님의 보좌에 대해 읽었기에 그 모습이 어떠한지 어느 정도 안다. 또한 천국의 영광 일부를 본 적도 있다. 에메랄드 같은 무지개(계 4:2~3)가 하나님의 보좌를 두르고 있는데, 초록색은 성경에 가장 먼저 언급된 색이다(창 1:30). 이것은 새로운 시작을 의미하는 색으로 완전히 새로운 출발을 상징한다. 하나님의 보좌가 나타날 때, 새로운 시작이 임한다. 우리 각 사람을 위한 새로운 출발이 임하는 것이다.

나는 보좌를 둘러싸고 있는 무지개가 하나님의 언약적 약속들이 우리 삶의 기류에 임하는 표징이라고 믿는다. 보좌 주위에는 "거룩하다, 거룩하다, 거룩하다!"라고 외치는 네 생물이 있다. 이 생물들은 각각 사자, 소, 사람, 독수리의 얼굴을 하고 있는데, 이것은 하나님과 그분의 고유한 차원 및 권세를 나타내는 영광의 얼굴들을 상징한다. 나에게 있어 사자는 승리의 포효를 하는 유다의 사자를, 소는 그분의 섬김을 상징한다. 사람은 인간의 모습으로 오신 영광의 왕 예수 그리스도를 나타낼 뿐만 아니라, 그분을 주님이라고 부르는 백성들을 통해 그분의 영광의 빛을 발하기 원하시는 그분의 궁극적인 갈망을 상징한다. 독수리는 하나님의 초자연적인 비전, 곧 우리가 자연계를 초월하여 초자연적 영역을 보기 원하시는 그분의 갈망을 나타낸다.

하나님이 우리의 삶에 이루시는 가장 크고 놀라운 일들을 보기 원한다면, 기꺼이 자신의 뜻과 계획을 내려놓아야 한다. 그분의 기적이나 돌파가 어떤 모습으로 임할지 미리 정해 놓지 말고, "주님, 주님이 원하시는 방식이 무엇이든지 주님의 영광이 임하게 하여 주소서"라고 고백해야 한다.

보좌 주변에는 천사들도 있다. 우리의 마음에 하나님의 보좌를 세운다는 것은 그분이 왕으로 좌정하사 다스리실 자리를 마련한다는 의미이다. 우리가 그분께 온전히 순복할 때 우리 삶의 주(인으)로 통치하시며 천군 천사들에게 명령하여 우리를 위해 일하게 하시는 자리이다. 또한 하나님의 영이 우리 안에서 그리고 우리 가운데 자유롭게 역사하시는 자리이자, 점점 커지는 영광의 관점을 부여받는 자리이다.

오래전, 나는 히브리어 "할랄"(halal)에서 유래한 "할렐루야"라는 말이 단순히 "주님을 찬양하라"는 뜻이 아니라는 사실을 알게 되었다. 이것은 반드시 찬양하라고 명령하는 말이다. "할렐루야"에서 "야"는 히브리어로 하나님을 뜻하는 "야훼"를 가리킨다. 야훼는 높임 받으시고 영광 받으셔야 한다. 찬양 받으셔야 한다. 할렐루야! 할렐루야! 할렐루야! 할렐루야!

우리가 이 말을 하기 시작할 때, 분위기가 바뀐다. 집안을 오가며 "할렐루야"라는 말로 보좌를 세우라. 직장과 사업장에서 "할렐루야"라는 말로 하나님을 위한 보좌를 쌓으라. 몸을 향해 "할렐루야"를 선포하여 보좌를 세우라. 찬양은 우리의 영적 기류를 변화시킨다. 우리는 찬양으로 하나님의 위대한 행적과 기이한 일들을 기린다. 모든 것이 오직 하나님에 관한 것이다. 시편 기자는 다음과 같이 선포했다.

> 나의 혀가 주의 의를 말하며 종일토록 주를 찬송하리이다 (시 35:28)

"어떻게 하루 종일 하나님을 찬양할 수 있죠? 불가능한 일 같은데요"라고 묻는 사람도 있을 것이다. 우리의 찬양은 노래와 함께 시작되지만, 그것은 말 그대로 시작에 불과하다. 우리가 주님을 향해 즐거운 노래, 즉 소리를 내는 것도 중요하지만, 사실 거기서 끝나는 것이 아니다. 이것을 이해하지 못하면, 영적 생활에 심각한 문제가 될 수 있다. 어떤 신자들은 주일 아침에 교회에 가서 20분간 찬양을 부른다. 그것이 그들이 드리는 찬양의 전부이다. 하지만 찬양은 우리가 누구인지 알기에 해야 하는 일이다. 하나님은 우리 각 사람이 이 땅 위에서 살아 있는 찬양이 되기를 바라신다. 그렇게 되면 우리는 삶 전체를 하나님을 찬양하며 살아가게 된다.

하나님을 위해 더 많은 일을 하려고 애쓰거나 노력하는 "행위" 중심의 사고방식에 몰아넣으려는 것이 아니다. 우리가 세상의 것들을 내려놓고 더 이상 그것들에 얽매이지 않을 때, 우리에게 진정한 자유가 임한다는 말이다. 그 후 우리는 이렇게 말한다. "예수님을 위한 삶을 살아가겠습니다. 저는 누구를 섬길지 결정했습니다. 제 삶은 저만의 것이 아닙니다. 주변의 모든 사람들을 위해 부어 드리는 전제(Drink offering)입니다. 저는 가는 곳마다 영광을 실어 나르며 풀어놓기 원합니다. 그러므로 저는 찬양과 경배의 살아 있는 증거이며 주님을 위한 살아 있는 노래입니다."

뉴멕시코 갤럽의 어느 교회에서 사역하고 있을 때, 담임목사님의 딸을 만났는데 그녀는 존 홉킨스 병원의 의사였다. 나는 그녀에게 다음과 같이 질문했다. "하나님의 영광이 우리의 DNA를 바꿀 수 있다고 생각하나요? 저는 이것이 실재라고 마음 깊이 믿고 있으며 계속 그렇게 말해 왔어요. 하지만 이 말을 뒷받침할 만한 과학적 증거는 없고, 다만 그렇다고 느낄 뿐이에요."

그녀는 이렇게 대답했다. "우리는 DNA가 실제로 변화될 수 있음을 보여주는 연구를 해 왔어요. 그러므로 '하나님의 영광이 우리의 DNA를 변화시킬 수 있다'라는 말씀에 대해 아무런 과학적 근거도 없다고 보지 않아요."

나는 영광이 우리의 DNA를 변화시킨다고 굳게 믿는다. 영광이 우리의 DNA를 바꿀 수 있다면, 슬픔의 노래도 기쁨의 노래로 만들 수 있다는 말이다. 하나님이 성령님의 능력으로 우리의 삶 전체를 변화시키실 수 있다는 뜻이다. 그분은 우리를 위해 다른 누구도 할 수 없는 일들을 행하심으로 우리의 이야기와 노래를 변화시켜 주실 수 있다.

찬양은 믿음과 승리의 소리이다. 만약 자신이 영적으로 메말라 있다고 느낀다면, 주님을 찬양하기 시작하라. 그러면 삶 가운데 신선한 생명수가 흘러넘치게 될 것이다.

의인의 입은 생명의 샘이라도… (잠 10:11)

나는 이 구절을 정말 좋아한다. 여기서 의인은 누구인가? 하나님께 부름 받은 자들, 영광 가운데 영광을 위해 살아가는 자들, 그 영광이 자신을 통해 흐르도록 허락하는 이들이다. 우리의 말이 생명을 주는 샘이 되고, 우리는 가는 곳마다 새 힘(상쾌함)을 주는 근원이 된다.

신선한 생명수는 메마른 기류를 변화시켜 물 댄 동산으로 만든다. 절망적인 분위기가 그리스도의 소망으로 충만해진다. 고통과 절망으로 가득하던 분위기가 의인들의 찬양 가운데 쏟아지는 하나님의 치유의 생수로 갑자기 흘러넘친다. 찬양은 영적인 분위기를 변화시킨다.

2. 찬양은 우리 생각의 분위기를 바꾼다

주님을 향한 찬양에는 우리의 마음을 고양시키고 양육하며 새롭게 하는 능력이 있다. 성경은 우리에게 "네 마음을 다하고 목숨을 다하고 뜻(지성)을 다하여 주 너의 하나님을 사랑하라"(마 22:37)고 명령한다. 할렐루야! 우리의 혼과 힘과 마음과 생각을 다하여 그분을 찬양하자.

> 그의 능하신 행동을 찬양하며 그의 지극히 위대하심을 따라 찬양할지어다 (시 150:2)

> …내 속[의 가장 깊은 곳에]에 있는 것들아 다 그의 거룩한 이름을 송축

하라! (시 103:1, 확대역)

우리는 믿음으로 노래하고 찬양함으로써 우리의 마음을 하늘의 뜻과 일치시키게 된다. 우리 안에 있는 모든 것이 하나님께 올려 드리는 찬양이 되어 울려 퍼지게 하라. 그 찬양이 분위기를 변화시키고, 그로 인해 하나님이 영광을 받으시기 때문이다. 분위기가 바뀌기 시작하면, 원수는 더 이상 우리의 마음을 통제할 수 없다. 이제는 그 영역에 대한 권세를 가질 수 없다. 우리가 하나님을 높이 찬양하기로 선택하고 우리의 마음이 천국의 생각들과 일치하게 되면, 명석해진다.

우리에게는 그리스도의 마음이 있다(고전 2:16). 예수님의 생각이 우리의 생각이 된다. 그분의 뜻이나 관념이 우리의 것이 되고, 그분의 해결책이 우리의 것이 된다. 영광 안에서 천국의 청사진, 천국의 방식, 천국의 프로그램들이 우리의 마음에 다운로드 된다. 이렇게 하여 돌파가 우리의 마음에서 이 땅으로 임하게 된다.

하나님은 우리의 모든 "악하고 끔찍한 생각들", 즉 우리의 모든 제한된 사고방식, 부족과 결핍, 불가능에 대한 생각들, 우리의 모든 의심과 불신앙을 제거하기 원하신다. 그분은 우리의 찬양을 통해 분위기를 바꾸고 우리의 마음을 채우고 싶어 하신다. 하루 종일 하나님을 찬양하면, 우리는 영광의 영역으로 깊이 들어가게 된다. 어떻게 대처해야 할지 모르는 상황에 있을 때에는 영광의 차원으로 깊이 들어가서 이렇게 말씀드리면 된다. "하나님, 무슨 말을 해야 할지 어떻게 해야 할지 모르겠어요. 하지만 주님은 언제나 제가 무엇을 말하고 행해야 할지 알고 계십니다."

80여 개국에서 사역하면서 많은 교회들과 집회 현장에서 설교해 왔다. 말씀을 선포하기 전 그 자리에 서서 조용히 기도할 때가 있다. "하나님, 할 말이 떠오르지 않아요. 정말 무슨 말을 해야 할지 모르겠어요." 그분은 언제나 자신이 하나님이시며 무슨 말을 해야 할지 알고 계신다는 것을 상기시켜 주신다. 그분이 나에게 말씀하시도록 허락해 드리면, 다음에 무슨 말을 해야 할지 깨닫게 된다. 또한 일상생활 중에도 매우 실제적으로 동일한 방식을 따른다.

마찬가지로 어떤 찬양을 올려 드려야 할지, 어떤 소리를 내야 할지 모를 때면, 그저 방언으로 기도한다. 하나님이 나를 통해 말씀하시도록 허락해 드리는 것이다. 그분이 우리를 통해 말씀하실 때, 그 순간에 필요한 것들이 우리의 마음에 다운로드 된다. 이런 식으로 우리에게 필요한 찬양을 주신다.

미주리 세인트루이스에서 열린 집회에 참석한 교수 부부가 나를 찾아와서 간증을 들려주었다. 어느 날 그들은 자정까지 마감해야 하는 어떤 프로젝트를 진행 중이었는데, 마무리에 필요한 해결책이 없어서 크게 염려하고 있었다. 그들은 방언 기도가 함께 나오는 우리의 소킹 음반을 틀어놓기로 했다. 그러자 평안한 분위기가 조성되어 그들도 함께 방언으로 기도하게 되었다.

그런데 갑자기 음악 소리가 점점 커지기 시작했다. 해결책이 절실한 상황이었기에 아내는 남편이 좌절감에 점점 볼륨을 높이고 있다고 생각했다. 소리가 지나치게 커지자 그녀는 결국 볼륨을 줄이러 갔다가 남편이 볼륨에 손도 대지 않았다는 사실을 깨달았다. 음악 소리가 집안 곳곳에서 기적적으로 커지고 있었다. 그들은 초자연적인 체험을 하고 있다는 사실을 깨달았다. 집안에서 천사들이 노래하는 소리를 듣고 있었던 것이다! 그 소리가 온 집안을 가득 채우고 있었기에 아내는 천사들이 주님을 뜨겁게 경배하는 동안 더 큰 소리로 기도하며 방언을 하기로 결심했다. 몇 분 만에 그들이 필요로 하던 계시가 마음에 임했다. 그들은 결국 응답을 받아 제시간에 프로젝트를 완수할 수 있었다. 그것은 진정 기적이었다! 찬양이 얼마나 빠르게 우리의 지적, 정신적 분위기를 바꿀 수 있는지 놀랍지 않은가?

3. 찬양은 우리 감정의 분위기를 변화시킨다

찬양은 우리 감정의 분위기도 바꿀 수 있다. 꼭대기에 있다가 한순간에 바닥으로 떨어지는 롤러코스터처럼 우리의 감정이 요동치지 않게 돕는다. 사실 나는 전 세계의 롤러코스터를 타보는 것을 좋아하고 즐긴다. 하지만 감정의 롤러코스터를 타며 살아가는 사람들이 있는데, 이것은 그들의 건강에 해로울 뿐만 아니라 하나님이 주신 사명을 이루는 데도 방해가 된다. 하나님은 그들의 감정을 다시금 정비하고 정리해 주고 싶어 하신다. 찬양의 빛이 비치게 하라. 그리하여 그것이 우리의 감정에 균형을 가져오게 하라!

시편을 노래함으로써 감정이 치유되는 경험을 할 수 있다. 다윗의 시편을 읽으면, 때로 그가 매우 연약한 모습을 보인다는 것을 알 수 있다. 그는 자신의 삶의 위치나 상황에 대해 지나칠 정도로 솔직하며 그것을 말하는 것을 두려워하지 않았다. 주저하지 않고 있는 그대로 말한다. 시편 중에는 "애가"로 분류되는 것들이 있는데, 13편과 55편은 그 예이다.[4] 우리의 가장 깊은 곳에 있는 감정을 외면하지 않고 소리내어 표현할 때, 예수 그리스도께서 우리 삶의 가장 깊고 어두운 곳으로 들어오시도록 초청하는 초자연적 문을 열게 된다. 그러면 그분의 치유의 빛이 우리가 필요로 하는 지점에 임하게 된다.

때로는 찬양하고 싶지만, 오직 신음소리만 하나님께 올려 드릴 때도 있다.

> 주님, 나의 기도에 귀를 기울여 주십시오. 나의 신음소리를 들어주십시오. 나의 탄식 소리를 귀담아들어 주십시오. 나의 임금님, 나의 하나님, 내가 주님께 기도드립니다 (시 5:1~2, 새번역)

성경은 하나님의 탄식에 대해 말씀한다. 그것은 깊음이 깊음을 부르는 소리, 우리 내면의 깊은 것들이 하나님의 가장 깊은 곳에 있는 것들을 부르는 소리, 내적 부르짖음이며 가장 깊은 소리이다. 하나님은 이 모든 소리를 받으시고 오직 그분만이 하실 수 있는 방식으로 우리에게 응답하겠다고 약속하신다(시 42:7, 롬 8:26~27). 우리의 감정을 주님께 맡겨 드릴 때, 하나님은 우리에게 정서적 안정과 깊고 진정한 치유를 가져다주실 수 있다. 찬양의 빛으로 우리 감정의 분위기를 변화시키자.

4. 찬양은 우리 육신의 분위기를 변화시킨다

하나님의 말씀은 건강과 안녕에 관련된 문제들을 언급한다. 성경의 여러 구절들이 하나님의 계획과 우리의 육신적 안녕의 연관성을 다룬다(출 15:26, 23:25, 잠 3:7~8, 16:24). 우리가 신성한 건강을 누리는 방법 중 하나는 하나님의 말씀에 일치된 상태를 유지하는 것이다. 그분의 말씀을 듣고, 받아들이고, 말하고, 노래함으로써 그렇게 할 수 있다. 이 모든 영적 실천들을 통해 우리는 신성한 건강의 영적 주파수를 증폭시킬 수 있다.

어느 날 저녁 나는 호주 시드니에서 사역하다가 시편 중 하나를 노래하기 시작했다. 우리는 성령님이 우리를 통해 노래하기 원하실 때를 민감하게 알아차려야 한다. 내가 노래하자 사람들이 동참했고, 어느새 우리는 한 번도 들어본 적 없는 노래를 함께 부르고 있었다. 이어서 우리는 이사야 6장 3절의 스랍 천사들과 요한계시록 4장 8절의 생물들이 선포한 것처럼 다 같이 "거룩 거룩 거룩"을 찬양하였다. 우리가 이렇게 노래하자 하늘의 문이 열렸고, 하나님이 계속해서 더 깊은 차원들을 열어주시기 시작했다. 우리가 성령님의 인도하심을 받아 찬양하며 그분의 임재 앞에 나아갔기 때문이다.

하나님은 우리에게 새 노래를 주셔서 육신의 분위기를 바꿔 주고 싶어 하신다. 이것은 한 번도 불러 본 적 없는 노래이다. 오래된 노래도 아니고, 미리 연습한 노래도 아니다. 하나님의 빛에서 나온 노래이기에 분위기를 변화시키는 노래이다. 할렐루야! 우리는 말씀을 노래하고, 그 말씀은 우리에게 새로운 차원들을 열어준다. 잠언 4장 20~22절은 우리에게 다음을 상기시켜 준다.

> 내 아들아 내 말에 주의하며 내가 말하는 것에 네 귀를 기울이라 그것을 네 눈에서 떠나게 하지 말며 네 마음속에 지키라 그것은 얻는 자에게 생명이 되며 그의 온 육체의 건강이 됨이니라

하나님의 말씀을 듣기만 하는 것이 아니라 마음 깊은 곳에서 받아들일 때, 우리의 입은 말하고 노래하게 된다. 마음속에 받은 하나님의 말씀을 계시로 노래하기 시작하면, 갑자기 우리 육신의 분위기가 달라진다.

찬양과 경배의 주파수를 증폭시키면 우리 육신적 안녕의 많은 영역이 재정비된다. 이것이 바로 하나님의 기름부음이며, 우리가 본래 창조된 모습이다. 다시 한번 말하지만, 우리는 찬양이 되기 위해 창조되었다. 이렇게 말할 수도 있다. "찬양은 나의 일이다. 찬양하는 것이 바로 나의 정체성이기 때문이다. 나는 이 땅의 찬양이기에 찬양을 풀어놓는다."

주님을 찬양하는 것은 치유자이신 그분을 바라보면서 원수의 일, 곧 질병과 통증, 그리고 다른 모든 육신적 고통에는 등을 돌리는 것이다. 하나님은 우리의 찬양을 받으시고, 생명력 있는 치유의 흐름으로 되돌려주신다. 이러한 생명의 흐름이 우리 육신 곳곳을 통과하며 장애물을 제거하고 신성한 건강으로 채운다.

하나님이 풀어놓게 하시는 찬양은 치유의 소리이며 노래이다. 나는 여러 가지 면에서 찬양이 우리 육신의 건강을 변화시킨다고 믿는다. 성령 안에서 보면, 우리는 찬양을 풀어놓으면서 숨을 내뱉는다. 숨을 내쉬면서 향, 곧 향기로운 냄새도 주님께 올려 드린다. 이것을 주님께 드리면, 그분은 하늘의 영역에서 흠향하심으로 우리의 찬양을 받으신다. 그런데 주님이 들이마신 후 내쉬실 때, 그 루아흐5)의 숨결이 우리에게 생명을 가져다준다. 그분은 우리에게 다시 한번 생명의 숨결을 불어넣어 주신다. 이 숨결에는 치유가 있고, 온전함이 있으며, 회복이 있다. 그분의 숨결에는 우리에게 필요한 모든 것이 있다.

나는 이번 장을 잠언 3장 6~8절 말씀으로 마무리하고자 한다.

> 너는 범사에 그를 인정하라 그리하면 네 길을 지도하시리라 스스로 지혜롭게 여기지 말지어다 여호와를 경외하며 악을 떠날지어다 이것이 네 몸에 양약이 되어 네 골수를 윤택하게 하리라

우리의 찬양은 우리의 영적 분위기, 정신적 분위기, 감정적 분위기, 육신의 분위기를 변화시킨다. 찬양은 우리를 통해 흘러나오는 주님의 소리로 모든 분위기에 영향을 미치고 변화시킨다.

수년 전 어느 집회에서 이 계시의 일부를 나누었는데, 부동산 사업을 하는 글렌과 잉그리드 부부가 그 자리에 있었다. 나중에 그들은 나에게 이렇게 말했다. "찬양이 분위기를 바꾼다는 당신의 계시가 우리의 삶을 완전히 바꿔놓았어요. 우리는 당신이 한 말의 의미를 이

해했어요. 하지만 주님은 이렇게 말씀하셨어요. '직원들에게 다른 방식으로 말하라. 혼돈이 있었고, 문제가 있었고, 원수가 들어와 발판을 마련하려 한 곳에서 그들을 세우고 고양시키고 격려하기 시작하라. 잘못된 것에 집중하기보다 옳은 것에 대해 말하기 시작하라.' 찬양은 우리 회사의 분위기를 바꿔놓았어요. 모든 것이 혁신적으로 변화되었죠."

하나님이 당신을 통해서도 이 계시를 이루시도록 허락해 드리라. 그리고 찬양의 빛을 풀어놓을 때 하나님이 무슨 일을 행하시는지, 당신의 삶의 분위기들이 어떻게 변화되는지 지켜보라!

11장
영광의 빛을 활성화하라

그들 눈앞에서 그분의 모습이 완전히 변했다. 그분의 얼굴에서 햇빛이 쏟아져 나왔고 그분의 옷은 빛으로 충만했다 _마 17:2 (메시지 성경)

◆

11장

　20여 년 전 미시시피 나체즈의 어느 교회 예배당 앞쪽에 서서 건반을 치며 오전 예배의 찬양을 인도하고 있었다. 늘 그렇듯이 나는 30분 동안 예배를 인도한 후, 함께 사역하며 동행하는 전도자에게 말씀을 가르치게 할 계획이었다. 그런데 이제 곧 특별하고 의미 있는 일이 일어날 것이라는 예감이 들었다. 나의 영은 우리가 부르던 노래의 가사에 집중되어 있었는데, 갑자기 영적인 분위기가 바뀌었다. 그 순간 사람들이 일제히 자리에서 일어나더니 초자연적으로 강대상 쪽으로 이끌려 나오기 시작했다. 많은 이들이 순복하며 두 팔을 들어 올리고 눈물을 흘리면서 무릎을 꿇었다.

　나는 경배하며 눈을 감았는데, 전기 같은 에너지에 대기가 진동하기 시작하며 뭔가 더 큰 일이 벌어질 것 같은 느낌이 들었다. 그 공간의 임재가 형언할 수 없을 정도로 강력하면서도 부드러워졌다. 눈을 감고 있었지만 예수 그리스도께서 그곳에 들어오셨다는 것을 알았다. (그때 그곳에 있던 모두가 알았을 것이다.) 그분의 영광의 빛 가운데 무릎 꿇거나 서 있는 동안, 거룩한 고요가 예배당을 뒤덮었다.

예수님의 임재를 부인할 수 없었다. 그분이 그곳에 계셨다. 그 빛이 우리 가운데서 매우 실제적으로 거닐고 계셨다. 공간은 거룩으로 충만해졌고, 그 정결함에 피부가 따끔거리고 심장이 두근거렸다. 눈을 뜨고 싶었지만 그분의 영광의 무게에 짓눌려 그럴 수가 없었다. 이 땅의 제약이 사라지는 것 같은 공간으로 내 영이 올라가는 동안 나는 잠잠히 서 있었다. 나중에 그곳에 있던 다른 이들도 동일한 경험을 했다는 사실을 알게 되었다. 시간은 의미를 잃었고 시작할 때 높이 떠 있던 태양이 어느새 지평선 아래로 가라앉아버렸는데도, 얼마 지나지 않은 것 같았다.

마침내 눈을 떴을 때는 저녁 6시였다. 우리 모두가 몇 시간 동안 예수님의 빛 속에 잠겨 있었는데도, 마치 눈 깜짝할 사이에 일어난 일처럼 느껴졌다. 이제 저녁 예배에 참석하려는 또 다른 이들이 예배당 안으로 천천히 들어오고 있었다. 정신을 차리는 동안 초자연적인 질병의 치유, 마음의 치유, 영의 회복 등 간증들이 쏟아져 나오기 시작했다. 이 모든 결과들이 단 한 번 특별하게 예수님을 체험하면서 일어났다.

예수님의 빛을 체험하는 것은 단순한 감정적 경험이 아니다. 우리의 삶과 사역의 방향을 결정짓는 매우 실제적인 변화의 순간이다. 이것은 가계의 저주를 끊고, 우리의 마음이 그리스도와 그분의 왕국에 강하고 새롭게 헌신하도록 이끌며, 새로운 기름부음을 임파테이션 하고, 세대를 넘어 이어지는 축복을 풀어놓는다. 요한계시록도 하나님의 보좌를 아름답게 묘사하고 있다. 그분의 보좌에서 "생명수의 강"(계 22:1)이 흘러나오고 강 좌우에는 달마다 열매를 맺는 "생명나무"(2절)가 있는데, 이 나무의 잎사귀들은 "만국을 치료"(2절)하고 회복하는 데 쓰인다. 이것은 단순한 시적 묘사가 아니다. 하나님의 임재의 빛 가운데 거하는 자들에게 주시는 풍성함과 치유, 지속적인 열매 맺음에 대한 약속이다.

예수님의 빛 안에서는 모든 것이 변화된다

이 책에 담긴 빛의 전사가 되는 것에 대한 계시에는 우리의 삶을 조명하여 깊고 심오한 초자연적 치유와 변화를 일으킬 잠재력이 있다. 우리가 이 진리를 받아들이고 그 안에서 온전히 걷게 된다면, 그것은 우리 안에 변화를 일으킬 수 있을 뿐만 아니라 주변의 모든 것, 모든 이들을 변화시킬 수 있다. 이러한 잠재력이 실재가 되게 하려면 반드시 이 계시를 실천에 옮겨야 한다.

이 책 곳곳에 나타난 바와 같이 이 계시는 빛이라는 개념에 초점이 맞춰져 있다. 이것은 물리적인 빛이 아니라 예수님의 영광에서 뿜어져 나오는 영적인 빛이다. 이 메시지의 핵심에는 예수 그리스도가 세상의 빛이라는 사실이 있다. 정말 놀라운 계시 아닌가! 그분은 소망의 빛이며 치유의 빛이시다. 기적의 빛이요, 축사(해방)의 빛이며, 진리의 빛이시다. 그분은 우리 모두가 필요로 하는 빛이시다!

고대 예루살렘 성전에서 사용되던 메노라(등잔대)의 빛을 통해 우리는 예수님이 누구신지에 대한 영광스러운 계시를 보게 된다. 이것은 우리의 삶에 실질적인 영향을 끼치는 영적인 실재를 가리킨다. 이 개념을 진정으로 이해할 때, 하나님의 빛이 어떻게 우리 존재의 모든 영역을 관통하여 우리 혼에 깊은 치유를 가져오고 육신까지 변화시킬 수 있는지 깨닫게 된다. 성경은 "하나님은 빛이시라 그에게는 어둠이 조금도 없으시다"(요일 1:5)라고 말씀한다. 이 근본적인 진리는 빛이 영적인 차원에서 어떻게 작용하는지 이해할 수 있는 토대를 마련해 준다. 태초에 하나님이 말씀으로 빛을 존재하게 하신 것처럼, 오늘날도 계속해서 빛과 생명을 우리의 삶에 선포하고 계신다.

우리가 영광의 빛에 대한 계시를 받아 적용하면, 하나님의 빛의 능력에 대한 또 다른 계시가 임한다. 그것은 우리의 영적인 눈을 열어 새로운 방식으로 보게 하며, 우리의 마음을 열어 신성한 진리를 받아들이게 한다. 그리하여 치유와 변화가 자연스럽게 흘러넘치는 더 높은 영광의 차원으로 들어갈 수 있게 된다. 우리는 그리스도의 임재와 능력으로 충만한 "빛의 자녀(아들)들"로 부름 받았다(요 12:36). 또한 이 진리를 받아들임으로써 등불처럼 주변 사람들에게 하나님의 빛을 발하게 된다.

우리가 그리스도의 빛을 받아들일 때 일어나는 변화는 단순히 피상적인 것이 아니다. 히브리서 1장 3절은 예수님을 "하나님의 영광의 광채시며 그 본체의 형상"이라고 묘사한다. 우리가 그분을 바라보며 그분의 빛이 우리를 채우시도록 허락해 드릴 때, 우리는 "영광에서 영광으로"(고후 3:18) 그분의 형상으로 변화된다. 이러한 초자연적인 변화는 우리 존재의 모든 측면에 영향을 끼친다. 에베소서 5장 9절은 "빛의 열매는 모든 착함과 의로움과 진실함에 있느니라"고 말씀한다. 그리스도의 빛에는 하나님의 DNA가 담겨 있어서 그분의 성품과 본성을 우리의 혼(생각, 의지, 감정)과 육체에 깊이 새긴다. 우리가 빛 가운데 걸을 때, 하나님의 성품과 그분의 영광의 차원이 우리 삶 가운데 나타나기 시작한다.

이사야 60장 1~3절(확대역)에서 선지자는 하나님의 빛에 담긴 변화의 능력에 대해 다음과 같이 이야기한다.

> [상황이 너에게 가져온 우울함과 의기소침함에서 새로운 생명으로] 일어나라 빛을 발하라 [주님의 영광의 빛으로 빛나라], 이는 네 빛이 이르렀고 여호와의 영광이 네 위에 임하였음이니라 보라 어둠이 땅을 덮을 것이며 캄캄함이 [모든] 만민을 가리려니와 [오, 예루살렘이여] 오직 여호와께서 네 위에 임하실 것이며 그의 영광이 네 위에 나타나리니 나라들은 네 빛으로, 왕들은 비치는 네 광명으로 나아오리라

이 구절은 자넷과 나에게 살아 움직이는 진리가 되어 하나님의 영광의 빛이 어떻게 우리를 우울하고 어려운 상황들에서 들어 올려 어둠에 덮인 세상 가운데 밝게 빛나게 하시는지 생생하게 그려내고

있다. 이것은 행동을 촉구하는 부르심이다. 기꺼이 일어나서 하나님의 영광이 우리 안에서 우리를 통해 드러나게 허락해 드려야 한다.

이 부르심의 적용 범위는 광범위하다. 육신의 질병이든, 감정적 고통이든, 영적인 눌림이든, 우리가 어떤 어둠에 직면해 있든지 그리스도의 빛이 그것을 돌파하여 치유와 회복, 온전한 해방을 가져다줄 수 있다는 의미이다. 이것이 바로 하나님이 우리에게 주신 천국의 영적 전쟁 방식이다!

그리스도를 바라봄으로 계시를 활성화하라

이러한 영광을 경험하려면 어떻게 해야 할까? 우리의 삶 가운데 이 하늘의 빛의 전략을 영적 전쟁에 실질적으로 적용하고 빛의 전사로서의 삶을 시작하려면 어떻게 해야 할까? 이 책에서 우리는 하나님의 빛을 받아들여 임파테이션 하는 여러 가지 측면을 살펴보았지만, 빛의 전사가 되는 것은 다른 무엇보다도 그리스도를 따르고 구하려는 의지적인 선택에서 시작된다. 이것은 우리의 우선순위를 재점검하고, 방해 요소들을 치우고, 하나님이 임하실 수 있는 공간을 조성하는 것을 의미한다.

우리의 시선을 그리스도께 돌리고 세상의 빛 되신 분이 우리 안에 거하기 위해 오셨음을 인식하는 것에서 시작된다(골 1:27). 주변의 어둠에 집중하는 것을 중단하고 우리 안에 계신 그리스도의 빛을 받아들여야 한다. 예수님은 저 멀리 하늘 어딘가에 앉아 계신 것이 아니라 바로 우리 마음의 보좌에 앉아 계신다. 밝게 타오르는 촛불처럼, 우리의 영도 그분의 영광의 빛을 발하며 삶의 다른 모든 영역을 조명한다(잠 20:27). 하지만 기꺼이 이 빛을 풀어놓으려는 의지가 있어야 한다. 에베소서 5장 14절은 "잠자는 자여 깨어서 죽은 자들 가운데서 일어나라 그리스도께서 너에게 비추이시리라"고 우리를 격려한다. 이러한 실재를 깨달을 때, 우리 안에 있는 그분의 빛의 능력을 사용할 수 있게 된다.

이것을 실천할 수 있는 실질적인 방법 하나가 우리 말의 능력을 이해하고 적용하는 것이다.[1] 우리의 목소리는 우리 영 안에 있는 그리스도의 빛을 풀어놓는 음파가 된다. 우리가 하나님의 말씀으로 생명의 말을 선포하면, 빛이 전달된다. 이렇게 우리는 주변의 어둠 속에 하나님의 빛을 비추는 것이다. 하나님의 진리는 우리가 하는 말을 변화시키게 되어 있다. 그리고 그렇게 변화된 말은 우리를 실제로 행동하게 만든다.

빛의 전사들이 하나님의 빛에 접근하여 그것을 비출 수 있는 또 다른 방법들에는 기쁨의 빛을 받아들이기, 온전히 자신을 드려 하나님을 섬김으로써 치유의 빛 풀어놓기, 천사를 활성화시켜 마귀들을 무장 해제시키기, 성령의 불을 나르는 빛의 불병거로서 움직이기, 빛 가운데 올라가서 하나님의 영광과 거룩한 계시의 환상 받기, 찬양의 빛으로 분위기를 변화시키기 등이 있다. 빛의 전사로 계속 훈련하면서 이들 각각의 영역을 점검해 보고 적용하라.

찬양은 어떤 행위가 아니라 삶의 방식이라는 것을 기억하라. 우리 자체가 찬양이다! 찬양을 삶의 방식으로 받아들이기로 선택할 때, 우리는 다른 이들도 볼 수 있게 지속적으로 그리스도의 빛을 비춤으로써 어둠을 몰아내고 진리를 드러내게 된다.

예수님께 온전히 순복하기

미시시피 나체즈에서 하나님의 영광을 경험하고 몇 년 후 다시 한번 나의 삶과 사역을 영원히 바꿔놓은 특별한 경험을 하게 되었다. 자넷과 나는 일리노이 록퍼드 바로 북쪽에 위치한 작은 국경 도시인 위스콘신 벨로이트에서 집회를 인도하고 있었다. 그 집회는 학교 체육관에서 열렸는데, 참석자가 100~150명 정도였지만, 성령님의 임재가 매우 강력했다.

설교를 막 시작했는데 "조슈아야" 하고 내 이름을 부르는 소리가 들렸다. 본능적으로 왼쪽, 목소리가 들린 것 같은 방향을 올려다보았다. 그러나 아무것도 보이지 않았다. 다시 집중해서 메시지를 이어가려 했는데, 이번에는 더 크고 뚜렷한 음성으로 "조슈아야" 하고 부르는 소리가 들렸다. 같은 지점을 흘끗 보았지만, 여전히 아무것도 보이지 않았다. 다시 메시지로 돌아가려는데, 세 번째로 "조슈아야" 하고 부르는 소리가 들려왔다.

고개를 들어 보니 이번에는 말로 형언할 수 없는 광경이 펼쳐졌다. 집회 장소인 체육관 맨 뒤쪽 왼편에 놀라운 광채를 발하는 분이 서 계셨다. 그 빛은 다름 아닌 예수 그리스도셨다. 그분의 얼굴은 지금까지 본 그 어떤 것보다 더 밝게 빛나고 있었다. 그분에게서 나오는 빛은 일반적인 빛이 아니었다. 그분 자신, 즉 예수님의 영광의 광채였다. 이것은 어떤 영적인 환상이나 내적 감동이 아니었다. 예수님은 바로 그 공간에 생생하게 임재해 계셨고, 바로 그곳에서 나를 부르고 계셨다. 내 눈으로 직접 그분을 보고 있었다.

이 초자연적인 광경에 나는 가장 깊은 곳까지 압도당했다. 나의 육신은 그분의 영광의 임재의 강렬함을 견딜 수 없었다. 말문이 막혔다. 내가 보고 있는 것을 설명할 수도, 벌어지고 있는 일을 말로 표현할 수도 없었다. 내가 할 수 있는, 그리고 하고 싶었던 것은 이 거룩한 임재에 완전히 순복되어 예수님께 철저하게 나 자신을 내어 드리는 것뿐이었다. 나는 그분의 영광의 무게에 눌려 더 이상 서 있을 수 없어 바닥에 쓰러졌다. 그분의 영광스러운 빛에 완전히 감싸인 채 한동안 그곳에 누워 있었는데, 그것이 나의 모든 것을 바꿔놓았다. 그분의 빛 안에서 나는 사역을 위한 임파테이션을 받았다. 그리고 그분의 빛 안에서 그분의 능력으로 활력을 얻고 충만해졌다.

내 기억으로는 그날 밤 설교를 끝내지 못했다. 나중에 자넷이 나가서 마이크 앞에 섰다고 전해 들었다. 그녀는 하나님의 영광이 우리 가운데 임해 있음을 인식하면서 집회에 참석한 사람들에게 강대상 앞으로 나와서 주님의 직접적인 만지심을 받으라고 초청했다. 많은 이들이 앞으로 나아와 예수님과의 개인적인 만남을 경험했다.

한 가지 확실한 것은 영광의 빛 가운데 예수님을 만남으로 내 인생에 지울 수 없는 흔적이 남게 되었다는 것이다. 이 만남으로 하나님께 순복한다는 것의 본질에 대해 깊고 심오한 교훈을 배웠다. 그것은 가끔 주님의 만지심을 받거나 믿음의 작은 발걸음을 내딛는 것에 만족하는 것이 아니다. 하나님의 영광을 진정으로 체험하는 것은 그분께 온전히 내어 드릴 것을 요구한다. 하나님의 영광을 향한 여정은 지금도 진행 중이라는 사실을 인식하는 것이 중요하다. 영적 여정에서 얼마나 멀리 왔든지 항상 그리스도 안에는 경험할 것이 더 있다. 이러한 성장을 위해 우리는 알고 있다고 생각하는 것들을 기꺼이 내려놓고 예수님의 빛에 순복하는 새로운 차원을 받아들여야 한다.

요한계시록의 사도 요한처럼 우리도 예수님의 위엄 앞에 엎드러져 있는 자신을 발견하게 될 수도 있다(계 1:12~18). 하지만 순복은 단순히 육신의 자세가 아니다. 그것은 하나님이 우리의 태도를 바꾸고 관점을 바로잡으며 상처를 치유하시도록 허락해 드리는 것이다. 예수님의 영광을 온전히 체험하려면 그분께 지속적으로 기꺼이 순복하려는 깊은 (때로는 값비싼) 의지가 필요하다. 그분의 빛을 운반하는 자가 되고 싶다면, 먼저 그분의 빛에 순복해야 한다. 예수님은 우리의 전부이시며, 그분의 빛으로 우리를 변화시킬 수 있는 자리로 각 사람을 부르고 계신다. 마치 위스콘신에서 잊을 수 없는 그 밤에 내게 그리하신 것처럼 말이다.

빛으로의 초대

급변하는 이 세상에서는 쉽게 산만해져서 진정으로 중요한 것들을 망각해 버린다. 하지만 하나님은 우리 각 사람을 빛의 전사들로 초대하고 계신다. 이것은 우리가 지금까지 알고 있던 것보다 훨씬 더 크고 위대한 것을 경험하라는 부르심이다. 예수님 자신의 영광을 경험하고, 전적으로 그분을 따르고 구하며, 그분의 압도적인 임재의 빛으로 변화되라는 초대이다.

그리스도를 따르고 구하는 것은 우리에게 필요한 모든 것의 통로이다. 성경은 우리에게 "만물이 그에게서 창조되었"(골 1:16)다고 상기시켜 준다. 이 깊고 심오한 진리는 우리가 예수님께 연결되어 있으면, 모든 창조의 근원 되신 분과 일치되어 있는 것이라고 말해준다. 이렇게 일치된 상태에서 우리는 약속의 성취와 목적, 풍성한 공급을 받게 된다.

지금 이 순간, 당신을 그리스도와의 더 깊은 교제로 부르시는 성령님의 부드러운 속삭임을 듣기 바란다. 이것은 변화가 기다리고 있는 그분의 영광의 찬란한 빛 속으로 들어오라는 거룩한 초대이다. 온전히 순복하면서 지금까지 당신을 방해하고 제지해 온 모든 짐과 불필요한 무게들을 내려놓으라. 과거와 두려움, 의심을 놓아버리라. 이런 것들은 우리의 영적 여정에 도움이 되지 않는다.

마음을 활짝 열고 예수님의 임재 자체에서 흘러나오는 치유를 받을 준비를 하라. 그분의 사랑의 빛이 우리를 씻기고 내면의 가장 어두운 구석까지 스며들어 회복과 온전함을 가져다주는 모습을 마음 속에 그려 보라. 이러한 치유의 빛이 우리 앞에 놓인 길을 비추며 그분의 은혜의 충만함으로 인도하도록 허락해 드리라.

그분의 사랑을 받아들이면 우리는 그 사랑을 이 세상에 풍성하게 흘려보낼 수 있는 그릇이 된다. 기꺼이 변화되고자 하는 의지는 다른 이들도 동일한 빛과 치유를 받을 수 있는 문을 열어준다. 담대하게 이 신성한 초대 안으로 들어오라. 그러면 성령님이 능력을 부어 주셔서 밝게 빛나며 모든 생각과 말과 행동 가운데 하나님의 사랑을 비추게 된다.

주님께 순복하는 이 순간을 받아들이라. 이것은 빛의 전사로서 당신의 부르심으로 나아가는 첫 걸음이다. 세상은 우리 안에 거하시는 그리스도를 통해 우리가 풀어놓을 빛을 기다리고 있다. 그분의 영광 속으로 나아가 그분의 사랑이 당신을 통해 흐르게 하라. 그리고 당신 자신뿐만 아니라 주변 사람들의 삶도 변화시키라.

우리는 빛의 전사이다!

이 책을 마무리하며 당신 안에 계신 그리스도의 영광스러운 빛을 받아들이기를 기도한다. 우리의 진정한 정체성은 그분 안에서 발견된다는 것을 기억하라. 그분의 광채가 우리 존재의 모든 영역에 넘쳐 흐르도록 허락해 드리라. 그렇게 할 때, 우리는 변화되어 하나님의 영광이 절실히 필요한 세상에 그분의 사랑과 능력을 비추게 될 것이다. 우리는 승리자이다. 그러므로 이제 아래에 있는 빛의 전사의 선포문을 담대하게 외칠 수 있다.

나는 빛의 전사이다.

나는 하나님의 빛을 운반하는 자이다.

나는 그리스도 안에서 내가 누구인지 안다. 나는 하나님의 사랑받는 자녀이자 승리자이다.

빛의 전사가 된다는 것은 내가 빛을 통해 빛을 위해 살아가기에 더 높은 목적과 연결되어 있음을 의미한다.

나는 천국을 이 땅에 임하게 하는 데 기여함으로써 다른 사람들의 삶에 변화를 일으키는 자이다.

나는 쉐키나 영광으로 빛나고 있다. 이것은 세상에 드러난 하나님의 영광을 다른 사람들이 볼 수 있게 증거한다.

나는 가는 곳마다 복음의 좋은 소식을 전하는 데 헌신한다. 그렇게 함으로써 나의 목적을 성취하며 그분의 빛을 풀어놓는 것을 알기 때문이다.

나는 사랑을 전파하고 주변 세상에 긍정적인 변화를 일으키는 신성한 임무에 동참하고 있다. 이것은 나의 행동들이 성령님의 인도하심을 받아 눈에 띄는 변화를 만들어내고 있음을 알기에 큰 기쁨을 가져다준다.

빛의 전사로서 나는 변화를 일으키는 자이다. 나에게는 나의 내면과 다른 이들이 치유 받고 성장할 수 있는 공간이 있다. 나는 참된 변화가 내 안에 거하시는 성령님으로부터 시작된다는 것을 안다. 내가 개인의 발전과 영적 성장에 전념하는 것은 결국 다른 이들의 여정을 지속적으로 돕기 위함이다.

나는 주변 사람들을 고양시키고 격려하는 부드러운 치유의 빛의 파장을 발산한다. 하나님의 말씀과 성령의 밝은 빛을 지니고 있기에 나의 존재 자체가 다른 이들의 길을 비추는 빛의 등대이다. 이것은 나와 다른 이들을 참된 성장과 발전으로 인도한다.

나는 하나님 안에서 계속 성장함으로써 그분의 신성한 에너지의 통로가 된다. 그리고 그 에너지가 나를 통해 흘러가서 내가 만나는 모든 사람들의 삶을 만지게 한다.

나는 빛의 전사로서 사랑과 긍휼, 이해의 본질을 구현한다.

내 삶의 모든 영역에서 하나님의 사랑과 그리스도의 긍휼을 구현함으로써 다른 이들의 삶을 깊이 만지는 파장을 만들어낸다.

빛의 전사로서 나는 치유의 접점이다. 내 안에 돌파의 하나님이 살아 계시기에 내가 가는 곳마다 급진적인 기적이 일어난다.

내가 발하는 빛은 소망과 능력의 근원으로, 어려운 시기를 겪고 있는 이들에게 위로와 힘을 준다.

나는 경청하는 귀이며 위로하는 존재, 어둠의 시기에 인도하는 빛이다.

나는 성령과 연합하고 조화를 이루게 함으로써 이 세상에 해결책을 제시한다. 나는 하나님의 형상대로 창조된 모든 인류가 서로 연결되어 있을 뿐만 아니라, 그리스도 안에서 모든 믿는 자들이 연합되어 있음을 인식한다. 나는 모든 상호작용 가운데 하나 됨의 의식을 키우기 위해 노력한다.

나의 말과 생각, 행동을 통해 그리스도께서 우리를 먼저 사랑하신 것처럼 다른 이들도 서로 사랑하도록 격려한다. 나는 사람들 사이의 열린 대화와 소통을 장려하며, 하나님의 신성한 계획과 목적을 존중하는 해결책을 모색한다.

나는 옳은 것을 지지하고 정의를 옹호하며 사람과 상황에 진리를 말하기 위해 내 목소리를 사용한다. 나는 혼돈에 명확함을 가져와 갇힌 자들이 자유롭게 되도록 돕는다.

내가 운반하는 영광의 빛으로부터 회복, 축사(해방), 영감이 흘러나온다.

나는 도움이 필요한 이들을 지지하고 인도하여 그들이 만물의 창조주와 함께 자기 감정을 표현하고 회복을 발견하는 안전한 공간을 제공한다.

나는 격려의 말과 성령의 인도함을 받는 행동들을 통해 다른 신자들이 하나님 안에서 내면의 힘을 발견하고 그들 안에 있는 그분의 빛의 임재를 인식하도록 돕는다.

하나님의 말씀과 일치하는 나의 기도는 하늘의 빛의 문들을 열고 신성한 임무를 맡은 전사 천사들을 파송한다. 빛을 휘두르는 수천 수만의 천사들이 나의 삶을 에워싸고 하나님의 부르심 안에서 나와 동역하고 있다.

내가 지닌 빛은 모든 어둠의 세력을 몰아낸다. 내 안에 거하시는 분이 더 크시기에 모든 악한 저주는 무효이며 효력이 없다. 나는 나의 삶에서 발하는 성령의 능력으로 삶의 모든 기류에 참된 자유와 해방을 풀어놓는 데 적극적으로 기여한다.

나는 가장 어려운 상황들 속에서도 그 빛이 밝게 빛나게 한다. 원수의 계략에 조종당하거나 묶이지 않을 것이다. 나는 빛을 풀어놓음으로써 자유롭게 된다. 내가 이렇게 할 때, 모든 악한 영들은 반드시 달아난다.

나는 지속적으로 하나님의 전신 갑주를 입고 성령님과 깊이 연결되며 그분의 빛의 그릇으로서 나의 역량을 확장해 나가는 데 전념한다. 나는 진리의 허리띠를 띠고, 의의 흉갑을 두르고, 평안의 복음의 신을 신고, 믿음의 방패에 둘러싸여 구원의 투구를 쓰고, 손에는 성령의 빛의 검을 들고 있다.

나는 이 부르심에 따라오는 막중한 권세와 책임감을 인식하며 빛의 전사로서의 역할을 감사와 겸손으로 받아들인다.

나는 빛의 전사이다!

◆ 각주

서론 : 영적 전쟁의 승리

1) Joshua Mills, The Miracle of the Oil (New Kensington, PA: Whitaker House, 2022).

1장 그리스도의 빛 안에 거하기

1) Catherine Mullins, Instagram post, January 22, 2024, https://www.instagram.com/p/C2ah MYpPvrq/?igsh=NTc4MTIwNjQ2YQ%3D%3D.
2) Merriam-Webster.com Dictionary, s.v. "witness," accessed November 5, 2024, https://www.merriam-webster.com/dictionary/witness.
3) As mentioned earlier, you can read all about the necessity of the anointing oil and what it means practically and prophetically in my book The Miracle of the Oil. 앞서 언급한 것처럼, 어노인팅 오일의 필요성과 그것의 실제적, 예언적 의미에 대해서는 내 책 《The Miracle of the Oil》에서 읽을 수 있다.

2장 빛의 전사되기

1) Dictionary.com, s.v. "warrior," https://www.dictionary.com/browse/warrior.
2) Sabine Baring-Gould, "Onward Christian Soldiers," Melodies of Praise (Springfield, MO: Gospel Publishing House, 1957), 209. Public domain./편집자 주: 통일찬송가 389장

3장 빛으로 행하기

1) Oxford English Dictionary, s.v. "authority," https://www.oed.com/search/ dictionary/?scope=Entries&q=authority.
2) Dictionary.com, s.v. "authority," https://www.dictionary.com/browse/authority.
3) Janet Mills, Childbirth in the Glory (Shippensburg, PA: Destiny Image, 2023).

4) Derek Prince, "The Active and Powerful Word," Standing Strong (Part 6), Derek Prince Ministries, https://www.derekprince.com/teaching/03-5.

5) "157. The Farmer and the Viper," in Aesop's Fables, trans. V. S. Vernon Jones (New York: Barnes & Noble Books, 2003), 147. George Stade, consulting editorial director. With an introduction and notes by D. L. Ashliman and illustrations by Arthur Rackham.

6) Joshua and Janet Mills, "The Power of Praying in the Spirit," Glory Bible Study, YouTube, https://www.youtube.com/live/25WxDxdfARU?feature=shared.

7) Joshua Mills—International Glory Ministries, https://www.youtube.com/channel/UCXHyZfWnncjKyHz-HZj8hCw.

4장 기쁨의 빛 받아들이기

1) Douglas Tod, "Meet the Creator of the 'Laughing Jesus' (Photo)," Vancouver Sun, January 19, 2014, https://vancouversun.com/news/staff-blogs/meet-the-creator-of-the-laughingjesus-photo.

2) Dana Sparks, "Mayo Mindfulness: Laughter for Stress Relief Is No Joke," Mayo Clinic News Network, June 26, 2019, https://newsnetwork.mayoclinic.org/discussion/mayomindfulness-stress-relief-with-laughter-is-no-joke/.

3) Richard Schiffman, "Laughter May Be Effective Medicine for These Trying Times," The New York Times, October 2, 2020, https://www.coursehero.com/file/128980816/LaughterMay-Be-Effective-Medicine-for-These-Trying-Times-The-New-York-Timespdf/.

5장 치유의 빛 풀어놓기

1) Lynne Eldridge, M.D., "What Does It Mean to Have a Shadow on the Lung?" Verywell Health, December 4, 2023, https://www.verywellhealth.com/shadow-on-the-lung-meaningand-causes-2248903.

2) "Quotations," Martin Luther King, Jr. Memorial, National Park Service, https://www.nps.gov/mlkm/learn/quotations.htm.

6장 천사를 활성화하여 마귀를 무장 해제시키기

1) "How 'Fast' Is The Speed of Light?" NASA Glenn Research Center, https://www.grc.nasa.gov/www/k-12/Numbers/Math/Mathematical_Thinking/how_fast_is_the_speed.

2) Roland Buck, Angels on Assignment (New Kensington, PA: Whitaker House, 2019), 19–20, 44, 73.

3) Larry Pierce, "Outline of Biblical Usage," in "Lexicon: Strong's H6635 – ṣāḇā," Blue Letter Bible, https://www.blueletterbible.org/lexicon/h6635/kjv/wlc/0-1/.

7장 빛의 병거로 행하기

1) The Ramban (Nachmanides), "Commentary on Chumash," quoted in Yitzhak Buxbaum, Jewish Spiritual Practices (Lanham, MD: Rowman & Littlefield, 1977), 6.

2) Buxbaum, Jewish Spiritual Practices, 6.

3) Merriam-Webster.com Dictionary, s.v. "chariot," accessed October 1, 2024, https://www.merriam-webster.com/dictionary/chariot.

4) When Calls the Heart, episode 3, "A Telling Silence," directed by Michael Landon Jr., written by Ken Lazebnik (Nashville, TN: Word Entertainment LLC, 2014), DVD.

8장 빛 안에서 올라가기

1) Prophetic word spoken by Joshua Mills at Joan Hunter Ministries, Four Corners Conference Center, Tomball, TX, January 13, 2023.

2) Prophetic word spoken by Joshua Mills at David Herzog Ministries' Pentecost Glory Conference, Chandler, AZ, May 25, 2023.

3) Prophetic word spoken by Joshua Mills at Kingdom Awakening Ministries, Kingston, NH, June 2, 2023.

4) Prophetic word spoken by Joshua Mills at In His Presence Church, Woodland Hills, CA, June 21, 2023.

5) Chronicle Staff Report, "Strange Lights Reported All Across State," SFGate, October 27, 2005, https://www.sfgate.com/bayarea/article/Strange-lights-reported-all-acrossstate-2575501.php.

6) Joshua Mills, Power Portals (New Kensington, PA: Whitaker House, 2020), chapter 9, "Establishing Places of Power." 《능력의 문》(순전한나드)

9장 빛의 경로로 들어가기

1) 성령 충만한 영적 분위기를 조성하기 위해 도움이 필요하다면, 우리의 소킹 음반 "기도의

능력"(Prayer Power)을 다운로드 받거나 스트리밍 할 것을 추천한다. 이 음반은 모든 디지털 음원 플랫폼에서 찾을 수 있다.

2) 인터내셔널 글로리 미니스트리(International Glory Ministries)에는 모든 디지털 플랫폼에서 사용할 수 있는 소킹 음악이 마련되어 있다. 쉽게 다운로드 받아 빛에 잠기는 기도를 시작하기 좋은 방법이다. 내가 추천하는 세 가지 음반은 "문을 열다"(Opening the Portals), "그분의 영광을 경험하라"(Experience His Glory), "치유를 받으라"(Receive Your Healing)이다. 각 음반은 특정한 주제와 독특한 기름부음을 담고 있으므로 현재 무엇이 필요한지에 따라 원하는 것을 선택할 수 있다.

10장 찬양의 빛으로 분위기 바꾸기

1) Strong's, H1984, Brown-Driver-Briggs, Hebrew Lexicon (public domain), Bible Tools, https://www.bibletools.org/index.cfm/fuseaction/Lexicon.show/ID/H1984/halal.htm.

2) Strong's Lexicon, "224. Urim," Bible Hub, https://biblehub.com/hebrew/224.htm.

3) Strong's Lexicon, "8550. Tummim," Bible Hub, https://biblehub.com/hebrew/8550.htm
Strong's Lexicon, "8550. Tummim," Bible Hub, https://biblehub.com/hebrew/8550.htm.

4) Dictionary.com, s.v. "lament," accessed December 1, 2024, https://www.dictionary.com/browse/lament.

5) Hebrew word meaning "Spirit, wind, breath." Strong's Lexicon, "7307. ruach," Bible Hub, https://biblehub.com/hebrew/7307.htm.

11장 영광의 빛을 활성화하라

1) 이 계시에 대해 나의 책 《능력의 문》(Power Portals: Awaken Your Connection to the Spirit Realm)에서 더 자세히 설명해 두었다.

Light Warriors
: A Heavenly Strategy for Spiritual Warfare

Copyright ⓒ 2025 by Joshua Mills

Originally published in English under the title
Light Warriors
published by Whitaker House
1030 Hunt Valley Circle | New Kensington, PA 15068
www.whitakerhouse.com
All rights reserved.

Korean Translation Copyright ⓒ 2025 by Pure Nard
305ho 347 Gilju-ro, Wonmi-gu Bucheon-si, Gyeonggi-do, Republic of Korea

이 책의 한국어판 저작권은 Whitaker House와의 독점 계약으로 순전한 나드에 있습니다.
저작권법에 의해 한국 내에서 보호받는 저작물이므로 무단 전재와 무단 복제를 금합니다.

초판 발행 | 2025년 11월 12일

지 은 이 | 조슈아 밀즈
옮 긴 이 | 조슈아 김

펴 낸 이 | 허철
책임편집 | 인수현, 김선경
디 자 인 | 이보다나
총 괄 | 허현숙
인 쇄 소 | (주)프리온

펴 낸 곳 | 도서출판 순전한 나드
등록번호 | 제2026-000033
주 소 | 경기도 부천시 원미구 길주로347, 305호(중동)
도서문의 | 032)327-6702
홈페이지 | www.purenard.co.kr

ISBN 978-89-6237-403-2 03230